|개정판|

인간관계와 리더십

권정호 김동원 이윤식 이윤희 이재석 이지연 공저

양 서 원

개정판에 부쳐

인간관계와 리더십은 변화하는 사회를 살아갈 젊은 학생들에게 새로운 삶의 지식과 지혜를 얻도록 팀 리더십을 함양시키려는 목적에서 교양교육을 위한 교재로 집필되었다. 다빈치연구소 토마스 프레이 박사는 20년 뒤의 사회에서는 오늘날에 익숙한 것은 하나도 없을 것이라며 변화의 강도를 강조하고 있다. 미래의 사회가 변한다고 해도 인간관계까지 변할지, 어떠한 방향으로 변할지 예측하기는 어렵지만 분명한 것은 기계문명의 발달과 자동화에도 불구하고 역설적으로 우리는 인간관계에 더욱 의존할 것이라는 점이다. 너무나도 짜여진 사회 속에서 무미건조한 삶을 이겨나가기 위해서는 과업보다 감정적인 인간관계에 더 큰 의미를 두고 살아야 할 것이다. 이미 밝혀지고 익숙해진 지식이나 정보보다 새로운 정보에 의존하고 살아야 하는 상황이 온다면 우리는 혼자가 아니라 함께하는 노력이 필요하다. 마치 어두운 적막 속에서 길을 찾기 위해 서로의 손을 잡는 것과 같은 미래의 삶의 모습이 그려진다. 인간관계와 리더십은 기존의 조직 속에서의 인간관계를 넘어선 새로운 리더십의 창출을 목적으로 삼고 집필되었다. 벌써 6년이라는 시간이 흘러 새로운 사례와 생각거리를 보태는 수준에서나마 개정판을 내게 되었다. 6년 전에도 시간에 쫓겨 의도한 바를 이루지 못하고 다음번에는 하고 약속했지만 다수의 저자들의 시간을 맞추는 일이 쉽지 않았다. 다시 한 번 다음 기회를 기약하며 이 책을 통해 젊은 학생들이 보다 사회와 인간의 관계, 리더십의 중요성과 리더로서의 능력을 함양하는 데 도움이 되었으면 한다.

여전히 변함없는 양서원 박철용 회장님과 강철원 부사장님의 관심과 격려에 감사드리고 이 책을 대하는 모든 분들에게 교재로서 부족한 점이 있으면 언제든 조언과 질책을 당부드리는 바이다.

2014년 여름

저자 일동

머리말

우리는 복잡한 정보화 사회에서 수많은 사회적 관계를 형성하고 살아간다. 인간관계의 복잡한 사슬 속에서 자신의 위치를 확인하고 보다 나은 삶을 위해 끊임없는 활동을 전개하고 있다. 그러나 우리는 이러한 사회적 삶 속에서 부딪히는 수많은 문제와 복잡한 고민들, 그리고 필요한 정보와 지식을 어떻게 획득할 것인지를 고민하지 않을 수 없다. 대학에서 혹은 직장에서 얻은 전문적 지식을 어떻게 다른 사람들과 함께 실천해 나가야 할지, 그리고 이러한 것들이 얼마나 부족하고 생명력이 짧은지 곧 알게 되고 고민할 수밖에 없다.

정보화의 이점에도 불구하고 사회관계는 더 복잡해지고 있으며, 변하는 세상을 살면서 우리 모두가 시급히 갖추어야 할 지식이나 기술이 있다면 그것은 사회 속에서 지식과 정보를 얻기 위해 다른 사람과 협력하고 함께 문제를 풀어 가려는 태도와 능력일 것이다. 이러한 다른 사람과의 협력과 창조의 기술인 사회적 기술 혹은 인간관계적 기술은 변화하는 사회에서 더 절실하게 필요한 삶의 조건이 되고 있다.

청소년기에 혹은 학창 시절에 배운 지식으로 인생을 불편 없이 살 수 있다는 생각은 빨리 접어야 한다. 그렇다고 일생을 학습에만 몰두할 수도 없는 일이다. 결국 우리는 살면서 배우고, 일하면서 함께 지식을 창조하는 새로운 삶의 방식을 익혀야만 한다. 이러한 살면서 배우고, 일하면서 배우는 사회구조를 학습사회라고 할 때 학습사회의 성원이 갖추어야 할 가장 핵심적인 요건이 인간관계적 기술과 협동적 리더십이라고 하겠다.

이 책은 급격한 변화의 시대를 살아가기 위해서, 그리고 자신의 전문적 지식과 기술을 사회 속에 적용하고 새로운 것을 창조하는 데 필요한 인간관계적 기술과 문제해결의 기술, 그리고 협력적 노력을 이끌어 가는 팀 리더십을 중심으로 사회적 기술을 실용적 측면에서 육성해 주기 위해 만들어졌다. 필자들은 대학에서 오랜 기간 동안 학생을 교육하고 지도하면서 가장 부족하다고 생각했던 능력을 장별로 모아 사회 속에서 건강하고 능력 있는 사회인으로 살아가는 데 도움을 주고자 했으며, 단지 학생만이 아니라 사회생활을 하는 모든 사람에게도 원만한 사회생활을 영위하고 삶의 질을 높일 수 있는 실용적 능력을 배양할 기회를 제공하고자 하였다.

필자들의 전공 영역과 경험을 살려 장별로 인간과 사회, 사회적 관계 형성을 위한 자신의 이해, 인간관계의 형성 과정, 그리고 인간관계 속에서 겪어야 하는 대화와 설득, 문제해결, 리더십 등 절실하게 필요하다고 생각된 사회적 기술의 이론과 실제를 하나의 책으로 모았다. 제한된 시간으로 인해 보다 다양한 사회적 기술이나 사례의 제시가 있어야 한다는 아쉬움이나 필자마다 다소 표현의 차이가 있다는 한계는 있지만, 이 책이 건강하고 능력 있는 사회인으로 살아가려는 모든 이에게 다소의 도움이 되었으면 하는 바람이다.

현실적 적용이나 이론적 기반에 대한 읽는 이들의 조언을 바라며 어려운 여건에도 불구하고 출판을 기꺼이 허락하고 도움을 주신 양서원 박철용 회장님과 직원 여러분에게 감사의 말씀을 드린다.

2008년 3월
저자 일동

차례

Chapter 03 개인과 개인의 관계

Chapter 04 의사소통

Chapter 05 대화와 설득

Chapter 06 인간관계에서 갈등의 의미와 극복방안

Chapter 07 정서와 인간관계

Chapter 08 사회적 능력으로서의 리더십

Chapter 09 리더십으로서의 의사결정 능력

Chapter 10 리더십으로서의 문제해결 능력

Chapter 11 동기유발

Chapter 12 리더로서의 예절과 규범

Chapter 01

개인과 사회

사례

1920년 12월 인도 북부 벵갈 지역에서 일어났던 일이다. 영국 성공회 소속의 싱(J. A. Singh) 신부는 가축을 해치는 호랑이를 사냥하러 나갔다가 우연히 동굴 속에서 늑대 새끼 무리에 끼어있던 여자아이 두 명을 발견하게 된다. 이 여자아이들은 비록 외형은 인간이었지만, 사회와 단절된 채 늑대 무리와 함께 살아온 탓에 통상의 인간성과 사회성을 전혀 갖고 있지 못했다. 원숭이 소리 같은 것을 내며 네 발로 기어 다녔고 마치 늑대 새끼처럼 싱 신부를 무려고까지 했다. 싱 신부는 그 아이들을 자신이 운영하던 고아원으로 데리고 가서 카말라(당시 8세)와 아말라(당시 2세)라는 이름을 지어주고 인간처럼 생활할 수 있도록 훈련을 시켰다. 그중 나이가 어렸던 아말라는 급격한 환경변화에 적응하지 못하다가 1년 후에 병으로 사망하였고, 카말라는 9년을 더 살다가 1929년에 세상을 떠났다. 죽기 전 17세 정도의 소녀였던 카말라는 두 발로 걷고 옷을 입는 등 꽤 적응된 모습을 보여주었지만 고작해야 30개 정도의 단어만을 사용할 수 있을 뿐, 그 이상의 지적·사회적 성숙은 이루지 못했다고 한다.

1. 사회의 본질과 인간의 사회적 삶

1) 사회 속의 인간, 인간 속의 사회

위의 사례에서도 알 수 있듯이, 인간은 태어나자마자 본능적으로 두 발로 걷고 언어를 사용하고 음식을 만들어 먹을 수 있는 존재가 결코 아니다. 오히려 인간도 다른 사람들과의 상호작용을 통해 사회화 과정을 거치지 않고서는, 여느

짐승과 다를 바 없는 존재라는 사실을 이 사례는 분명하게 보여주고 있다. 그래서 일찍이 맑스(K. Marx)도 "인간은 사회 속에 있을 때만 비로소 인간이 된다."고 이야기했던 것이다. 즉, 인간은 홀로 존재할 수 없으며 인간답게 살기 위해서는 반드시 사회 속에서 나 이외의 다른 사람들과 관계를 맺고 접촉하며 살아가야 한다.

이와 비슷한 맥락에서, 한나 아렌트도 『인간의 조건』(1996)이란 저서에서, 인간이 태어난다는 것은 "사람들 사이에서 존재하게 되었음"을, 그리고 인간이 죽는다는 것은 "더 이상 사람들 사이에서 존재하지 않게 되었음"을 의미한다고 이야기하고 있다. 다시 말해서, 인간은 태어난 그 순간부터 죽을 때까지 "사회 속의 인간(Man in Society)"으로 살아가야 할 존재이며, 한 인간의 삶의 여정은 사회에서 시작해서 사회에서 끝나는 것이라 할 수 있다.

그렇다면, 사회란 무엇인가? 사회란 인간과 인간이 모여서 관계를 맺으며 살아가는 터전인 동시에 인간을 둘러싼 환경이다. 그렇다고 사회가 그저 인간의 바깥에만 존재한다고 생각하면 큰 오산이다. 사회는 각 개인의 내면에도 엄연히 존재하고 있다. 그리고 그 "인간 속의 사회(Society in Man)"는 인간의 외면적 행동뿐만 아니라 내면적 사고를 통제하고 제약한다.

2) 사회와 인간의 관계(사회 ⇄ 인간)

이제 조금 더 구체적으로 사회와 인간의 관계에 대해 살펴보겠다. 우선, 이 과목의 제목에도 들어있는 "관계"라는 말 속에는 언제나 양방향의 화살표가 공존하고 있음을 염두에 두기 바란다. 사회와 인간의 관계도 마찬가지이다. 사회에서 인간으로 가는 화살표(사회 → 인간)가 있다면, 동시에 인간에서 사회로 가는 화살표(사회 ← 인간)도 존재한다.

그럼, 사회에서 인간으로 가는 화살표, 즉 사회가 인간에게 미치는 영향력에 대해 먼저 생각해보자. 바로 앞에서, 사회는 인간의 외부와 내면에 동시에 존재하면서 인간에게 영향력을 행사한다고 말한 바 있다. 이 말이 뜻하는 바를 보기를 들어서 설명해보도록 하겠다. 일단, 사회는 우리가 누구인지, 그리고 우리가 무엇을 해야 하는지를 알려준다. 가령 여러분이 대학에 진학한 것은 전적으로 여러분 혼자만이 선택하고 결정한 일인가? 이 질문에 대해 자신 있게 그렇다고 대답할 사람은 아마 극히 드물 것이다. 물론 부모나 주위 어른들의 결정이 상당히 큰 영향을 미쳤을 수도 있다. 그러나 어쩌면 여러분이 태어나기도 전에, 그리고 부모들이 결정하기도 전에 이미 그런 식의 삶을 선택하게끔 사회적 틀이 마련되어있지 않았다면, 여러분은 지금과는 전혀 다른 삶을 살게 되었을지도 모른다.

또 하나의 보기를 들어보겠다. 가령 우리가 무엇을 보고 어떻게 느끼는가는 극히 개인적인 취향이라고 생각하기 쉽다. 그러나 보고 느끼는 감정도 사실은 상당 부분 사회가 규정해주는 것이다. 여러분은 미인을 보고 아름답다고 느끼는 것이 지극히 자연스레 솟아나는 감정이라고 생각하겠지만, 아름답다고 느끼려면 우선 그 미적 기준이 있어야 한다. 그런데 미적 기준이야말로 시대에 따라 그리고 사회에 따라 크게 달라진다. 요즈음 우리 사회에서는 비쩍 마른 가냘픈 체구의 여자를 매력적이라고 생각하는 경향이 점점 심해지고 있다. 그래서 정상체중의 건강미 넘치는 여자들도 쓸데없이 살을 빼야 된다는 강박관념에 시달리는 경우를 흔히 보게 된다. 그러나 불과 삼십 년 전만 해도 그렇게 깡마른 여자들은 미인 축에 못 끼었을 뿐만 아니라 심지어는 결혼하는 데 결격사유가 되기도 했었다. 실제로, 지금도 아프리카의 어떤 부족은 풍만한 유방과 큰 엉덩이의 뚱뚱한 여자를 최고의 미인으로 친다고 한다.

그 뿐만이 아니다. 사회는 사람들이 어떤 행위를 해야 하고 또 하지 말아야 되는지를 구체적으로 알려준다. 우리 모두는 일상적인 매일매일의 생활 속에서 굳이 깊이 생각하지 않더라도 어떤 행동을 해야 하는지를 거의 무의식적으로 판단하여 행한다. 그런데 이렇게 세수하는 법, 목욕하는 법, 식사하는 법, 옷 입는 법, 걸음걸이, 말씨, 사람을 만났을 때 시선의 방향 등 극히 사소한 일상적 행동에서부터 경제활동이나 국가 통치에 이르기까지 모든 행동의 기준을 제공해주는 존재가 바로 사회인 것이다. 그래서 우리들은 다른 문화권의 사회로 여행을 떠났을 때 가끔씩 당혹스런 경험이나 뜻밖의 오해를 하기도 한다. 가령 식사 예절만 해도 국가에 따라 다르다. 프랑스에서는 식탁 앞에 앉았을 때 수저를 사용하지 않는 손을 식탁 위에 올려놓아야 하는 반면에, 우리나라에서는 특별한 경우를 제외하고는 왼손은 식탁 밑에 놓는 것이 상식으로 되어 있다. 같은 동양 문화권에 속하는 한국, 중국, 일본의 경우라도 식사 방법은 각기 다르다. 한국인은 숟가락으로 밥을 먹고 반찬은 젓가락으로 먹는 반면에, 중국인은 국이나 탕을 작은 그릇에 옮길 때 외에는 거의 숟가락을 사용하지 않는다. 그리고 일본에는 아예 숟가락이 없다. 또한, 중국인과 일본인은 밥그릇과 국그릇을 손으로 받쳐서 입에 가까이 대고 먹는 반면에, 한국인은 밥상 위에 밥그릇과 국그릇을 놓은 채 숟가락과 젓가락으로 밥과 국을 떠먹는다. "로마에 가면 로마법을 따라야 한다."라는 말도 있듯이, 이런 것들은 객관적인 판단이 불가능하며 각 사회가 정해놓은 규칙에 따라 달라지는 것이다.

이렇게 볼 때, 사회란 마치 우리가 매 순간 호흡하는 공기와 같다고 할 수 있다. 인간은 공기 없이는 한시도 살 수 없지만, 평소에는 공기의 존재를 인식하지 못한다. 사회 역시 마찬가지이다. 우리는 사회 속에 살면서 매일매일의 생활을 규정짓고 우리의 행동을 통제하고 내면의 가치관을 제공하는 사회의 존재를 지극히 당연한 것으로 받아들인다. 그래서 피터 버거는 인간을 "사회라는 무대 위에서 조종되는 꼭두각시" 같은 존재로 묘사하기도 하였다(Peter Berger, 1963: 176). 이보다 좀 더 극단적인 비유를 하자면, 사회는 마치 커다란 감옥 같은 곳이며, 인간은 태어나서부터 결코 그 감옥 속에서 벗어날 수 없는 존재, 즉 무기징역을 언도받고 살아가는 수인(囚人)인지도 모른다.

이렇게 사회를 감옥에 비유하니까, 여러분 중에는 갑자기 사회가 자신의 삶을 짓누르는 것 같은 답답한 느낌에 사로잡힌 사람도 있을 것이다. 하지만 지금까지의 이야기만 듣고, 사회가 단순히 우리를 통제하고 구속만하는 존재라고 성급하게 판단하지는 말기 바란다. 왜냐하면 사회에는 정반대되는 또 하나의 측면이 존재하기 때문이다. 여러분이 여기서 반드시 명심해야 할 점은, 사회란 인간이 생존을 유지하기 위해 없어서는 안 될 필수적인 환경이라는 것이다.

사회는 각기 다른 욕구와 다양한 이해관계를 가진 개인들이 모여서 이루어내는 인간 공동체이다. 만일 인간 개개인의 욕구와 행동을 어떤 형태로든 규제하는 규칙이 없다면, 영국의 철학자 홉스(Thomas Hobbes)가 『리바이어던』(1651 원판, 1947)에서 가정한 대로, 사회는 "만인이 만인에 대하여 싸우는 자연상태"로 돌아갈 지도 모른다. 1992년 봄, LA에서 발생했던 인종폭동 사건을 보기로 들어보자. 이 사건의 발단은, 미국 재판정이 흑인 피의자 '로드니 킹'을 집단 구타한 백인 경찰관들에게 무죄 판결을 내린데서 비롯되었다. 이 판결에 불만을 품은 흑인들이 일제히 거리로 쏟아져 나와 항의 시위를 하다가 이것이 삽시간에 폭동으로 번지게 되었고, 그로부터 3일 동안 LA 전역은 폭력·약탈·방화·살인이 자행되는 무법천지로 화하였다. LA 폭동의 중심지역에 위치했던 한인 타운에 대한 습격도 극심하여서, 피해를 본 한인 업소들도 무려 2,800여 곳에 달하였다. 그래서 그 당시, 한국에서도 LA 한인 타운 복구를 위한 모금운동을 벌이기까지 하였다. 이 사례는 사회의 질서 유지를 위한 통제 장치들이 일시적으로나마 깨졌을 때 개인에게 어떤 일들이 벌어질 수 있는지를 단적으로 보여준다. 다시 말해서, 사회는 개인의 생존과 안전을 보장해주고, 개인 영역이 피해 받지 않도록 보호해줌으로써 인간 공동체가 약육강식의 야생정글로 화하지 않게 하는 것이다.

또한, 사회의 기존 관습이나 규범 등은 개인이 일상생활의 매 순간마다 일일이 새로운 규범과 행동양식을 창안해내지 않도록 도와준다. 만일, 누군가를 처음 만났을 때 어떻게 행동할지에 대한 사회적 규칙이 미리 정해져있지 않다면, 여러분은 아마 무척 곤란한 처지에 놓이게 될 것이다. 그 사람에게 머리를 끄덕여야 할지, 주먹을 쥐어야 할지, 손을 잡아야 할지 혹은 포옹을 해야 할지를 그때마다 결정해야 할 것이다. 게다가, 그건 상대방도 마찬가지 처지이다. 그래서 우연히 두 사람의 결정이 일치한다면 천만다행이겠지만, 만약 서로 다른 방식으로 인사를 시도할 경우에는 아주 곤혹스런 상황이 벌어질 것이다.

그러면 여기서, 사회가 인간에게 미치는 영향력에 관한 지금까지의 논의를 요약해보자. 사회는 한편으로는 개인의 욕구를 규제하고 행동을 통제하고 자율성을 제한하지만, 이와 동시에 다른 한편으로는 개인의 욕구 충족 수단과 행동 지침을 제공하고 개인의 생명과 안전을 보장해준다. 즉, 사회는 인간에게 "감옥인 동시에 안식처"라는 이중적 특성을 가지고 있는 것이다.

이제, 사회와 인간의 관계에서 두 번째 화살표로 넘어가 보겠다. 인간에서 사회로 가는 화살표, 다시 말해서 인간이 사회에 미치는 영향력은 과연 무엇일까? 이 질문의 답변에 앞서 우선, 사회를 보는 두 가지 관점－사회명목론(social nominalism)과 사회실재론(social realism)에 대해 간단히 설명하고자 한다. 사회명목론은 사회를 그야말로 명목상의 존재로 본다. 즉 사회란 인간과 인간이 만들어 내는 "관계"의 집합에 불과하므로, 개인 없이는 사회가 무의미하다는 입장이다. 반면에, 사회실재론은 사회가 실재(實在)한다는 입장이다. 사회는 개인을 뛰어 넘어서(초개인적으로) 독자적으로 존재하는 하나의 실체이며, 그 나름대로의 특성을 지니고 개인들의 삶을 좌우한다는 입장이다.

사회학 이론의 오랜 쟁점이자 아직도 미해결로 남아있는 이 두 관점의 상반된 입장에 대해 여기서 길게 논의할 수는 없을 것이다. 다만, 이들 중 어느 관점을 택하느냐에 따라 인간이 사회에 미치는 영향력도 다르게 규정된다는 점을 지적하고자 한다. 여러분도 쉽게 짐작이 가겠지만, 사회명목론이 사회실재론보다는 훨씬 더 사회 속에서 개인의 자율성을 강조한다. 부연설명을 하자면, 사회명목론은 인간 상호 간의 미시적 과정으로부터 사회의 거시적 구조들이 발생한다는 전제와 함께, 모든 사회현상에서 인간의 능동적이고 자발적인 능력을 부각시킨다. 물론, 사회실재론도 사회 속에서 인간의 자율성을 완전히 부정하는 것은 결코 아니다. 단지 개인의 주관적 의사 결정은 완전히 자유로운 선택이 아니라 사회적 조건에 의해 구속된(제한된) 자유라는 입장이며, 따라서 사회명목론이 설정하는 인간의 자율성은 실제보다 과도하게 부여된 "인위적 자유"에 불과하다고 보는 것이다(이윤희, 1990: 197-222).

사회명목론과 사회실재론 중 어느 입장을 취하든 간에, 여기서 한 가지 분명한 사실은 사회의 구성원은 바로 인간이며, 그 인간들에 의해 사회는 끊임없이 변화해간다는 점이다. 여러분도 모두 사회의 변화를 실감하며 살아가고 있을 것이다. 불과 10년 전의 사회와 지금의 사회는 얼마나 많이 달라졌으며, 앞으로 10

년 뒤의 사회는 또 얼마나 변해 있을 것인가? 물론 사회가 왜, 그리고 어떻게 변동하느냐에 관해서도 다양한 관점과 이론들이 존재한다. 물리적 환경 변화라든가 테크놀로지의 발전, 그리고 문명의 전파 등도 사회변동의 주요 요인으로 꼽히지만, 그 변동의 주체는 결국 인간으로 귀결된다. 가령, 환경운동의 경우를 살펴보자. 1970년대 초반부터 서구사회를 중심으로 전개된 환경운동사를 살펴보면, 사실상 처음부터 지금과 같은 사회적 호응과 뜨거운 관심을 불러일으킨 것은 아니었다. 초기에는 정부는 물론이고 일반 시민들 사이에서도 환경에 대한 지나친 문제 제기가 경제 성장에 역효과를 초래한다는 부정적 인식이 더 지배적이었다. 그러나 1980년대 중반부터 산업화에 따른 환경 위기 상황－가령 오존층의 파괴라든가 지구 온난화 현상, 자원 고갈에 따른 지구 종말의 가능성 등－이 심각해지면서 범세계적으로 환경을 되살리자는 운동이 일어나게 되었고, 한국에서도 뒤늦은 감이 있지만 1990년대 이후부터는 환경보전과 관련된 크고 작은 규모의 민간 운동들이 점차 확산되는 추세에 있다. 물론 그렇다고 해서 앞으로 환경오염을 완전히 없애지는 못할 것이다. 하지만 이렇게 점차 환경에 대한 "인간들의 인식"이 변해가고, 이에 따라 환경오염을 막으려는 "인간들의 노력"이 커진다면, 파괴된 생태계를 조금이나마 복원할 수 있는 가능성이 열리게 되는 것이다.

끝으로, 사회학자인 밀즈(C. Wright Mills)가 『사회학적 상상력』이란 저서에서 했던 말을 인용하는 것으로, 인간과 사회의 관계에 대한 논의를 마치고자 한다.

> "개인은 자기가 사는 시대 속에 스스로의 자리를 확인함으로써 자신의 경험을 이해하고 자신의 운명을 측량할 수 있다. 또한, 개인은 자기와 같은 환경 속에 사는 다른 모든 개인들의 삶의 기회를 인식함으로써만이 자신의 삶의 기회를 알 수 있다. … (중략) … 개인은 사회에 의해 그리고 그 사회의 역사적 추진력에 의해 형성된다. 또한 이와 동시에 개인은 그가 살고 있다는 사실 자체만으로도 비록 미미하나마 그 사회의 형성에 기여하는 것이 되고 그 사회의 역사적 진로에 공헌하는 것이 된다."(밀즈, 1977: 12-13)

2. 개인의 사회화 과정

1) 사회화의 의미와 내용

우선, 생텍쥐페리의 소설『어린 왕자』의 한 대목을 읽어보기 바란다.

> 지구에 막 도착한 어린 왕자에게 여우가 인사를 건넸다.
>
> "안녕."
>
> "안녕, 넌 누구니? 참 예쁘구나." 어린 왕자가 말했다.
>
> "나는 여우야."
>
> "이리 와서 나하고 놀자, 난 아주 쓸쓸하단다."
>
> "난 너하고 놀 수가 없어. 길이 안 들었으니까."
>
> "난 친구를 찾고 있어. 그런데 길들인다는 게 무슨 말이니?"
>
> "모두들 잊고 있는 건데, 관계를 맺는다는 뜻이란다." 여우가 대답했다.
>
> "관계를 맺는다고?"
>
> "응, 지금 너는 다른 애들 수만 명과 조금도 다름없는 사내애에 지나지 않아. 그리고 나는 네가 필요 없고, 너는 내가 아쉽지도 않을 거야. 네가 보기엔 나도 다른 수만 마리 여우와 똑같잖아? 그렇지만 네가 나를 길들이면 우리는 서로 아쉬워질 거야. 내게는 네가 세상에서 하나밖에 없는 존재가 될 것이고, 네게도 내가 이 세상에 하나밖에 없는 여우가 될 거야."

다음으로, 아래에 제시된 문제를 풀어보기 바란다.

나는, ① 다른 모든 사람들과 같다.
② 일부 다른 사람들하고만 같다.
③ 어떤 다른 사람과도 같지 않다.

위의 세 진술 중에 어떤 것이 제일 합당하다는 생각이 드는가? 일단 정답은, 이 셋이 "모두 맞다."이다. 어떻게 해서 이 세 진술이 모두 맞는지 설명해보겠다.

인간이 다른 동물들과 다른 점은 문화를 가지고 있다는 데 있다. 그런데 문화는 보편적이면서 동시에 다양하다. 얼핏 듣기에, 보편성과 다양성은 서로 상반된 개념이라고 여겨질 수도 있을 것이다. 하지만 여기서, 보편성이란 모든 사회의 문화들이 어느 정도는 기본적인 유사성을 가지고 있음을 의미하며, 다양성이란 그러한 유사성에도 불구하고 그 구체적인 내용과 형식에는 상당한 차이가 있음을 의미한다. 어느 사회건 그 사회가 하나의 공동체로 유지 존속하기 위해서는 꼭 필요한 몇 가지 기본 요건들이 있으며, 이 요건들을 충족시키기 위한 보편적인 문화 유형들이 존재한다. 즉, 모든 사회에는 의사소통의 수단으로 언어가 있고, 의식주의 생활양식이 있고, 남녀의 짝짓기 방식이 있고, 또한 초자연적인 존재를 다루는 종교가 있다. 문화가 보편적이란 말은 이를 가리키며, 그래서 "나는 다른 모든 사람들과 같다."는 명제가 성립한다. 하지만 우리가 늘 먹는 음식의 경우만 보더라도, 그 종류는 매우 다양하다. 김치찌개, 자장면, 스파게티, 햄버거 등등, 사회마다 집단마다 음식의 조리법이나 먹는 방식, 선호하는 맛들이 각기 다르다. 그리고 이러한 문화의 다양성 때문에, "나는 일부 다른 사람들하고만 같다."는 명제도 성립한다. 끝으로, 모든 사람은 다 다른 개성을 지니고 있기 때문에 "나는 다른 어떤 사람과도 같지 않다."는 명제 역시 맞는 것이다.

인간에게 이 세 가지 명제를 모두 성립하게 하는 것이 바로 사회화(socialization) 과정이다. 사회화란 인간들 간의 상호작용을 통해 감정 및 행동방식, 사회적 가치 및 규범을 학습하고 개인들 각자의 독자적인 퍼스낼리티를 형성함으로써 한 사회의 구성원이 되어가는 과정을 의미한다. 그리고 이것은 여우가 어린왕자에게 말한 "길들여진다."의 다른 표현이기도 하다.

사회화는 그 말 자체가 품고 있듯이, 개인 혼자서 이룩할 수 있는 게 아니다. 사회화는 다른 사람들과의 접촉을 통해서만 이루어진다. 다른 사람들과의 관계 속에서 한 개인은 그 사회의 개치를 배우며 또한 자아를 얻게 된다.

사회화를 통해 개인 속에 심어지는 가장 중요한 내용은 크게 세 가지로 요약된다. 첫째는 자아 정체성(self-identity)의 습득이다. 정체성이란 자신이 누구이며, 무엇을 해야 하고, 어떻게 해야 하는 지에 대한 판단의 집합이다. 흔히 정체감은 자기 스스로 획득하는 자신에 대한 이미지라고 생각하기 쉽지만, 상당 부분 타인이라는 거울에 비쳐지는 자신의 모습이라 할 수 있다. 따라서 정체성이 온전하게 유지되기 위해서는 자신의 자기 인식과 자신에 대한 타인의 인식이 일치할 필요가 있다. 이것은 지속적인 사회화 과정 속에서 끊임없는 "타협과 조정"을 통해 이루어진다. 가령, 여자아이들의 성 정체성(여자라는 인식)은 어머니와의 동일시를 통해 만들어지는 동시에, 그 아이와 상호작용하는 어머니의 역할과 태도에 따라 형성된다.

사회화에 의해 개인에게 심어지는 두 번째 주요 내용은 사회적 지위와 역할이다. 인간은 사회적 동물이라는 말도 있듯이, 인간의 사회적 정체감은 결국 그가 사회 속에서 차지하는 위치를 통해 얻어진다. 사회적 지위는 개인이 사회에서 차지하는 위치를 의미하는데, 가령, 아버지, 아들, 교사, 학생, 사장, 평사원, 남자, 여자 등이 모두 사회적 지위이다. 그리고 그 각 사회적 지위에는 그에 맞는 역할 기대가 있다. 아버지에게는 아버지로서의 역할 기대가 있고 아들에게는 아들로서의 역할 기대, 그리고 선생에게는 선생으로서의 역할 기대가, 학생에게는 학생으로서의 역할 기대가 각각 있다. 이러한 사회적 지위와 역할을 개인이 학습하고 그 기대에 따라 행동할 때 비로소 사회의 구성원으로 기능할 수 있게 된다.

끝으로, 사회화의 가장 본질적인 내용은 광범위한 문화의 전승이다. 사회적 상징, 믿음, 규범, 가치 심미적 기준 등등 이 모든 것들은 사회화를 거쳐 개인에게 심어진다. 인간관계는 물론이고 사회집단과 사회조직, 그리고 전체사회의 유지와 존속을 위해서는, 적절한 역할과 태도, 행동양식, 가치, 신념, 문화가 사회 구성원인 개인들에게 전달되어져야만 하며, 바로 사회화가 이런 전달의 역할을 담당하는 것이다.

2) 사회화의 주요 담당자들[1)]

사회화란 어느 시점에서 완료되는 것이 아니라 일생을 통해 지속되는 과정

1) 여기에 수록된 내용은 필자가 『사회학: 열린 사회를 위한 이론적 모색』(김성건, 이윤희 외, 2000: 96-100)에 썼던 내용을 부분 수정하여 재수록한 것임.

이다. 따라서 개인이 처한 사회적 환경이 달라지면 그에 따라 사회화의 내용과 성격 및 주요 담당자도 달라진다. 개인의 생애 주기(life cycle)에 따라 사회화의 내용과 주요 담당자가 어떻게 달라지는지 간단히 살펴보자면 다음과 같다.

(1) 가족

가족은 인간이 태어나면서 가장 먼저 접하는 사회 환경이다. 인간은 다른 동물과 달리 세상에 처음 태어나서는 어른들의 보살핌이 없이는 생존이 불가능하기 때문에 가족의 역할은 인간의 생존 자체에 필수적이다. 또한 인간이 하나의 인격체로 성숙해가는 과정에서도 가정의 영향은 대단히 크다. 프로이드에 의하면, 특히 태어나서 일 년 미만의 사회화가 자아 발달의 기본적 토대와 틀을 제공하며 따라서 평생 동안 영향을 미치게 된다고 한다. 여기서 가족이라 할 때는 가족의 대리 집단도 포함된다. 대부분의 어린이들은 부모 밑에 태어나서 자라지만 경우에 따라서는 고아라든가 버림받은 아기들을 위한 탁아소나 고아원 등이 최초의 사회화 담당자 역할을 하게 된다.

가족 혹은 대리 집단은 생애의 첫 시기에 가장 중요한 사회화를 담당한다. 문제는 그 가족의 성격에 따라 사회화의 영상과 내용이 달라질 수 있다는 데 있다. 부모의 양육 방식, 가족의 사회적 지위, 가족의 유형 등에 따라 사회화의 내용 및 결과가 달라지게 된다.

(2) 또래집단

어린이가 걸어 다니며 밖으로 나갈 수 있는 나이가 되면 부모의 품을 떠나 차츰 자기 또래의 이웃 친구들과 어울려 놀게 된다. 이러한 또래집단(peer group)이 아이들의 성장 과정에서 매우 중요한 구실을 한다. 가정 속에서 아이는 주로 보호의 대상이지만 또래집단 속에서는 다른 아이와 대등한 인간관계를 맺어야 한다. 따라서 응석이나 고집을 부리는 대신에, 경쟁과 타협이 사회생활에 필수적임을 체득하게 된다.

(3) 학교

학교는 조직적이고 공식적인 사회화 기관이므로 교육을 담당하고 있는 각급 학교의 기능과 분위기가 아동 및 청소년기의 사회화에 미치는 영향은 두말할 필요도 없이 중요하다. 학교에서는 아동과 청소년들에게 새로운 지식을 가르쳐 주는 동시에 사회질서와 규범, 가치 등을 정규 교과목이나 비정규적 활동을 통해 효과적으로 습득하게 한다. 그러나 교과 성적이 나쁘다거나 어려운 가정 형편 때문에 학교에서 낙오하는 학생들의 경우에는, 그들의 숨겨진 가능성이 오히려 제한되기도 한다. 따라서 교육 내용 못지않게 교육방식(가령, 획일적 주입식 교육인지 혹은 다양성을 강조하는 자율적 교육인지)에 따라서도 사회화에 지대한 영향을 미치게 된다.

(4) 직장

성인이 되어서 학교를 떠나는 대부분의 사람들은 직업을 가지게 된다. 혹은 일정한 직업이 없어도 다양한 조직체에 속해서 활동하게 된다. 직장 조직체에서는 주로 직업과 관련된 활동에 필요한 지식, 태도, 기술 등을 습득하며, 이 과정에서 사람들은 이른바 '직업적 퍼스낼리티'를 형성하기도 한다.

(5) 대중매체

현대사회에서는 대중매체가 우리들 삶에서 매우 큰 비중을 차지하고 있다. 우리는 거의 대부분 신문이나 텔레비전을 통해 사회가 돌아가는 상황을 알게 되며, 이것들에 의해 해석되고 창조되는 정보들을 사회적 현실로 받아들이게 된다. 특히 정보화시대가 되면서부터는 첨단 기술의 멀티미디어가 엄청나게 많고 다양한 정보들을 쏟아내고 있다. 따라서 아주 어릴 때부터 죽을 때까지 가정이나 학교 같은 전통적인 담당자들 못지않게, 아니 그 이상으로 중요한 사회화의 담당자로 자리매김하고 있다.

이상으로, 개인의 생애주기에 따른 주요 사회화 담당자들에 대해 간단히 살펴보았다. 이와 관련해서 생각해 볼 문제점으로는 첫째, 다양한 사회화 담당자들 간의 불일치 현상이다. 특히 현대사회에서는 사회화 담당자들 간에 강조하고 있는 가치관이나 행동방식의 차이가 커지게 되는데, 이러한 불일치는 개인의 사회화 과정에 상당한 혼란과 갈등을 초래할 수 있다. 가령, 학교에서는 정직을 가르치지만 막상 사회생활을 하다보면 상황에 따라 거짓말이 요구되기도 한다. 그리고 매스컴이나 영상매체들을 통해 접하게 되는 갖가지 폭력들은 자칫 폭력 자체를 일상화하거나 심지어는 미화시키기까지 한다. 둘째로, 사회화의 담당자가 바뀔 때마다 우리는 "재사회화(resocialization)"를 경험하게 된다. 재사회화는 새로운 것을 배우는 것이지만, 경우에 따라서는 전에 배운 것을 버리거나 잊어야 한다는 의미도 포함되어 있다. 앞 시기와 나중 시기의 사회화 단절 정도에 따라 개인이 겪어야 하는 갈등이나 혼란의 폭도 달라지게 된다. 물론, 개인이 여러 가지 다른 가치적 환경을 접하고 가치 갈등을 어느 정도 경험하는 것은 각자 나름대로의 주체적 가치관 확립을 위해 필요하다. 그러나 지나치게 단절의 정도가 크다거나 일관성이 전혀 없다면 자칫 정체성 혼란이나 세대 간의 갈등 현상이 초래될 수도 있다.

이상으로, 개인의 사회화와 관련된 주요 내용들을 정리해 보았다. 여러분은 혹시 지금까지의 논의를 통해, 사회화란 인간이 문화라는 내용물을 수동적으로 고스란히 받아들이는 것으로 자칫 오해할 수도 있을 것이다. 그러나 인간은 각자 다른 유전적 요인과 개성을 지닌 존재이며, 스스로 자신의 배경과 현재의 상황을 직시할 수 있는 성찰력을 지니고 있다. 분명히 인간은 사회화를 통해 비로소 사회적 인간으로 성장하지만 그렇다고 해서 완전히 사회라는 감옥 속에 갇힌 죄수도 아니며 문화의 꼭두각시로 화하는 것도 아니다. 인간은 언제나 주어진 환경에 도전하고 수정할 줄 아는 가능성과 잠재력을 지니고 있다. 사회화 과정 자체가 언제나 그러한 여지를 항상 내포하고 있는 불완전한 과정이다. 사회화의 진정한 의의는 인간이 스스로의 잠재력을 개발하고 사회 속의 삶을 조화롭게 완성시켜 나갈 수 있도록 도와주는 과정으로 이해되어야 할 것이다.

탐구문제

1. 인간과 사회의 관계에 대한 논의를 바탕으로, 사회의 구조적 힘과 개인의 자율성의 관계에 대해 함께 토론해보자.
2. 어떤 사람이나 다 사회화 과정을 거치지만 모두가 똑같은 사람이 되는 것은 결코 아니다. 인간들이 사회화 과정을 통해 각기 다른 개성을 지니게 되는 요인들에 대해 생각해보자.
3. 개인의 생애 주기에 따라 사회화의 담당자가 바뀐다고 했다. 자신의 경험을 돌이켜 볼 때, 사회화의 담당자가 바뀔 때마다 사회화의 내용에서 어떤 차이가 있었고, 또한 그것이 현재 자신의 삶에 어떤 영향을 끼쳤는지에 대해 분석해보자.
4. 한국인의 사회적 자질과 특성에 대해 생각해보고, 그 장단점을 검토해보자.

참고문헌

김성건, 이윤희 외(2000). 사회학: 열린사회를 위한 이론적 모색. 학문과 사상사.
이윤희(1990). "신기능주의: 통합이론을 위한 새로운 도전", 사회학 연구, 6.

Berger, Peter L.(1963). *Invitation to Sociology,* NY: Anchor Books.
Hobbes, T.(1947). *Leviathan*, NY: Macmillan.

C. 라이트 밀즈 지음, 강희경 · 이해찬 옮김(1977). 사회학적 상상력. 홍성사.
한나 아렌트 지음, 이진우 외 옮김(1996). 인간의 조건. 한길사.

Chapter 02

개인의 자기 이해

1. Karen Horney의 세 가지 성격유형
2. MBTI의 성격유형
3. Berne의 자아 상태

사례1

정수와 현정이는 서로 잘 맞는 커플이라고 생각했다. 현정이는 정수의 합리적이고 분명한 일처리와 사고가 마음에 들었고, 정수는 현정이가 따듯하고 자기 감정표현이 많은 활발한 사람이라는 것이 서로 끌렸다.

그러나 현정이는 가끔 정수에게 먹을 것을 챙겨주거나 무언가를 배려해서 도와준 일에 대해서 점점 감사하지 않는 것을 보고 화가 나기 시작했다. 서운한 감정을 현정이 표현했을 때 정수는 다소 의아해졌다. 정수는 현정이가 자신에게 한 일에 대해 당연히 고마워한다는 걸 현정이가 알고 있을 것이라 생각한다. 눈에 빤히 보이는데, 그걸 왜 굳이 말로 들어야 하나? 그런 생각이 들면서 현정이가 서운해 하는 것이 잘 이해되지 않았다.

이런 것과 유사하게 정수는 현정이에게 사랑한다고, 그의 특별한 노력에 고맙다고, 이쁘게 보인다고 등등의 말을 하지 못한다. 예를 들자면, "내가 너를 좋아한다는 걸 왜 몰라, 너를 매력적으로 생각한다는 걸 왜 몰라, …그걸 꼭 말로 해야 해? 난 여전히 네 옆에 여기 있잖아. 안 그래?" 이렇게 생각하는 것이 정수의 스타일이었다. 그러나 현정이처럼 느낌이 중요한 사람들은 정수처럼 사고하는 사람들이 이런 말을 하지 못하는 걸 자신에게 관심이 없는 것으로 생각한다. 그런 것이 현정이를 상처 입게 만든다.

사례2

수지와 정택이는 집에 도착해서 흔히 한 시간 내에 다툰다는 점을 발견했다. 정택이는 외향적인 경향에 많은 시간을 혼자 보내야 하는 지루한 직업을 가졌다. 그가 집에 오면 그는 대화가 필요하다. 수지는 좀 더 내향적이고 그녀의 직장에서의 요구들에 스트레스를 받는다. 그녀는 집에 와서 고요한 평화와 생각할 공간과 시간이 필요하다.

만약에 한 사람이 상대방이 집에서 하는 행동–즉 대화를 하려고 들거나, 자기 방에 들어가 생각하는 시간을 갖는 것–이 "틀렸다."고 여기면, 그들은 각각 서로의 도덕적 우위를 주장하며 다툴 가능성이 크다("당신은 틀렸어. 내가 맞아. 어떻게 나한테 그럴 수 있어?"). 그러나 만약 그들이 이것을 그냥 옳고 그름이 아니라 그저 '차이'라 생각할 수 있다면 서로 타협이 가능하게 되고, 더 이상 집안에서 긴장 상태를 조성할 필요가 없다(우리는 집에 오면 각자 필요로 하는 게 달라. 우리 둘 다 각자 15분씩 회복시간을 갖고 난 다음에, 다시 모여서 15분 동안 오늘 하루에 대해 이야기해 보는 건 어떨까?).

사례3

인수는 늘 남의 눈치를 본다. 자기 스스로 괜찮은 사람이라고 생각해 본 적이 별로 없는 거 같다. 오늘 아침에도 입고 온 옷이 괜히 다른 사람들 눈에 거슬리지 않을까 생각하였다. 엘리베이터에서 선배들이 점심을 사주겠다고 해서 동기들이 좋아라하고 쫓아가는데 인수는 거기에 끼여도 될지 망설였다. 인수는 이런 자신이 늘 피곤하게 여겨진다.

또한 인수는 사람들 사이에서 늘 불편감을 느낀다. 얼마 전에 동료를 평가하는 과제를 했는데 인수는 친한 친구들에게도 객관적으로 냉정하게 점수를 줬다. 그런데 친구들이 인수 자신한테는 점수를 잘 줬다고 해서 곤란했던 적이 있었다. 그때 인수는 자신이 좀 이상한 사람인가 생각했다.

인수는 점수나 평가는 친한 사람이 잘 받는 게 아니라 열심히 한 사람이 잘 받아야 한다고 생각했다. 인수의 다이어리를 보면 그날그날 뭘 했는지 다 기록되어 있고, 이번 주 일요일까지의 계획이 다 짜여 있다. 계획이 없으면 어떻게 해서라도 계획을 만든다. 인수는 무계획한 사람은 이해가 안 된다. 그리고 인수는 자신이 계획한대로 일이 진행되지 않으면 그것을 견디지 못한다. 발표를 할 경우에 있어서도 준비를 많이 하면 좀 불안이 덜한데, 갑자기 생각지도 못한 상황에서 즉흥적으로 발표를 해야 한다면 당황해서 하나도 생각이 안 난다. 미처 생각지도 못한 반응이 나올 지도 모른다는 생각이 불안하게 하는 것 같다. 인수는 스스로 생각하기에 자신의 성격이 참 소심한 것 같다.

사례4

천수는 오늘도 친구들과의 약속에 늦었다. 매일 약속이 있을 때마다 일찍 나선다고 하면서도 늘 시간에 제대로 맞춰본 적이 없다. 친한 친구들은 그러려니 하는데, 새로운 사람들과 작업을 하거나, 약속을 할 때는 신경이 쓰인다. 데드라인을 맞춰서 무엇을 해낸다는 것이 늘 힘들다. 팀원들이 자신에 대해 불편해 하는 것이 조금씩 느껴진다. 이럴 땐 사람들과 같이 무언가 하는 것이 짜증스럽다. 감정을 잘 얘기 안하고 꿍해 있을 때가 많다. 천수는 화가 나고 기분이 나빠도 표현을 안 한다. 얘기해서 상처받는 말을 들을까 봐 그런 것 같다. 천수는 상처를 잘 받는 편이다. 그래서 친구관계에서도 아주 조심스럽다. 1학년 때 친하게 지내다 지금은 멀어진 친구가 있는데, 그 친구의 영향이 큰 것 같다. 그 친구와는 처음 오리엔테이션 때 옆자리에 앉게 돼서 같이 다니게 되었는데, 그 친구는 자기 공부에만 관심이 있고, 천수 말고 다른 사람하고 친해지려는 생각이 없었다.

천수는 다른 친구들하고도 어울리고 싶은데, 그 친구는 천수가 딴 애들하고 같이 있을 때면, 무심하게 있고, 그래서 분위기를 어색하게 했다. 그러고 나서 뒤에서 그 친구들을 욕하고 그랬다. 그 친구를 보면서 천수는 자신의 이야기를 하는 게 더 힘들어졌다. 1년 동안 같이 다니긴 했는데, 그때 대인관계가 너무 힘들었다.

우리는 사회적 동물이다. 그래서 늘 다른 사람들과 관계를 맺고 살아간다. 즉, 우리는 태어나면서부터 여러 공동체에 소속되고 그 공동체의 양육방식과 교육체계를 통해 타인과의 상호의존적 관계를 중요한 가치관으로 습득하게 된다.

우리가 사회적 존재라는 점에서 자신이 속해있는 사회로부터의 배척과 축출을 무서워하고, 자신이 속한 집단에 대한 안정된 소속감과 타인의 애정을 추구하게 된다.

이런 점 외에도 인간을 사회적 존재로 이끄는 측면에는 현대사회의 구조적 특성이 있다. 현대사회는 다분히 분업화되고 전문화된 사회이므로 각자가 창출한 가치를 서로 교환하며 살아가야 한다. 여기서 교환이란 타인과의 밀접한 관계를 의미한다. 이런 점에서 현대인에게 타인과의 관계, 즉 인간관계는 중요한 삶의 과제이다. 그런데 이런 인간관계에서 갈등을 경험하게 되면 우울감, 심리적 불편감 등을 겪게 될 뿐 아니라 조직 내의 생산성을 떨어뜨린다. 이런 점 때문에 함께 살아가야 할 여러 영역의 사람들과 불필요한 갈등 없이 친밀하고 협동적인 인간관계를 형성하는 것은 풍요롭고 행복한 삶을 만들기 위한 주요한 과제이다.

우리 인간의 심리적 갈등과 고통의 대부분은 인간관계에서 파생된다. 사람이 사람을 살맛나게 하지만, 또한 사람이 사람을 고통에 빠뜨린다. 인간은 누구나 자기중심적이고 이기적인 속성을 가지고 있기 때문에 사람과 사람 사이에는 필연적으로 갈등과 다툼이 존재한다. 인간관계 속에는 만족과 행복과 함께, 미움, 증오, 우울과 불안, 고독과 소외, 배신과 거부, 시기와 질투 등 수없이 많은 심리적 함정이 도사리고 있다. 필연적일 수밖에 없는 대립과 갈등을 최소화하여 구성원 모두의 행복과 만족을 최대화하는 것은 개인적인 차원에서뿐만 아니라, 사회적인 차원에서도 매우 중요한 문제이다.

효율적이고 원활한 성숙한 인간관계를 위해서는, 자기 조절이 필요한데 여기에 선행되는 것이 바로 자기 이해이다. '나'와 '너', '우리 사이'에 대한 깊은 이해가 성숙한 인간관계의 필수조건이다. 우리는 우리자신을 잘 알고 있다고 생각하지만, 관계 속에서 자기도 모르는 부분이 드러나기도 하고, 가까운 상대에 대해서도 잘 알고 있다고 생각했다가 전혀 새로운 경험을 하고 지각이 변화되기도 한다. 이런 점에서 주요한 타인, 나아가 인간 일반에 대해 깊은 이해가 필요하다. 그리고 바람직한 인간관계는 저절로 이뤄지지 않는다. 따라서 인간에 대한 이해와 함께 실천적인 노력과 훈련이 중요하다. 이 장에서는 자기 자신에 대한 이해를 돕기 위해서 Horney의 세 가지 성격유형과 Jung의 성격유형론을 바탕으로 한 MBTI 검사, Berne의 의사교류분석이론 등에 대해서 살펴보고 자신에게 적용해보면서, 자기 이해를 넓히는 기회를 갖고자 한다.

1. Karen Horney의 세 가지 성격유형

신프로이트학파의 카렌 호나이는 프로이트 이후 가장 독창적인 정신분석자 중 한 사람으로 지금 우리에게 친숙한 소외, 자기실현, 이상화된 이미지 등에 대한 연구를 개척적으로 진행하고, 정신분석에 문화와 환경의 중요성을 접목시키는데 크게 기여한 것(1885-1952)으로 평가받고 있는 여성심리학자이다. 호나이는 개인이 타인과의 관계 속에서 불안전감을 느끼게 되고 이것이 기본적 불안으로 발전한다고 했는데 기본적 불안(basic anxiety)이란 인간에게 적대적으로 경험되는 세계에서 자신도 모르게 삶의 모든 측면에서 커지는 고독과 무력감(Horney, 1937, 1945)이라고 했다. 인간은 태어나서 타인에게 무력하게 의존해 있기 때문에 심리적 안전감을 얻는 것이 무엇보다 중요하다고 생각했다. 호나이는 인간이 유아기부터 심리적 안전감 확보를 위해 3가지 대응전략(coping strategies)을 발달시켜 나가는데, 발달단계에서는 모든 것이 나타날 수 있으나 한층 우세한 행동이 있을 수 있다. 그리고 이 한층 우세한 태도는 가장 강하게 실제 행동을 결정한다. 호나이에 의하면, 이와 같은 태도가 후기의 경험으로 변화될 수 있다고 한다. 즉 인간이 생애 초기에 경험한 것이 자발적 성장을 크게 금지하는 것이 아니었다면 후기의 경험은 큰 영향력을 가질 수 있다. 그러나 만일 초기 경험의 충격이 고정된 형태로 어린이를 형성시킬 만큼 충분히 강하였다면 새로운 경험은 그것을 파괴할 수 없을 것이다. 정상인의 경우는 이 세 가지 태도가 상호 배타적이 아니라 서로 보충하고 조화를 이룰 수 있다. 그러나 신경증에서는 이 태도들이 조화를 이룰 수 없고 그중 한 가지 전략에만 고착되거나 이 세 가지 태도가 동시에 강하게 나타나면 심한 갈등에 빠지고 마는데 그 이유는 신경증 환자에겐 융통성이 없고 사태에 적합하든 않든 무분별하게 행동하기 때문이다.

1) 타인을 향해 움직이기, 순종형 성격

이 유형의 사람들은 다른 어떤 유형의 사람들보다 다른 사람으로부터 사랑을 받고 인정받기를 원한다. 이들은 자기 스스로를 약하고 무기력하다고 생각하고 자신을 경시하는 경향을 지닌다. 또한 모든 면에서 자기는 남보다 우월하지 못하다고 여겨서 다른 사람에게 언제나 의존하는 태도를 가지고 있다. 그리고 다른 사람이 자기를 어떻게 평가하는가에 따라 자기를 평가하기도 한다. 즉 자기가 스스로를 인정하거나 평가하기보다 타인의 눈에 비춰서 자기를 평가하는 경향이 강하다. 이 유형의 사람들은 "사랑"과 "인정"이 삶의 커다란 가치를 차지하고, 이를 강박적으로 추구하는 신경증적 욕구가 충족될 수 있는 유일의 수단이고 방향이기 때문에 사랑하는 사람, 자신이 의지하고 믿을만한 사람만 만나면 다 된다고 생각한다. 자신은 유약하다고 생각하고 타인의 지지나 인정을 구하기 위해 타인에게 끊임없이 맞추려 한다. 그리고 타인의 관심과 애정을 유발할 수 있는 방식을 잘 알면서 자신의 목표를 위해 타인, 특히 가까운 사람이나 배우자를 조종하는 경향을 지닌다. 사람들에게 향하는 모든 특성을 드러내며, 주위 사람들의 인정과 애정을 유달리 바란다. 친밀한 인간관계의 욕구, 즉 소속감의 욕구에 중심을 둔다. 이런 유형의 사람들은 타인의 마음에 들려고 하고, 사랑을 받으려고 하며, 자신을 받아 주고 환영해 주며, 인정해 주고, 자신의 진가를 알아주기를 바란다. 또한 자신이 사람들에게 필요한 존재이며, 특히 한 특정인에게 중요한 존재이기를 바라며 그에게 도움과 보호, 보살핌, 지도받기를 바란다.

이 유형은 자신에게 어떤 특징적인 태도를 취한다. 첫 번째, 전반적으로 자신이 약하고 무력한 사람이며, 불쌍하고 보잘것없는 사람이라는 느낌을 갖는 것이다. 두 번째, 복종의 경향에서 나타난다. 모든 사람이 자신보다 우월하고 더 매력적이고 영리하며 교육수준도 높고 가치 있다고 생각하여 그것을 당연하게 받아들인다. 세 번째, 타인에 대한 일반적인 의존성이다. 이것은 타인이 자신을 어떻게 생각하는가에 따라 자신을 평가하는 무의식적인 경향이다. 순종적인 유형을 분석할 때 강하게 억압된 여러 가지 공격적인 성향을 보게 된다.

지나치게 타인을 배려하는 것과는 대조적으로 타인에 대한 무관심, 반항적인 태도, 무의식적으로 타인에게 기생하거나 이용하려는 경향, 타인을 통제하고 조종하려는 경향, 타인보다 뛰어나기를 바라거나 또는 보복적인 승리를 즐기고 싶은 참을 수 없는 욕구를 발견하게 되는 것이다. 억압된 욕구는 당연히 그 종류와 강도가 다양하며 이는 부분적으로는 어렸을 때 겪은 사람들과의 좋지 않은 경험에서 발생한다.

겉으로는 사려 깊고, 이해심 많고, 사람들에게 반응적이며, 타인의 욕구에 민감한 듯 보이나, 이런 순응형의 사람들은 내면에 억압된 뿌리 깊은 반항심과 복수심을 지니고 있어서 바깥으로 드러나는 행동과 태도와는 상반되게 타인을 통제 착취하고 조종하려는 욕구를 지니고 있다고 한다.

여러분은 순응형 인간인가? 아니면 이런 특성의 사람을 주변에서 떠올릴 수 있는가?

2) 타인에 반해 움직이기, 공격형 성격

진화론자들의 적자생존의 논리대로 이 유형의 사람들에게 세계는 하나의 전장이고 밀림이다. 즉, 강자가 약자를 이겨서 살아남는 곳이 바로 세상이다. 이들에게 적대적이고 약육강식의 논리가 존재하는 세상에서 어떤 경우에든 자기 이익만을 냉담히 추구하는 것이 이들의 삶의 원리이다.

이들에게 삶의 투쟁의 목표는 힘, 특권, 성공 등이다. 따라서 대인관계는 단지 타인을 능가하기 위해서만 형성된다. 자기가 중요한 자리에 있어야 하고, 이것을 보장받아야 한다고 생각한다.

이들은 세상에 대해서 투쟁적 태도를 가지고 있음으로 현실주의의 감정을 발달시켜 사전 계획과 치밀한 계산에 강조를 둔다. 즉, 기회, 가능성을 주의 깊고 기민하게 어느 사태에서나 타진한다. 자신의 이익만을 냉정하게 챙겨야 하므로 그들의 주된 욕구는 타인을 통제하는 존재가 되는 것이다. 통제의 방법은 힘을 행사하거나 지나칠 정도로 타인에게 간청하거나 의무를 떠넘김으로써 간접적으로 조정하는 것 등이다. 이런 유형은 자신이 타인보다 뛰어나길 바라고 성공하거나 명예를 얻는 등 어떤 형태로든 타인에게 인정받기를 바란다.

이런 유형 중 일부는 사람들을 이용하고 속이고 자신에게 이익이 되게끔 하고 싶어 하는 강한 욕구를 드러내기도 한다. 냉정하고 거친 성격이 되거나 그런 인상을 풍기며 그에게 있어 사랑은 중요하지 않다.

또한 공격적인 유형은 투쟁에서 이기기 위해 어떤 행동이든 서슴지 않는다.

논쟁을 할 땐 기민하고 예리하며 자신이 옳다는 것을 증명하기 위해 고의로 논쟁을 시작하기도 한다. 공격적인 유형은 자신을 가장 강하고, 가장 영리하고 사람들이 필요로 하는 존재로 내세우고 싶어 하는 욕구를 가지고 있다. 공격적 유형에게 있어 일은 목적을 위한 수단 밖에는 되지 않기 때문에 자신이 하는 일을 좋아하지 않으며 진정한 즐거움을 느끼지도 않는데 이것은 삶에서 감정을 배제하려는 시도와 일관된다.

공격적인 유형은 억제를 모르는 사람으로 보인다. 억압은 감정의 영역 안에 있으며 우정, 사랑, 애정, 이해, 사심 없이 즐김에 대한 능력과 관계된다. 그러나 결국 그는 이것들을 시간 낭비로 볼 것이다. 이 유형의 가치체계는 경쟁사회의 철학을 바탕으로 한다. 타인의 부드러움에 대한 감정은 단순하지 않으며, 공격적 유형의 사람은 사실 이것을 경멸한다. 그러나 다른 한편으로는 이것을 환영하기도 한다. 왜냐하면 자신의 목적을 쉽게 추구할 수 있도록 해 주기 때문이다. 공격적 유형에게 어떤 동정심 또는 선량해야 하는 의무, 또는 순종적인 태도는 자신이 쌓아 온 생활 구조와 맞지 않으며, 삶의 기호를 흔들어 놓을 것이다. 게다가 서로 대립하는 경향의 출현으로 인해 그는 자신의 기본 갈등과 대면하게 되고, 자신이 그토록 조심스럽게 양성한 일관된 체제를 파괴할 것이다. 결과적으로 부드러운 성향을 억제함으로써 공격적 성향이 강화되고 더 강박적이 된다.

이들은 최고가 되기 위해 노력하므로 실제로 직업적인 성공을 하지만 직업자체가 본질적인 만족을 주지는 못한다. 조직을 지배하고 통제하면서 힘을 추구해 나가기 때문에 겉으로는 자신감이 있어 보이지만 순응형과 마찬가지로 내면은 불안전하다고 느끼고 끊임없이 힘, 특권을 얻어서 이를 극복하려고 한다는 점에서 불안 그리고 적대감이 행동의 원천이라고 한다.

여러분은 공격형 인간인가? 아니면 이런 특성의 사람을 주변에서 떠올릴 수 있는가?

3) 타인으로부터 멀어지기, 고립형 성격

이들은 자신으로부터 정서적인 거리를 유지하고 모든 일에서 방관자적 태도를 가진다. 정서적인 것으로 자신이 흔들리는 것을 원치 않는다.

이들에게는 자기충족(Self-suficiency)과 개인적 공간(Privacy)을 요구하는 정도가 격리의 정도를 나타내는 표준이 된다. 다른 사람과 무엇을 나누려 하지 않고 혼자 일하고, 먹고, 놀기를 원한다. 이들도 우월감에 대한 욕구가 있다. 이것은 현실적 노력에 의해서 우수해 지려는 것이 아니고 다른 사람과 떨어져 구별된다는 점에서 자기의 독특성(Uniquenes)에 대한 느낌을 가진다.

순응형이나 공격형은 통합성 안정감을 얻기 위해 적극적인 방법으로(양상은 다르지만) 생활을 받아들이는 시도를 하는 데 비해 고립형은 가장 모순이 많고 분석이 어려운 성격유형이다.

이 세 가지 유형 중에 사회생활을 하면서 어려움을 경험할 때 상담실에 나타나지 않을 유형은 어떤 유형일까? 바로 이 고립형이다.

이런 유형의 사람들은 상담실에 잘 나타나지 않는데 그 이유는 관계를 맺는 것이 이들에게는 불편하기 때문이다. 이들은 상담자와 관계를 갖지 않으려는 저항으로 인해, 그 다양한 성격 구조를 이해하기 어려운 부분이 있다. 시간표나 일정표를 싫어하며 결혼이나 오래된 연애 등과 같이 장기적으로 얽매이는 것을 피하는 편이라고 한다.

종종 분리를 고유한 것으로 여기는 다른 특징은 자신에게 조차 소원한 것이다. 즉 정서 경험에 대한 무감각, 자신이 누구인지, 자신이 무엇을 사랑하고 미워하고 바라고 희망하고 두려워하고 분노하는지에 대한 자각이 분명하지 않다.

결정적인 것은 자신과 타인 사이의 감정적인 거리를 두어야 한다는 내적 욕구이다. 좀 더 정확하게 표현하자면, 사랑이든 다툼이든, 협력이든 또는 경쟁이든 간에 어떤 방식으로든지 타인과 감정적으로 관련되어 있지 않겠다고 의식혹은 무의식적으로 결정한다.

그들이 획득한 모든 욕구와 특질은 엮이고 싶지 않다는 주된 욕구를 향해 있으며, 그 중에서 가장 현저한 욕구는 자족감이다. 또 다른 심오한 욕구는 사생활 보호에 대한 욕구다. 자족감과 사생활 보호, 철저한 독립의 욕구로 존재한다.

여러분은 고립형 인간인가? 아니면 이런 특성의 사람을 주변에서 떠올릴 수 있는가?

이 세 유형이 어느 정도 여러분과 맞아 떨어지는가? 여러분은 모두 다 가지고 있다고 할지 모른다. 어떤 사람은 순응형의 탈을 쓴 공격형일지도 모른다.

또 어떤 사람은 고립형의 탈을 쓴 공격형일 수도 있다. 중요한 것은 우리가 각기 각 유형의 독특한 욕구 때문에 갈등이 빚어질 수 있다는 것이다. 그러므로 자기를 잘 이해하고 관계에서 갈등이 생겼을 때 나의 어떤 부분이 갈등을 빚는지를 숙고하는 태도가 필요하다 하겠다.

2. MBTI의 성격유형

융(Jung)의 심리유형이론에 근거하여 마이어스(Myers)와 브릭스(Briggs)가 연구 개발한 성격유형지표로서 자신과 타인의 성격 역동을 이해하는 데 유용한 성격유형 선호경향검사이다. MBTI는 Myers-Briggs Type Indicator의 머리글자만 딴 것으로 융(C. G. Jung)의 성격유형이론을 근거로 캐서린 브리그스(Catharine C. Briggs)와 그의 딸 이자벨 마이어스(Isabel BriggsMyers), 그리고 손자인 피터 마이어스(PeterMyers)에 이르기까지 무려 3대에 걸쳐 70여 년 동안 계속적으로 연구 개발한 인간이해를 위한 성격유형 모델이다.

MBTI는 개인의 선호성, 즉 개인이 더 지속적이고 일관성 있게 사용하며 상대적으로 더 쉽고 편안하게 사용하는 타고난 경향성을 측정한다. 따라서 MBTI는 자신의 성격특성을 이해하고, 성격유형에 따른 개인차를 인식하게 되는 비진단 검사이다. 현재 한국에서 사용되고 있는 MBTI는 김정택, 심혜숙에 의해 번역과정 및 엄격한 표준화를 거쳐 사용되고 있다.

MBTI는 성격의 성숙성을 측정하는 도구가 아니며 선천적 경향성을 제시해 주는 데 도움을 주는 도구이고, 건강하게 기능하는 사람들을 대상으로 하여 표준화된 검사도구이다. 또한 MBTI는 1994년 현재 30여 개의 언어로 번안되어 사용되고 있으며 문화권에 따라 성격유형의 분포비율에 차이점을 보이고 있다.

그리고 MBTI에서의 선호 경향 지식은 개인의 삶의 양식 전반에 활용되어 진다. 즉 자신의 삶의 목표를 결정하고, 또한 가장 흥미롭고 만족감을 줄 수 있는 교육과 직업을 선택할 수 있는 길을 찾는 데 사용되어지고, 배우자, 가족, 고용인, 동료 등 자신의 삶에서 만나게 되는 중요한 사람들과 어떻게 관계하는가를 배우는 것에도 사용된다. 본 절의 내용은 MBTI 개발과 활용(김정택 · 심혜숙 · 제석봉, 1995)과 나의 얼굴, 나의 모습(김정택 · 심혜숙 · 임승환, 1999)의 내용을 간추린 것이다.

MBTI에서 나타내고 있는 네 가지 선호별 지표는 그림 2-1 과 같다.

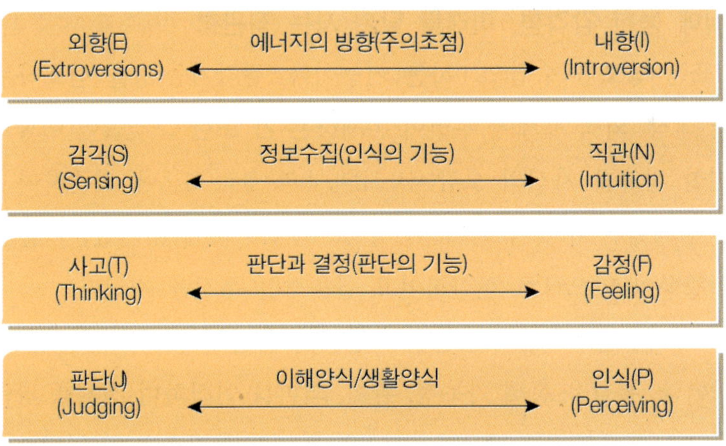

그림 2-1 MBTI에 의한 4가지 선호경향

E-I지표는 주의집중과 에너지의 방향을 나타내는 말로서 개인이 내향성인가 외향성인가를 나타낸다. Jung은 내향성과 외향성이 '상호보완적'인 태도임을 강조하였다.

(1) 사람을 만날 때 충전되는 외향형, 혼자 있을 때 충전되는 내향형/ 대화를 주도하는 외향형, 속으로 대답하는 내향형

외향성(E)인 사람들은 주로 외적세계를 지향하기 때문에 인식과 판단도 사람과 대상 등 외부세계나 환경에 초점을 두는 경향이 두드러지고 있다. 세상을 이해하기 위해서 외적 경험을 필요로 하고 먼저 행동으로 체험하려는 경향이 있으므로 활달해 보이고 활동적으로 보인다는 것이다.

내향성(I)인 사람들은 주로 내면세계에 더 초점을 두는 경향이 있기 때문에 이들은 내면세계에서 일어나는 것에 의해 에너지를 쓰게 된다. 또한 업무 면에서 생각을 주로 하는 활동을 많이 요구할 때에 더 많은 흥미와 편안함을 느끼며 세상을 직접 경험하기 전에 먼저 생각 속에서 이해하려고 하는 경향이 있다는 것이다.

(2) 현실적인 감각형, 의미와 느낌을 중시하는 직관형/ 현실에 능한 감각형, 미래를 당겨 사는 직관형

S－N지표는 정보를 수집(인식)하는 기능이다. 감각기능(S)을 선호하는 사람들은 자신의 내적, 외적 세계에 무엇이 존재하는 가 또한 그것들이 어떻게 발생하는가에 대한 정보를 자신의 오감(시각, 청각, 촉각, 후각, 미각)에 의존하여 인식하는 차원이다. 감각형은 무엇이 현재 이 상황(Here & Now)에 주어졌는가를 수용하고 처리하는 경향이 있으므로 현실적이고 실용적인 특징을 지닌다.

직관기능(N)을 선호하는 사람들은 오감보다 육감이라 부르는 직관을 통해 정보를 수집한다. 통찰을 통해 가능성, 관계, 의미를 인식하며 전체를 파악하고 본질적인 패턴을 이해하려고 애쓴다. 새로운 가능성과 새로운 일 처리방식을 추구하고 모색하며 상상력과 영감에 더 큰 가치와 비중을 둔다. 현재에 머무르기 보다는 미래의 성취와 변화, 다양성을 더욱 즐기며 전체를 보기 위해 세밀한 사항은 간과하는 경향이 있다.

(3) 일이 먼저인 사고형, 사람 마음이 먼저인 감정형/ 옳다고 생각하는 대로 결정하는 사고형, 좋아하는 쪽으로 결정하는 감정형

T-F지표는 의사결정(판단)기능을 나타내는 말로서 인식과정을 통해서 얻은 정보를 판단, 선택하여 의사결정을 하는 기능이다.

사고형(T)을 선호하는 사람들은 객관적인 판단기준에 근거하여 정보를 분석, 비교하여 어떤 특별한 선택이나 행동에 대한 논리적이고 합리적인 결과들을 예측하여 의사를 결정한다. 일관성과 타당성을 중시하며 원리원칙에 입각하여 모든 일을 결정한다. 따라서 자신이 개인적으로 느끼는 가치보다는 무엇이 옳고 그른가에 있어서 객관적인 기준을 중시한다.

감정형(F)을 선호하는 사람들은 판단방법에 있어서 개인적, 사회적, 주관적인 판단과 가치를 중요시 여기고 있다. 그리고 인간관계를 좋아하고 동정심이 많으며, 남을 인정할 줄 알고 재치가 있는 편이다. 객관적인 진리보다는 보편적인 선을 선호하고 인간관계에 있어서 조화를 중시하며 일이나 사람에 대한 열정이 많다.

(4) 내 뜻대로 정돈되어 있어야 편한 판단형, 있는 그대로 수용되는 인식형, 계획대로 되어야 뿌듯한 판단형, 중요도에 따라 바꾸는 인식형

J-P지표는 외부세계에 대처해 나갈 때 주로 사용하는 태도와 행동을 나타낸다.

판단을 선호하는 사람은 판단기능(T-F)을 주로 사용하고, 인식을 선호하는 사람은 인식기능(S-N)을 주로 사용한다. 판단형(J)은 계획과 구조화된 생활양식을 좋아하고, 분명한 목적과 방향이 있으며 체계적이고 단계적인 일을 좋아한다.

인식형(P)은 자율적이고 유연한 생활양식을 선호하여 변화하는 상황에 잘 적응해 나가고, 새로운 사건이나 변화에 개방적이다.

이와 같이 사람들은 이상의 네 가지 차원 중에서 두 가지의 선호도를 습관적으로 많이 사용하고 편안해 하는 한쪽에 치우쳐 있으며 이것이 그 사람의 성격유형으로 나타난다는 것이다. 이처럼 각각의 차원은 서로 독립적이므로 여덟 가지 차원을 서로 조합하면 표 2-1 에서 보는 바와 같이 16가지 성격유형이 형성됨을 알 수 있다(김정택 · 심혜숙 · 제석봉 역, 1995).

표 2-1 MBTI에 의한 16가지 성격유형도표

ISTJ 내향성 감각 사고판단형 원칙주의자	ISFJ 내향성 감각 감정판단형 의무수행자	INFJ 내향성 직관 감정판단형 영감을 주는 작가	INTJ 내향성 직관 사고판단형 과학자
ISTP 내향성 감각 사고인식형 극기훈련의 대가	ISFP 내향성 감각 감정인식형 순수예술가	INFP 내향성 직관 감정인식형 탐구가	INTP 내향성 직관 사고인식형 건축가
ESTP 외향성 감각 사고인식형 프로모터	ESFP 외향성 감각 감정인식형 엔터테이너	ENFP 외향성 직관 감정인식형 열정가	ENTP 외향성 직관 사고인식형 발명가
ESTJ 외향성 감각 사고판단형 행정가	ESFJ 외향성 감각 감정판단형 사교가	ENFJ 외향성 직관 감정판단형 교육가	ENTJ 외향성 직관 사고판단형 사령관

3. Berne의 자아 상태

임상심리학자인 E. Berne(1961)의 의사교류분석(TransactionalAnalysis)이론에 의하면 인간관계에서 생기는 모든 심리적 갈등은 사람들 상호 간의 의사소통과정에서 비롯되며, 의사교류과정 속에 실제로 심리적 갈등과 문제들이 표출되어 있다.

개인 안에는 각기 다른 세 개의 자아상태－부모(parent), 성인(adult), 아동(child)

-가 존재하고, 이들 세 개의 자아는 개인의 행동이나 대화패턴을 결정하게 되는데, 상호 간에 어떤 자아상태에서 교류하느냐에 따라 의사소통 양식이 달라진다. 각각의 자아상태에 대해서 알아보자.

1) 세 개의 자아상태

(1) 어버이자아(P: Parent)

5세 이전에 부모를 포함한 의미 있는 연장자들의 말이나 행동을 무비판적으로 받아들여서 내면화시킨 것이다. 기능상 두 가지로 나누어진다.

① 비판적 어버이자아(CP: Critical Parent 혹은 FP: Father Parent)

부모의 윤리, 도덕, 가치판단의 기준이 그대로 내면화된다. 비판적 어버이자아는 편견적, 봉건적, 비난적, 비판적, 배타적인 말을 단정적, 조소적, 강압적, 교훈적인 말투를 사용하여 나타낸다. 이 자아가 강한 사람은 자기 자신이 제1인자라는 식이며 명랑성이나 유머감각이 없고 주위사람 특히 배우자나 자녀를 불안하게 한다.

② 양육적 어버이자아(NP: Nurturing Parent 혹은 MP: Mother Parent)

자녀를 사랑하고 돌보는 등 자녀를 양육하는 말이나 행동이 그대로 내면화된 양육적 어버이자아는 구원적 · 보호적 · 위안적 · 배려적 · 동정적이어서 말투도 온화하고 부드러우며 자세도 수용적 · 보호적이다. 양육적 어버이자아는 원만한 인간관계를 위해 꼭 필요하나 이러한 것이 지나치면 상대에게 부담을 주게 되어 상대를 떠나게 만들 수도 있다.

(2) 어른자아(A: Adult)

생후 10개월경부터 자신에 대한 자각과 독창적 사고가 가능해지고 혼자서도 어떤 일을 해낼 수 있다는 능력감을 갖게 되면서 점진적으로 나타난다. 객관적 · 합리적 · 분석적 · 지성적 · 논리적 · 사실평가적 · 정보처리적이어서 일종의 컴퓨터와 같은 기능을 한다. 어른자아에서는 감정과 윤리·도덕적인 면이 거의 배제된다. 어른자아는 어버이자아나 어린이자아에 의한 기능장애를 방지하기 위한 것이다. 어른자아가 기능하는 정도에 따라 그 개인의 기능 정도가 결정된다고 볼 수 있다.

(3) 어린이자아(C: Child)

인간 내에서 생득적으로 자연히 일어나는 모든 충동과 감정 그리고 5세 이전에 부모와의 관계에서 경험한 감정과 그에 대한 반응 양식이 내면화된 것이다.

어린이자아는 기능적인 면에서 자유로운 어린이자아(FC)와 적응적 어린이자아(AC)로 나누어진다.

① 자유로운 어린이자아(FC: Free Child)

부모나 어른들의 반응에 구애됨 없이 자유롭게 자신을 나타내는 자유어린이 자아는 본능적·적극적·창조적·직관적·감정적·자발적·행동적·탐구적이며 느끼는 그대로를 표현한다. 즐거움을 구하고 불쾌한 것은 피한다. 지나치면 경솔하다는 말을 들을 수도 있다.

② 적응적 어린이자아(AC: Adapted Child)

부모나 권위자의 관심을 얻기 위해 이들의 요청에 부응하려는 자연적 충동의 적응기능을 가진다. 부모나 권위자에 의해 훈련된 것으로 순응적·소극적·의존적·반항적 특징을 보인다. 생의 초기에는 자연적 어린이자아가 지배하지만 시간이 지남에 따라 부모의 의도에 따르도록 훈련된다(예: 시간제 수유). 죄의식, 부끄러움, 두려움 등으로 특징 지워지는 순응적 어린이자아와 때에 따라서는 타인에 대해 화를 내는 것과 같은 행동을 보이는 반항적 어린이자아의 모습으로 나타날 수 있다.

사람은 누구나 이 세 가지 자아상태를 모두 소유하고 있으며, 다른 사람과의 관계에서 상황에 따라 각기 다른 자아상태로 대화하고, 특히 자주 사용하게 되는 자아상태가 있다. 이러한 자신의 대화패턴을 분석해 봄으로써 대인관계에서 갈등의 원인을 파악할 수 있다.

CP	엄격한 부모의 마음 Critical Parent	남에게 비판적이고 완고하며 사회규범이나 도덕적 가치를 중시하는 엄격한 마음
NP	자상한 부모의 마음 Nurturing Parent	남을 잘 보살펴주고 배려해주며 상대의 입장에서 이해하려는 다정다감한 마음
A	이성적인 성인의 마음 Adult	감정에 치우침 없이 냉철하고 합리적으로 문제를 해결하려는 컴퓨터처럼 논리적이고 이성적인 마음
FC	자유로운 어린이 마음 Free Child	호기심과 창의력이 풍부하며 생각한 것을 남의 눈치 보지 않고 그대로 표현하려는 자유분방한 마음
AC	순응적인 어린이 마음 Adapted Child	타인을 지나치게 의식하거나 전체분위기에 맞추려고 자기 감정 표현을 억제하려는 순응적인 마음

●●● **그림 2-2** Berne의 자아 상태

2) 이고그램프로파일 셀프테스트

성명				보기	매우긍정 5
소속					약간긍정 4
작성일		나이/성별	/		보 통 3
					약간부정 2
					매우부정 1

다음 항목에 대한 대답을 보기와 같이 골라 공란 □에 점수를 기입하세요. 현재 하고 있는 그대로를 체크하세요.

구분	항목	응답				
1	다른 사람을 헐뜯기보다 칭찬을 잘 하는 편이다.					
2	대화에서 격언, 속담을 잘 인용한다.					
3	"법이 없어도 살아갈 수 있는 사람"이라는 소리를 잘 듣는다.					
4	행동이나 말이 자유스럽고 자연스럽다.					
5	말이나 행동을 냉정하고 침착하게 하므로 안정된 분위기를 느낀다.					
6	"내가 말하는 대로 하면 된다."는 식으로 말한다.					
7	상냥하고 부드러우며 애정이 깃들어 있는 대화나 태도를 취한다.					
8	TV, 영화 등을 보면서 마음이 약해 눈물을 잘 흘리는 편이다.					
9	6하 원칙에 따라 사리를 따지거나 설명하는 편이다.					
10	호기심이 강하고 기발한(창의적인) 착상을 잘한다.					
11	말을 할 때 상대방의 안색을 자주 살핀다.					
12	직장 내외에서 사회봉사활동에 참가하기를 좋아한다.					
13	사회의 윤리 · 도덕 · 규칙 등을 중시하고 준수한다.					
14	다른 사람으로부터 부탁을 받으면 거절하지 못한다.					
15	자세가 바르며 여유가 있다.					
16	자신을 멋대로라고 생각한다.					
17	다른 사람의 마음에 들고 싶다고 생각한다.					
18	부모나 상사가 시키는 대로 한다.					
19	타산적이며 이해득실(利害得失)을 생각하고 행동한다.					
20	일을 능률적으로 잘 처리해 간다.					
21	매사에 조심스럽고 소극적인 편이다.					
22	대화에서 감정적으로 되지 않고 이성적으로 풀어간다.					
23	상대방의 이야기를 잘 경청하고 공감하는 편이다.					
24	책임감이 강하고 약속시간을 엄수한다.					
25	부하나 아이의 실패에 대해 관대하고 격려한다.					
26	의리와 인정에 끌려서 아이나 부하, 동료 등 누군가를 마음에 걸려 한다.					
27	신이 나면 도가 지나쳐서 실수를 한다.					

구분	항목	응답				
28	아이나 부하를 엄격하게 다룬다.					
29	생각하고 있는 바를 입 밖으로 내지 못하는 성질이다.					
30	친구나 동료, 아이들이나 부하에게 신체적 접촉과 같은 스킨쉽을 잘하는 편이다.					
31	상대의 말을 가로막고 자신의 생각을 말한다.					
32	밝고 유머가 있으며, 장난을 잘 치는 편이다.					
33	어떤 일이나 사실에 근거해서 판단한다.					
34	상대의 실수를 지적하고 정정한다.					
35	열등감이 심한 편이고 자신의 감정을 억눌러 버리는 편이다.					
36	오락이나 술 등 음식물을 만족할 때까지 취한다.					
37	미래의 일을 냉정하고 예리하게 예측하고 행동한다.					
38	욕심나는 것을 가지지 않고는 못 베긴다.					
39	자신의 생각을 관철하기보다 타협하는 경우가 많다.					
40	동정심이나 배려심이 강하고 어린이나 타인을 돌봐 주기를 좋아한다.					
41	어떤 결정을 내릴 때 사실을 확인하거나 반대 의견을 듣는다.					
42	중얼중얼하는 목소리로 말하거나 우물쭈물 사양하는 편이다.					
43	상대를 바보 취급하거나 멸시한다.					
44	기쁨이나 화를 내는 등 희노애락을 직접적으로 표현하고 뒤끝이 없다.					
45	곤경에 처해있는 사람을 위로하거나 복돋아 주기를 즐거워한다.					
46	현상을 잘 관찰 · 분석하고 합리적으로 의사결정을 한다.					
47	"~해도 괜찮을까요?", "…할 생각입니다.", "이젠 됐습니다.", "어차피 저 따위는…." 등의 말을 쓴다.					
48	"와, 멋있다!", "굉장하군!", "아하!" 등 감탄사를 자주 쓰며 농담을 잘한다.					
49	"당연히 …해야 한다.", "…하지 않으면 안 된다."라는 식의 말투를 잘 쓴다.					
50	권리를 주장하기 전에 의무를 다한다.					
	합계					
		CP	NP	A	FC	AC

이고그램 분석

50					
48					
45					
42					
39					
36					
33					
30					
27					
24					
21					
18					
15					
12					
9					
	CP	NP	A	FC	AC

3) 의사교류 방식

Berne은 대인관계에서 일어나는 의사교류 방식을 세 가지로 분류하고 있다.

(1) 상보적 의사교류

두 사람이 어른자아 상태에서 의사소통을 하거나, 혹은 한쪽이 아동자아 상태에서 말하면 상대방이 부모자아 상태로 반응하는 경우처럼, 벡터가 평행일 때이다. 이런 의사교류는 반응이 적절하고 기대된 것이기 때문에, 상호 간에 대화가 부드럽게 계속 진행될 수 있으며, 상호 간의 감정과 사고의 교류가 이루어져 더욱 친밀한 관계로 발전할 수가 있다.

(2) 교차적 의사교류

한쪽이 어른자아 상태에서 말하면서 성숙한 반응을 기대하는데, 상대방은 부모가 아이에게 하는 것처럼 말하거나 아이가 부모에게 투정 부리듯이 반응하는 경우이다. 반응하는 사람이 재빨리 자신의 어른자아를 활용하여 대화패턴을 바꾸지 않는 한, 대화는 교착상태에 빠지게 되며, 결국은 한쪽이 상처를 받거나 화가 나서 서로 이해가 되지 않는 상태에서 대화는 단절되게 된다.

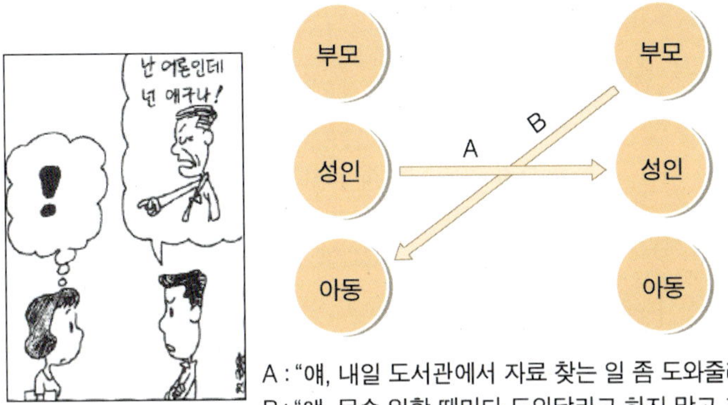

A : "얘, 내일 도서관에서 자료 찾는 일 좀 도와줄래?"
B : "얘, 무슨 일할 때마다 도와달라고 하지 말고 혼자서 좀 해봐라!"

그림 2-3 교차적 의사교류

자료: 김애순(2005).

(3) 이면적 의사교류

두 개 이상의 자아상태가 동시에 작용하게 되는 경우로, 표면적 메시지와 내면의 메시지가 다른 경우이다. 서로가 감정과 생각을 솔직하게 의사소통을 하고 있지 않기 때문에 서로의 생각이나 감정을 이해하기가 어렵다.

4) 바람직한 교류의 방법

무엇보다도 우선 상보적 의사교류를 한다. 그리고 상대방 말의 이면에 숨겨져 있는 감정을 추측하여 그 기분에 반응하는 것이 좋다. 갈등상황이 있거나 불편한 마음이 들 때는 어른자아 상태를 작동시켜 어버이와 어린이자아 상태의 반응을 통제한다.

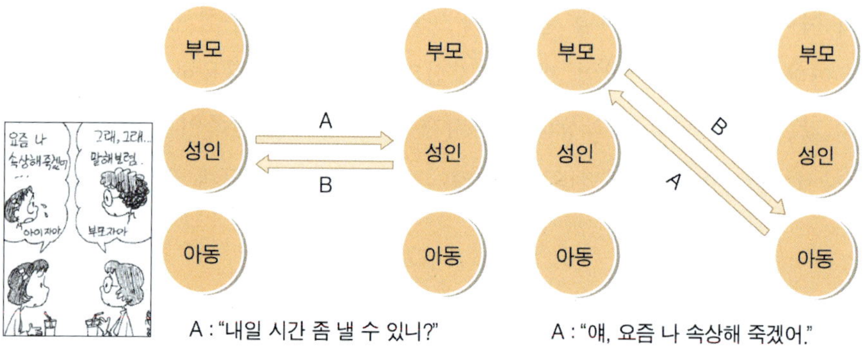

A : "내일 시간 좀 낼 수 있니?"
B : "그래. 무슨 일인데?"

A : "얘, 요즘 나 속상해 죽겠어."
B : "그래. 이해가 간다. 어쩌면 좋지."

그림 2-4 상보적 의사교류

자료: 김애순(2005).

용어해설

- 기본적 불안(basic anxiety) : 인간에게 적대적으로 경험되는 세계에서 자신도 모르게 삶의 모든 측면에서 커지는 고독과 무력감
- 상보적 교류 : 자아상태 간의 벡터가 평행이 되는 경우
- 교차적 교류 : 자아상태 간의 벡터가 서로 엇갈리는 경우
- 이면적 교류 : 두 개 이상의 자아상태가 동시에 작용하게 되는 경우로, 표면적 메시지와 내면의 메시지가 다른 경우
- 신프로이트 학파 : 프로이트의 성적 추동에 대한 반발로 성격을 사회적 기대 및 요구 사이의 상호작용의 소산물로 보는 학자들로 대표적으로 호나이, 프롬, 설리번 등이 있다.

탐구문제

1. 내가 맺고 있는 사회적 관계에서 불편한 점이 있다면 나의 어떤 성격적 측면 때문일까 찾아보자.
2. Horney, Berne의 이론과 MBTI 유형으로 나 자신을 설명해보자.
3. MBTI 유형이 서로 완전히 다른 유형끼리 그룹을 만들어 서로에게 이해되지 않는 부분을 이야기해보자.

참고문헌

김애순(2005). 청년기갈등과 자기이해. 시그마프레스.

김정택 · 심혜숙 · 제석봉(1995). MBTI 개발과 활용. 한국심리검사연구소.

김정택 · 심혜숙 · 임승환(1999). 나의 모습, 나의 얼굴. 한국심리검사연구소.

Berne, E. L.(1961). *Transactional analysis in psychotherapy: A systematic individual and social psychiatry*. NY: Grove.

Horney, K.(1937). *The neurotic personality of our time*. NY: Norton.

Horney, K.(1945). *Our inner conflicts: A constructive theory of neurosis*. NY: Norton.

Chapter 03

개인과 개인의 관계

1. 인간관계 이론들
2. 인간관계의 유형들

1. 인간관계 이론들

1) 사회교환론(Social Exchange Theory)

사례1

영희는 지난겨울에 친구인 철수의 생일날 고급 만년필을 선물로 사주었다. 그러나 막상 철수는 이번 달에 있던 영희의 생일을 깜박 잊고 그냥 지나갔고, 이 일로 인해 두 사람 사이는 멀어지게 되었다.

사례2

경수와 민호는 입사 동기로 한 사무실에서 근무하고 있다. 업무상 어려운 일이 생겼을 때, 경수는 혹시 자신의 무능함을 질책당할까 봐 상사인 김 과장에게 가길 꺼려했던 반면에, 민호는 늘 김 과장에게 조언을 구하면서 존경과 신뢰를 나타냈다. 김 과장은 다음 번 인사이동에서 경수가 아니라 민호를 승진시켰다.

사회교환론은 간단히 말해서, 개인과 개인의 관계를 교환(exchange), 즉 주고받기의 과정으로 파악하는 이론이다. 사회교환론의 창시자인 호만스(George Homans)에 의하면, 인간은 본질적으로 이윤을 추구하는 존재(Man, the Profit-seeker)이다. 모든 인간은 어떤 행동을 할 때, 그 행동을 함으로써 얻어질 수 있는 이익(혹은 보상)을 최대화하고 치러야 할 비용(혹은 희생)을 최소화하는 방향으로 행동한다는 것이다. 이러한 인간관은 기본적으로는 고전경제학의 공리주의에 입각한 것이다. 그러나 여기서 한 가지 명심할 점은, 사회교환론에서 이야기하는 보상과 비용은 경제학에서처럼 반드시 물질적 차원의 것만은 아니며, 존경심이나 애정, 권위 같은 심리적인 차원도 포함되는 개념이라는 것이다. 가령, 사례 1의 경우에도 영희가 철수와 멀어지게 된 일차적 원인은 물론 생일 선물을 못 받았기 때문이다. 그러나 단지 고급 만년필을 사는 데 썼던 비용만 아까운 것이 아니라 그 선물을 사기 위해 자신이 들였던 정성이나 마음씀씀이에 비해 철수의 무관심이 더 야속했기 때문에 철수와의 관계가 틀어졌다고 볼 수도 있다.

사회교환론은 여기에다 행동주의 심리학의 학습이론을 부가시켜, 인간도 동물과 똑같이 무엇이 자신에게 보상이 되고 무엇이 해로운 가는 과거의 경험을 통해 학습된다고 보았다. 쉬운 예를 하나 들자면, 친구에게 선물을 사주었을 때 별로 기뻐하는 기색이 없었다면, 다음부터는 그 친구에게 다시 선물을 할 마음이 들지 않을 것이다. 호만스는 이를 기초로 개인행동과 관련된 몇 가지 명제들을 다음과 같이 발전시켰다(조지 리처, 2006: 244-249).

(1) 성공 명제(success proposition)

개인이 어떤 행동을 통해 보다 자주 보상을 받게 되면 개인은 그 보상받는 행동을 보다 자주 행하게 될 것이다. 앞서 든 사례 2의 경우를 보자면, 민호가 김 과장에게 조언을 구해 유용한 도움을 받았다면, 그는 다음에도 김 과장에게 도움을 청할 가능성이 높아진다. 또한, 김 과장도 민호에게 준 도움으로 인해 민호로부터 존경과 감사의 호의를 획득하게 되면, 다음에도 기꺼이 민호에게 도움을 주게 될 것이다.

(2) 자극 명제(stimulus proposition)

만일 과거에 개인의 행동이 어떤 자극에 대한 반응의 결과로서 보상을 얻게 되었을 경우라면, 이제 과거의 경우와 같거나 유사한 자극이 주어질 때 개인은 과거에 행했던 행동 혹은 그와 비슷한 행동을 다시 수행하게 될 개연성이 높아진다. 사례 2의 보기를 다시 들자면, 만일 민호와 김 과장 간에 도움을 주고받은 것이 상호 간에 보상적이라는 점을 경험했을 경우, 이들은 장차 반드시 업무뿐이 아니라도 어려운 상황에 처했을 때, 보다 쉽게 비슷한 행동을 하게 될 것이다. 즉 상호 간의 교환행동이 여러 유사한 상황들로 확장되는 경향이 생기게 될 것이다.

(3) 가치 명제(value proposition)

행동의 결과가 행위자에게 보다 가치 있는 것일수록 보다 쉽게 동일한 행동이 수행된다. 사례 2의 경우에도, 직원들은 서로에게 준 보상이 보다 가치 있게 여겨질수록 직원들은 계속 그런 행동을 할 개연성이 커진다. 이 시점에서 호만스는 보상과 처벌의 개념을 들여오고 있다. 보상은 긍정적 가치를 지닌 행동을 말한다. 즉, 보상을 높이면 행위자로부터 바람직하다고 기대하는 행위를 보다 쉽게 유도해낼 수 있다. 반면에 처벌은 부정적 가치를 지닌 행동을 말한다. 처벌을 높인다는 것은 바람직하지 않은 행동을 할 개연성이 줄어드는 것을 의미한다. 하지만 호만스는 처벌이 사람들로 하여금 그들의 행위를 바꾸도록 하는 데 있어 그다지 효과적인 방법이 아니라는 것을 발견했는데, 왜냐하면 사람들은 주어진 처벌에 대해 기대와는 다르게 반발하는 방식으로 대응할 수 있기 때문이다. 사례 2의 경우에도, 만일 경수가 승진 탈락을 자신이 김 과장을 멀리한 데 대한 일종의 처벌로 느끼고 분노한다면, 그 후에 갑자기 태도를 바꾸어서 김 과장을 가깝게 대하기보다는 오히려 더 멀리할 가능성도 있기 때문이다. 따라서 보상이 처벌보다는 훨씬 더 좋은 방법임에는 틀림없지만, 문제는 보상이 무제한 공급될 수 있는 것이 아니라는 점이다.

(4) 박탈-포만 명제(deprivation-satiation proposition)

최근에 특정 보상을 자주 받았을수록, 동일한 종류의 보상이 다시 주어질 때 그 가치는 떨어진다. 가령, 어떤 학생이 공부를 잘해서 처음 우등상을 받았을 때는 하늘로 날아갈 듯 기뻤다고 치자. 그러나 그 학생이 매 학기 계속해서 우등상을 받게 되면, 의례건 받아야 되는 것처럼 느껴져서 처음 같은 큰 기쁨은 더 이상 느끼지 않게 될 것이다. 그런데, 여기서는 시간 개념이 중요하다. 만일 특정 보상이 꽤 오랜 기간 이전의 것이라면, 사람들은 그것에 보다 덜 식상하게 될 것이다. 만일 그 학생이 초등학교 때 우등상을 받은 이래, 중고등학교 시절에는 한 번도 못 받다가 대학에 와서 다시 받게 되었다면 초등학교 시절과 비슷한 기쁨을 느낄 것이다.

(5) 공격-승인 명제(aggression-approval proposition)

이 명제는 두 가지로 나뉜다. ① 만일 사람들이 그들 행동에 대해 기대했던 보상을 받지 못하거나, 혹은 예기치 않았던 처벌을 받게 되면, 사람들은 분노하게 되며 보다 공격적으로 행동할 가능성이 높아진다. 사례 2의 경우로 되돌아가서, 만일 민호가 김 과장에게 기대했던 조언을 받지 못하거나 혹은 김 과장이 민호로부터 기대했던 존경과 감사를 받지 못한다면 그들은 분노를 느끼고 적대적인 관계로 돌아서게 될 것이다. ② 사람들은 기대했던 보상을 받았을 때 즐거워하며, 특히 기대보다 많은 보상을 받았을 때는 더욱 그러하다는 것이다. 결과적으로, 사람들은 주위의 승인을 받은 행동을 계속 할 가능성이 더 크며, 그러한 행동의 결과는 더욱 가치 있게 여겨질 것이다. 사례 2의 경우에도, 민호는 단지 김 과장에게 조언을 구했을 뿐인데 김 과장으로부터 호감을 얻게 되고 그 결과 승진까지 되었다면 그 기쁨은 더욱 클 것이다. 또한, 자신의 그런 처신에 만족하고 보람을 느끼면서 다음에도 직장 상사와 계속 비슷한 관계를 유지할 가능성이 높아질 것이다.

끝으로 호만스는 지금까지 제시된 다섯 가지 명제에 덧붙여서, 성공, 자극, 가치명제들을 요약하는 "합리성 명제"를 도입하였다.

(6) 합리성 명제(rationality proposition)

사람들은 여러 대안적 행동들 중 하나를 고를 때, 그 결과의 가치와 그 결과를 얻을 확률을 곱한 것이 더 크다고 지각하는 행위를 선택하게 될 것이다.

행위 = 가치 X 획득 확률

이 방정식에 의하면, 개인들은 그들 앞에 놓인 여러 대안적 행동들에 대해 이모저모 생각해보고 계산하게 된다. 즉 개인들은 각 행동들이 낳게 될 보상의 양들을 서로 비교하는 것이다. 그들은 또한 그러한 보상을 실제로 획득할 수 있을 가능성도 함께 계산하게 된다. 그 자체로는 매우 높은 가치를 지닌 보상이라도 만일 생각하기에 그것을 얻게 될 가능성이 낮다면 선택의 가능성이 줄어들게 된다. 반대로, 비록 낮은 가치의 보상일지라고 그것을 획득할 가능성이 매우 크다면 선택 가능성도 많아지게 된다. 따라서 그 자체의 가치와 획득 가능성이 모두 높은 것이 가장 합리적인 선택이다.

위에 제시한 행동 명제들을 바탕으로 해서, 사회교환론은 인간관계의 핵심 원리를 "호혜성의 규범(norm of reciprocity)"로 규정한다. 인간 모두가 보상을 추구하는 존재라고 할 때, 인간과 인간의 관계는 결국 보상을 주고받는 관계로서 유지되어 가는 것이기 때문이다. 한국 속담에도 '오는 정이 있어야 가는 정도 있다'는 말이 있듯이, 만약 어느 일방이 받기만 하고 주는 것이 없을 때는 그 관계가 단절되거나 소멸하게 된다. 앞서 사례 1의 경우를 보더라도, 철수는 영희에게 받은 만큼의 보상을 하지 않았기 때문에 결국 철수와 영희의 관계는 틀어지게 된 것이다. 따라서 사회교환론의 관점에서 보자면, 호혜성의 규범이야말로 인간관계를 수립하고 유지하는 데 있어서 가장 기본적인 메커니즘이다.

2) 상징적 상호작용론(Symbolic Interactionism)

앞서 살펴본 사회교환론이 비용과 보상과 관련된 인간의 객관적이고 합리적인 계산 능력을 지나치게 부각시킨 반면에, 상징적 상호작용론은 인간의 주관적 해석 능력을 더 중요시한다. 상징적 상호작용론은 그 이름이 함축하듯이 인간을 상징해석자(Man, the Symbol Interpreter)로 본다. 이 이론의 핵심은, 인간들은 주어진 현실세계나 자극에 대하여 직접적으로 반응하는 것이 아니라 그것에 사회적 의미를 부여하고 그 부여된 의미에 기초해서 반응한다는 것이다. 즉, 인간의 행동은 그 주어진 상황을 어떻게 정의하고 이해하느냐에 따라 결정된다(알렉산더, 1993: 226-239).

따라서 상징적 상호작용론은 사회교환론의 토대가 되었던 행동주의 심리학을 비판하는 작업에서 출발한다. 다음의 도식들을 비교하면 그 차이를 쉽게 이해할 수 있을 것이다.

〈행동주의 심리학〉 Stimulus(자극) ————————→ Response(반응)

〈상징적 상호작용론〉 S → Interpretation(해석) → R

상징적 상호작용론의 도식에 의하면, 인간은 반응하기 전에 자극을 나름대로 해석하고 그 해석된 의미에 따라 행동하는 존재이다. 보기를 들어서, 한 사람이 지나가는 행인을 보고 웃었을 때, 만약 그 웃음을 친절한 호의로 해석한다면 행인도 같이 웃음으로 답례할 것이다. 그러나 그 웃음을 일종의 비웃음이나 혹은 미친 사람의 행위라고 생각한다면, 행인은 화를 내거나 혹은 외면하고 빨리 지나치려 할 것이다.

상징적 상호작용론의 창시자 중 한 명인 미드(George Herbert Mead)에 의하면, 인간에게는 특수한 자질이 있는데, 그것은 마음(mind) 혹은 심성(心性)을 지녔다는 사실이다. 이 마음은 주변의 대상에게 상징을 부여함으로써 의미를 찾고, 언어라는 의사소통의 상징적 수단을 이용하고, 상징을 해석할 능력을 지니고 있다. 그런데 이런 마음의 힘은 사람이 태어나서 다른 사람들과 상호작용을 통해 자아(self)를 형성할 때 비로소 활성화된다. 다시 말해서, 미드는 "인간사회란 마음과 자아가 없이는 존재할 수 없다."고 전제하였다(Mead, 1934).

미드는 자아가 아동기의 세 가지 기본 단계에서 생겨난다고 설명한다. 그 첫째는 "준비단계(preparatory stage)"이다. 이 단계에서 어린이는 주위 사람들을 단순히 모방하지만 그가 모방하는 행동의 의미를 이해하지는 못한다. 두 번째는 "놀이 단계(play stage)"이다. 이 단계는 어린이가 다른 사람들의 역할을 그대로 흉내 내면서 자기도 그런 행동을 해 보면서 노는 단계이다. 준비단계의 모방과는 달리, 이제 어린이는 자신이 흉내 내는 역할의 의미를 어느 정도 이해하게 된다.

가령, 소꿉장난을 하면서 엄마, 아빠, 아기, 이웃집 아줌마들의 역할을 혼자서 다 놀아보면서 그들의 구실을 배우는 것이다. 하지만 이때의 자아는 아직도 짜임새 있는 일체성을 지니지는 못한다. 그러다가 세 번째인 "게임 단계(game stage)"에 들어서면, 짜임새 있는 퍼스낼리티가 발달하기 시작한다. 게임이란, 운동경기의 예를 보더라도, 일정한 규칙이 있고 그 시합에 참여하는 모든 사람의 역할을 다 이해하고 수행할 수 있어야 한다. 미드는 야구의 사례를 들고 있는데, 여기에서 어린이는 어떤 하나의 역할(예: 투수의 역할)을 맡더라도 다른 여덟 명의 선수들이 무엇을 할 것인지, 그리고 자기에게서 무엇을 기대하고 있는 지도 알아야 한다. 어린이가 모든 순간에 모든 선수들에 대해 생각해야 하는 것은 아니지만, 어떤 순간에 셋 또는 넷의 역할을 심중에 둘 수 있어야 한다. 이처럼 여러 역할을 동시에 취할 수 있는 능력을 갖추어야 비로소 어린이는 조직된 집단 내에서 자기 기능을 할 수 있게 된다.

인간관계 수립에서 자아 개념을 강조한 또 다른 학자로는 쿨리(Charles H. Cooley)를 들 수 있다(Cooley, 1902 원판, 1964). 그는 이른바 "거울 자아(the looking glass self)"라는 개념을 제시하는데, 이것은 우리가 일종의 거울을 들여다보면서 우리 자신에 대한 관념을 형성한다는 의미를 가진다. 그렇다면 어떤 거울을 들여다보는 것일까? 그 거울은 우리와 상호작용하는 다른 사람들이다. 우리는 다른 사람들을 거울로 삼아서 우리가 누구이고 제대로 행동하고 있는가를 평가한다. 쿨리의 '거울자아'에 대한 설명을 그대로 인용해보자면 다음과 같다.

> "우리는 거울 속에 비친 자신의 얼굴, 몸매, 의복을 보고, 그것들이 우리의 것이기 때문에 흥미를 가지며, 우리가 기대하는 바에 따라 기분이 좋다든지 나쁘다든지 하는 느낌을 갖는다. 이와 마찬가지로, 우리는 상상력을 가지고 다른 사람의 마음속에서 그가 우리의 모습, 예절, 행동거지, 목적, 특성, 친구 등등에 대하여 어떤 생각을 하는지 의식하여, 그 영향을 여러 가지로 받는다. 이런 식의 자아개념은 세 가지 주요한 요소를 지닌다. ① 다른 사람에게 우리가 어떻게 보일지를 상상하고, ② 그가 그러한 우리의 모습을 어떻게 판단

하는 지를 상상하며, ③ 이에 따른 긍지나 굴욕감에 의해 자아관념을 갖게 된다(Cooley, 1964: 151–2).

쿨리에 의하자면, 다른 사람이 나를 보고 아름답다고 칭찬하면, 나도 내가 아름답다는 생각을 하게 되고, 내게 뚱뚱하다고 놀리면 나도 스스로를 뚱뚱하다고 생각하게 된다. 그러므로 쿨리에게 있어서 자아 개념은 고정된 것이 아니라 주위 사람들과의 상호작용을 통해 형성되고 변화될 수 있는 개념이다.

이렇게 형성된 자아 개념에 의해 인간들은 각자 상황을 해석해서 다른 인간들과 상호작용을 하게 된다. 그렇다면, 인간관계가 원활하게 이루어지기 위해서는 어떤 점이 가장 중요하다고 상징적 상호작용론자들은 보고 있을까? 그 대답은 바로, 개인 상호 간에 그 사회적 상황에 대한 의미를 해석하는 과정이 일치해야 한다는 것이다. 우리가 흔히 겪을 수 있는 보기를 한번 들어보자. 오랜만에 친구와 만나면 “우리 어디 가서 커피나 한잔 하자”는 말을 한다. 이 말의 원래 의미는 브라질이 원산지인 카페인이 함유된 음료를 한잔 마시자는 뜻이다. 그런데 카페에 들어가서 상대방 친구가 커피 대신 콜라나 녹차를 주문했을 때, “커피 한잔 하자”는 애초의 약속이 틀리다고 이의를 제기하는 사람은 아마 없을 것이다. “커피 한잔 하자”고 카페로 들어간 두 사람은 사실 무엇을 마시느냐에 관심이 있는 것이 아니라, 서로 대화를 나누는 데 더 관심이 있었기 때문이다. 즉, “커피 한잔 하자”는 말 속에는 “대화를 나누자”는 의미가 담겨있는 것이다. 두 친구는 그 상황적 맥락에 따라 이 말에 동일한 의미 부여를 했기 때문에, 어떤 음료를 마시던 크게 상관하지 않게 되는 것이다.

따라서 상징적 상호작용론에 의하자면, 인간관계를 맺을 때는 상대방이 상황을 어떻게 정의하고 해석하는지를 정확히 파악하는 것이 매우 중요하다. 상대방의 입장이 되어서 그 사람의 마음을 이해할 때에야 비로소 우리는 제대로 된 인간관계를 맺을 수 있게 되는 것이다. 그 보기로서, 사회교환론 첫머리에 제시했던 사례 1의 경우를 상징적 상호작용론의 관점에서 다시 한 번 생각해보기로 하자. 만약 철수가 영희의 생일을 깜박 잊은 이유가 단순히 무관심했기 때문이 아니라 사실은 가족 중 누군가가 큰 변을 당해서 그 일을 수습하느라 정신이 없었던 것이었다면, 그리고 영희가 그런 철수의 복잡한 심정을 이해했다면 아마 생일 선물을 못 받았다 할지라도 여전히 친구 사이로 남아 있게 될 것이다. 흔히 갈등 관계의 대표 유형으로 거론되는 '고부 간의 갈등' 역시, 만약 시어머니는 며느리의 입장에서, 그리고 며느리는 시어머니의 입장에서 모든 상황을 해석하고 행동하게 된다면 남들이 모두 부러워하는 좋은 관계로 변화하게 될 것이다.

지금까지의 논의를 요약하자면, 상징적 상호작용론의 인간관계는 언어나 몸짓 같은 상징들을 통해 의미를 교환하고 그 속에서 서로의 생각, 기대, 행동을 끊임없이 조정하고 재조정해가는 과정이다. 만일 인간관계가 깨어지거나 어긋나게 된다면 그것은 서로 간의 상황 해석이 일치하지 않았기 때문이거나 의사소통 능력을 충분히 발휘하지 못한 데서 기인한다. 따라서 인간관계를 유지·발전시키기 위해서는 서로 간의 주관적 관점을 이해하기 위한 노력이 선행되어야 하며, 이와 함께 그때그때의 상황에 대한 공통의 합의를 이끌어내는 의사소통 능력이 매우 중요하다.

3) 연극학적 이론

앞에서 살펴본 상징적 상호작용론의 인간관의 특징은 인간의 능동적이고 자율적인 능력을 강조하는 데 있다. 즉, 인간은 다른 인간들의 행동에 기계적으로 반응하는 것이 아니라 그 의미를 해석하고 이를 토대로 자신의 행동을 결정해 가는 존재인 것이다. 또한, 상징적 상호작용론의 관점에서 보면, 인간의 사회생활은 끊임없는 의미 해석 과정이고, 그렇기 때문에 또 끊임없이 변화하는 특성을 갖게 된다. 이렇게 언어와 몸짓 등의 상징을 서로 주고받는 가운데 진행되는 일상적인 인간관계의 상호작용은 마치 관객을 앞에 둔 무대 배우들 연기와 흡사한 것이기도 하다. 바로 이런 점에 착안하여, 고프만(Erving Goffman)은 기존의 상징적 상호작용론에 자신의 독특한 관점을 접합시켜서 새롭게 연극학적 이론(Dramaturgical Approach)을 주장하였다.

고프만도 역시 종래의 상징적 상호작용론과 마찬가지로, 인간은 자신의 행위와 타인의 행위를 해석하고 그것들에 의미를 부여해서 인간관계를 맺는다는 가정에서 출발한다. 그러나 고프만은 인간들이 특정의 사회적 상황을 해석하는 데 있어서 자신의 가장 좋은 모습, 그리고 어떤 목적을 달성하는 데 가장 큰 도움이 될 수 있다고 판단되는 모습을 보여주려고 노력한다고 주장한다. 따라서 인간은 항상 타인에게 보여 줄 자신의 인상을 관리하면서 행동하고, 이와 같은 개개인의 인상관리는 인간 생존 및 인간관계 형성에 필요한 생활 기술이 되는 것이다. 가령, 집에서 혼자 있을 때는 머리도 잘 안 빗고 구겨진 옷을 대충 입고 생활하는 사람이라도, 취직 면접이나 선을 보러 갈 때는 이발을 하고 말끔한 정장을 입고 최대한 단정한 인상을 주려고 노력할 것이다. 인상관리의 다른 보기를 들어보자면, 사업가가 자신의 사무실을 값비싼 그림과 골동품으로 장식하고 고급 차를 타고 다니는 것 역시도 남들에게 성공한 사업가라는 인상을 심어주기 위한 것이라 할 수 있다.

그는 『일상생활에서의 자기표현(Presentation of Self in Everyday Life)』(1959)이란 저서에서, 일상생활을 무대 위에 올려진 연극에 비유한다. 개인은 마치 연극의 배우처럼 자신에게 주어진 역할에 따라 매 순간 자신의 인상을 조정하고 관리하여 관객들(타인들)에게 가장 효율적으로 자신을 연출하려는 전략적 기지를 발휘한다는 것이다. 또한, 인간들은 연극에서와 마찬가지로, 그들의 과업을 수행함에 있어서 무대의 앞과 뒤를 갖고 있다고 한다. 무대 앞(front stage)은 다른 사람들 앞에서 자기의 역할이 수행되고 있는 곳이고, 무대 뒤(backstage)는 자신의 감정이나 느낌이 이완될 수 있는 곳이다. 바로 앞에 든 보기에서, 헝클어진 머리와 구겨진 옷차림으로 지내는 집이 무대 뒤라면, 말끔한 모습으로 면접이나 선을 보러 간 자리는 무대 앞이라 할 수 있다. 인간관계 역시 무대 앞과 무대 뒤 중 어디에서 이루어지느냐에 따라 그때그때 다르게 표현될 수 있다. 가령, 집에서는 부모에게 반말을 하고 막 대하던 아들이 중요한 공식석상이나 TV에 부모와 함께 나가게 되었다고 하자. 아마 대부분의 경우, 그 아들은 부모에게 존댓말을 하며 깍듯한 효자처럼 보이려고 애쓸 것이다. 또는, 사이가 좋지 않은 부부가 자녀들 앞에서는 그것을 내색하지 않으려 한다면, 둘만 있을 때와 자녀와 함께 있을 때의 행동은 분명히 차이가 있을 것이다.

고프만에 의하면, 간혹 연기자는 자신을 관객에게 적절하게 보이는 데 실패한다. 반면에 관객은 그가 무엇을 하려고 하는지를 대체로 알고 있으며 그가 의도적으로 보여주고 있는 인상과 의도함 없이 나타나는 인상을 판별하면서 그의 연기를 조심스럽게 평가한다. 연기자가 연기를 잘못하거나 너무 조심스럽게 연기하는 것처럼 보이면 관객은 그의 진지성을 의심할 수도 있다. 그러나 대부분의 경우 그들은 연기자가 잘못된 인상을 보여줄 경우라도 그것을 모른 척 넘어갈 경우가 많다. 왜냐하면, 그 연극에 참여하는 모든 사람들은 서로의 체면을 유지할 공동의 책임을 가지고 있기 때문이다. 가령, 대화 도중에 상대방이 실수로 트림을 하거나 혹은 방귀를 뀌었을 경우, 아주 친한 사이가 아니라면(무대 뒤를 보여주는 사이가 아니라면) 그냥 모르는 척 넘어가는 경우가 더 많을 것이다. 만일 상대방의 실수를 노골적으로 지적하면 상호 간에 열심히 하고 있던 인상관리 연기의 흐름이 끊기면서 그들의 인간관계도 어색하게 변할 것이기 때문이다.

고프만의 연극학적 이론은 그의 냉소적 인간관 때문에 더러 비판을 받아왔다. 사실 그의 이론에서 묘사되는 인간들은 진실하고 본질적인 자아를 갖지 않고 단지 특정 상황에 맞춰 다양한 연기를 하는 존재에 불과한 것처럼 보이기도 한다. 그러나 그가 지적했던 일상생활의 다양한 인상관리 기법들은 비록 인간관계의 본질은 아닐지라도 일정 부분 실제로 이루어지고 있음도 부인하기는 어려울 것 같다.

2. 인간관계의 유형들

1) 긍정적 인간관계와 부정적 인간관계

이것은 가장 간단하고도 기초적인 분류라 할 수 있다. 그 인간관계가 개인 서로 간의 매력이나 호감에 의해 이루어지는 것인지, 혹은 적대감이나 갈등의 모습으로 나타나는지에 따라 긍정적 혹은 부정적 관계로 구분하게 된다.

그러나 현실적으로 모든 인간관계를 긍정적 아니면 부정적 관계로만 분류하기는 어려울 것이다. 가령, 애증이 뒤섞인 관계라던가 이해관계가 복합적으로 얽힌 관계들도 존재하기 때문이다. 그러므로 실제 인간관계에서는 어느 요소가 더 지배적이냐에 따라 대략적인 성격 규정이 내려지는 경우가 많다. 가령, 친구 사이에도 여덟 가지는 좋은데 두 가지가 싫다면, 그리고 그 두 가지의 부정적 요소가 그 둘의 관계에서 차지하는 비중이 크지 않다면 그 관계는 긍정적인 경향이 높다고 규정할 수 있을 것이다.

2) 표출적 인간관계와 수단적 인간관계

표출적 인간관계란 부모자식 관계라든가 친구, 애인 사이처럼 그 관계 자체가 목적인 경우이다. 표출적 인간관계에서는 주로 정서적이고 인간적인 주고받음이 이루어진다. 반면에, 수단적 인간관계는 그 관계를 수단으로 하여 다른 어떤 목적을 달성하고자 맺는 관계이다. 그 대표적 보기로서는 상인과 고객 사이의 관계를 들 수 있으며, 이 관계에서는 다분히 감정이 배제된 계산적이고 사무적인 성격을 띠게 된다.

여기서 한 가지 유의할 점은, 표출적이고 감정적 인간관계란 대체로 친근한 관계로 여겨지기 때문에 무조건 긍정적 관계로 생각하기 쉽다는 것이다. 그러나 실제에 있어서는 표출적 혹은 수단적 관계 중 어느 경우라도 그 상호작용은 긍정적이거나 부정적일 수 있다는 점이다. 즉, 표출적이면서 부정적인 관계가 있는 가하면, 수단적이면서 긍정적인 관계도 얼마든지 있을 수 있다.

3) 인간관계 상호작용의 기본 형태들

인간관계에서 벌어지는 상호작용들은 다양한 형태로 나타나지만, 여기서는 그중에서 가장 기본적인 네 가지 형태를 살펴보기로 하겠다.

(1) 교환

교환이란 인간들 사이에서 무엇인가 대가를 지불하고 보상을 받는 관계로서, 인간관계에서 가장 보편적인 상호작용이라 할 수 있다. 앞서 살펴본 인간관계 이론들 중에서 사회교환론은 바로 이 교환을 인간관계의 핵심으로 보고 이론으로까지 발전시킨 것이다. 교환과 관련된 상세한 설명은 이미 사회교환론을 통해 했으므로 여기서는 간단히 요점만 언급하고자 한다. 교환은 쉽게 말해서 주고받는 과정이다. 단, 이때 주고받는 것은 돈이나 선물처럼 반드시 물질적인 것이나 유형적인 것에 국한되지 않고 애정이나 칭찬, 혹은 증오심 등 심리적이고 무형적인 내용도 포함하는 가장 포괄적인 상호작용이다.

(2) 협동

협동은 개인들 또는 집단이 공동의 이익이나 목적을 성취하기 위한 합동 행위(joint activity)이다. 인간들은 협동을 통해서 혼자서는 성취하기 어렵거나 불가능한 목표를 달성한다. 협동의 종류에는 자발적 협동, 전통적 협동, 지시된 협동, 계약된 협동이 있다(Nisbet, 1970). 자발적 협동은 어떤 상황에서 자연적으로 발생하는 협동의 형태로서, 가장 오래되고 가장 보편적으로 일어난다. 가령, 시험 성적을 올리기 위해서 두 학생이 모르는 문제를 서로 가르쳐주며 공부하는 경우가 이에 해당된다. 전통적 협동은 사회관습에 의해 이루어지는 협동이다. 전통적 협동의 대표적 보기로는, 결혼식이나 초상집에 부조금을 내거나 일을 거들어주는 행위 등을 들 수 있다. 반면에, 지시된 협동은 리더십 또는 권위에 의해 지시된 협동을 의미한다. 가령, 작업반장의 지시에 따라 노동자들이 협력해서 일하는 것이 이에 해당된다. 끝으로, 계약된 협동은 상호 간의 자발적인 계약에 의해 협동이 이루어진다는 점에서 지시된 협동과 구분된다.

(3) 경쟁

경쟁은 개인이나 집단들이 한정된 공통의 목표를 두고, 서로 그것을 성취하려고 노력하는 행위를 의미한다. 사회에서 경쟁이 나타나는 이유는 사람들이 추구하는 목표(예: 부, 권력, 위세 등)는 희소한 것인 반면에, 이에 대한 사람들의 욕구는 거의 무한정으로 크기 때문이다. 경쟁은 동일한 희소가치를 두고 각자가 그것을 얻기 위해 노력한다는 점에서, 서로 힘을 합쳐 공동의 목표를 달성하려는 협동과는 다르다. 가령, 축구 경기를 할 때 같은 팀 선수들끼리는 협동 관계에 있지만 상대팀 선수들과는 경쟁 관계가 형성되는 것이다.

하지만, 경쟁적 상호작용을 이해하기 위해서는 두 가지 중요한 특성을 잊지 말아야한다. 첫째는, 경쟁적 상호작용이라 할지라도 그것이 성립되자면 최소한도의 협동이 전제되어야 한다는 점이다. 가령, 운동 경기에서 이긴다는 한 가지 목표를 향해 두 팀이 경쟁하는 경우에, 두 팀 모두가 일정한 규칙을 지킨다는 것에 서로 합의하고 그렇게 합의된 규칙을 지켜야만 정상적인 시합이 성립하게 된다. 둘째는, 경쟁적 상호작용의 주목표가 어디까지나 희소가치의 획득에 있어야지 상대방을 패배시키는 데 있는 것이 아니라는 점이다. 이것은 뒤에 이야기할 갈등과 구별되는 요소이다. 경쟁과 갈등은 모두 한쪽이 목표를 달성하면 상대방은 패배한다는 점에서는 비슷하다. 그러나 경쟁은 목표달성이 희소가치 획득에 있을 뿐 상대방을 제거하려 한다거나 해를 입히려는 데 있는 것이 아니다.

(4) 갈등

경쟁이 극심해져서, 그 상호작용의 주목적이 이제는 목표를 달성하는 데에 그치지 않게 되는 수가 있다. 상대방의 권리를 억지로 박탈하거나 통제하려 한다든가 혹은 해치거나 제거하려는 것이 목적이 될 때, 이런 상호작용 형태를 갈등이라 지칭한다. 갈등은 부부갈등이나 부모자식 간의 갈등에서부터 국가 간 전쟁에 이르기까지 다양한 수준에서 발생한다. 형제 사이의 재산상속 다툼으로 살인까지 저지르는 경우가 간혹 신문지상에 보도되기도 하지만, 이처럼 갈등은 인명손실, 재산 피해, 지위 상실 등과 같은 파괴적인 결과를 가져오는 경우가 많다. 그러나 갈등이 항상 파괴적인 결과만을 초래하는 것은 아니다. 코저(Lewis Coser, 1956)에 의하면, 외부로부터의 갈등으로 인해 인간관계 내부의 결속이 더 강화되기도 한다. 가령, 이웃집과의 분쟁이 일어났을 경우 내부적으로는 부부관계가 더 돈독해질 수 있다. 또한, 갈등이 일어났을 때 그것을 해결하려는 노력의 결과로 새로운 규범이 만들어지고 혁신이 초래될 수도 있다. 그 보기로서, 부모와 자식 간에 귀가 시간을 놓고 갈등이 벌어졌을 경우, 깊이 있는 대화를 통해 통금시간을 재조정하고 서로를 포용하려는 노력이 행해진다면 오히려 전보다 더 친밀한 관계로 변화될 수도 있는 것이다.

탐구문제

1. 자신이 최근 친하게 지내는 친구와의 관계를 사회교환론과 상징적 상호작용론의 관점에 따라 각각 분석해보자.
2. 연극학적 이론에 입각해서, 자신의 사회적 행동이 교실과 학생회실, 그리고 집에서 어떤 차이가 있는지 생각해보자.
3. 점점 더 치열해지는 21세기 경쟁사회에서 협동이 가지는 의미에 대해 생각해보자.
4. 그동안의 인간관계를 돌이켜보고, 갈등이 발생했을 경우 어떻게 그 갈등에 대처했는지에 대해 평가해보자.

참고문헌

Cooley, C. H.(1964). *Human Nature and the Social Order*(paperback ed), NY: Schocken.

Coser, L.(1956). *The Functions of Social Conflict,* NY: The Free Press.

Goffman, E.(1959). *Presentation of Self in Everyday Life,* NY: Anchor.

Mead, G. H.(1934). *Mind, Self and Society*, Chicago: Chicago University Press.

Nisbet, R.(1970). *The Social Bond,* NY: Knopf.

제프리 알렉산더 지음, 이윤희 옮김(1993). 현대 사회이론의 흐름. 민영사.

조지 리처 지음, 한국이론사회학회 옮김(2006). 현대 사회학이론과 그 고전적 뿌리. 박영사.

Chapter 04

의사소통

1. 의사소통의 개념
2. 의사소통의 과정
3. 의사소통의 유형
4. 의사소통의 기법

사례

부부는 41년을 함께 살다가 최근에 이혼을 했다. 두 사람의 사이가 급격히 황폐해진 것은 7년 전부터였다. 둘 사이에 대화가 없어지고 남편은 메모지로 자신의 의사를 전달했다. 7년 동안 두 사람은 줄곧 메모지로만 의사소통을 했다. 한 집에 사는 부부가 도대체 가능한 일일까?

그들의 결혼생활은 환멸만 남긴 채 끝났다. 이 부부의 이야기는 매우 극단적인 사례에 해당한다. 하지만 실제로 이렇게 마음 없이 원수처럼 살아가는 부부들은 의외로 많다.

(참고: 의사소통 없음 SBS 스페셜 - http://www.youtube.com/watch?v=Tx9BM4Bsnu8)

생각해 볼 문제

1. 왜 이런 일이 생기게 되었을까?
2. 이런 일이 생기지 않도록 하기 위하여 남편은 어떻게 했어야 했을까?
3. 이런 일이 생기지 않도록 하기 위하여 부인은 어떻게 했어야 했을까?
4. 나라면 어떻게 했을까?

1. 의사소통의 개념

의사소통은 영어로 communication이다. communication이란 말은 공동 또는 공통성을 의미하는 라틴어 communis를 어원으로 하고 있다. 본래의 의미는 둘 이상의 사람들 사이에 서로 '공통성'을 만들어 내는 과정을 의미한다. 의사소통은 둘 이상의 사람들 사이에 사실, 생각, 의견 또는 감정의 교환을 통하여 공통적 이해를 이룩하고자 하는 행동이라고 볼 수 있다(박연호, 1994: 283). 의사소통에 관계하는 사람을 발신자와 수신자라고 할 때, 발신자와 수신자 사이에 이해의 정도를 높이기 위해 메시지, 아이디어 혹은 태도를 공유하는 과정을 의미한다. 일반적으로 의사소통은 사람들 간에 메시지를 전달함으로써 의미를 공유하려는 노력을 포함한다.

의사소통은 두 가지 상징 체제를 통해 이루어진다. 하나는 언어적 상징 체제이고 다른 하나는 비언어적 상징 체제이다. 언어적 상징 체제에는 말과 문자화된 매체가 있으며, 비언어적 상징 체제에는 신체 · 동작 · 상징적 가치를 지닌 물체(가구, 의복, 장신구 등), 개인들 간의 공간이나 거리, 기타 비언어적 상징 등이 있다.

의사소통은 다음과 같은 주요 특성을 갖는다(오석홍, 1998: 447-448).

첫째, 의사소통은 원칙적으로 개인 간의 과정이다. 즉 정보를 보내는 사람과 받는 사람 사이에 일어나는 과정이다.

둘째, 의사소통은 원칙적으로 유목적적인 것이다. 발신자는 수신자에게 어떤 영향을 미치려 하거나 무엇을 알리려 한다.

셋째, 의사소통과정의 기본적인 단위를 형성하는 핵심적 요소는 세 가지이다. 즉 ① 발신자와 수신자의 존재, ② 정보전달의 매체 또는 수단, ③ 정보전달의 통로이다.

넷째, 조직 내의 모든 상호작용은 의사소통을 내포하기 때문에 조직과 의사소통의 관계 또는 조직에 대한 의사소통의 역할은 매우 복잡하다.

다섯째, 의사소통이 없으면 조직은 성립될 수 없기 때문에 의사소통은 모든 조직에 불가결한 요소이다.

일반적으로 의사소통은 조직에서 다음과 같은 주요 기능을 갖게 된다(박연호, 1994: 284).

첫째, 의사소통은 조직구성원의 행동을 통제(control)하는 기능을 한다. 조직에서는 각 구성원들의 의무를 명확히 하고 권한과 책임에 관한 기준을 설정하기 위하여 의사소통을 한다.

둘째, 의사소통은 개인과 집단에 정보(information)를 전달해 주는 기능을 한다. 의사소통을 통하여 구성원들에게 의사결정의 기준이 제공되고 명령과 지시 등이 수행된다.

셋째, 의사소통은 구성원들의 동기를 유발시키는 작용을 한다. 조직은 다양한 목적과 목표를 위한 구성원들 간의 협동과 열심을 불러일으키기 위해 의사소통을 이용한다.

넷째, 의사소통은 구성원들이 감정과 정서를 표출할 수 있는 기능을 수행한다. 즉 의사소통을 통하여 자신의 감정을 표출하고 다른 사람들과의 교류를 넓혀 나간다.

2. 의사소통의 과정

의사소통과정을 설명하는 가장 기본적인 이론은 사회심리학적 의사소통이론이다. 이 이론은 의사소통의 기초가 되는 사람들의 개인적 그리고 사회적 맥락을 고려한다.

그림 4-1 에서 보는 바와 같이 사회심리적 의사소통과정은 의사소통 고리(loop)로 개념화되어 있다(Hoy & Miskel, 1987: 356–357). 그림의 왼쪽 부분에서는, A가 메시지를 보내고 있으며, B에 의해 수용되어 가능한 행동이 고려되게 된다. 만일에 B가 대응하거나 피드백을 제공한다면, A와 B의 역할은 뒤바뀌게 된다. 그림의 오른쪽에서, B는 이제 메시지 발신자가 되고, A는 수신자가 된다. 이 고리에서 교류는 쌍방 의사소통으로서 계속되는 것이다. 이러한 과정은 조직의 공식적 구조와 비공식적 구조 속에서 이루어지며, 의사소통에서 이해를 방해하는 소음 혹은 잡음을 일으키는 사회적 상황 속에서 이루어진다. 그림 4-1 의 주요 항

목을 살펴보면 다음과 같다.

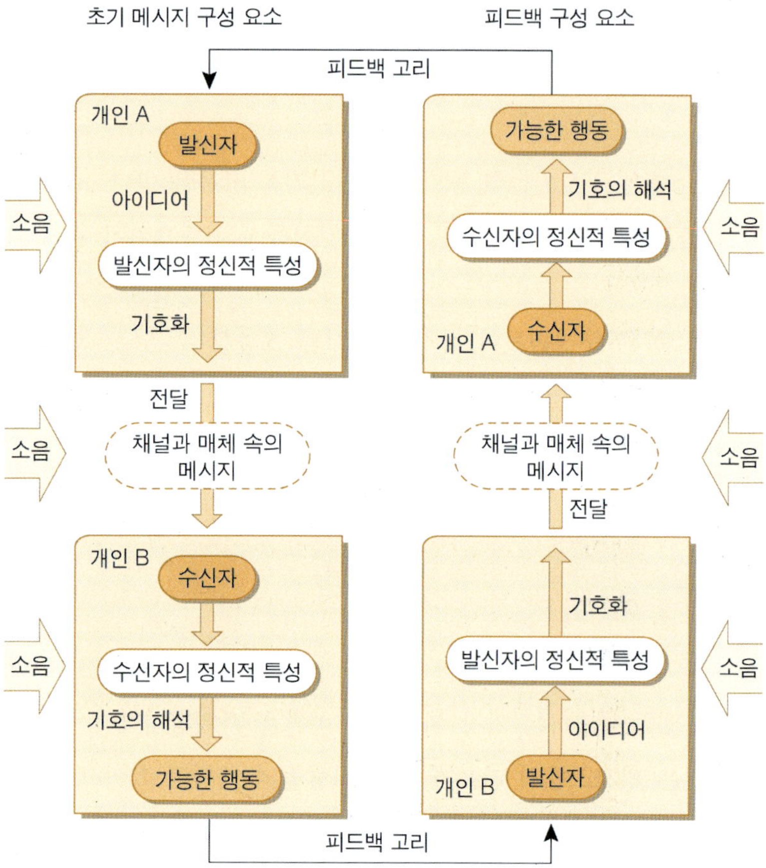

그림 4-1 사회심리적 의사소통과정

자료: Wayne K. Hoy & Cecil G. Miskel(1987). *Educational Administration: Theory, Research, and Practice*(3rd ed.). New York: Random House. p.360.

1) 발신자

메시지의 시발 출처를 의미한다. 출처는 사람뿐만이 아니라, 비망록, 신문, 전문학술지, 혹은 조직의 지위 등도 될 수 있다. 메시지의 효과성은 부분적으로 발신자에 대한 수신자의 신뢰성 정도에 관련된다. 발신자에 대한 신뢰성은 발신자의 말과 행동에 대하여 수신자가 취하는 반응에 영향을 준다. 어떤 경우, 발신자의 신원과 평판은 수신자가 메시지를 왜곡하게 하거나 혹은 그 메시지를 온통 무시하게 만든다. 예를 들면, 교장을 능력이 부족하다거나 혹은 부정직하다고 생각하는 교사들은 그 교장으로부터 나오는 모든 의사소통을 왜곡할 것이다.

2) 아이디어

발신자가 전달하고자 하는 메시지의 내용을 의미한다. 발신자는 전달하고자 하는 아이디어를 고안해 내거나 사실을 선택해야 한다.

3) 기호화와 정신적 특성

발신자는 수신자에게 의미를 올바르게 전달하기 위하여 사고를 기호화, 즉 아이디어를 단어나 그림과 같은 일련의 상징(symbols)으로 조직한다. 기호화는 수신자의 특성은 물론 전달매체와 관련하여 이루어져야 하기 때문에 발신자는 특정 매체를 선정한다. 발신자의 정신적 특성(mental set)은 발신자의 특성이 기호화 과정에 영향을 미침을 의미한다. 발신자의 의사소통 기술, 주제에 대한 지식, 태도, 가치, 인식, 관심, 욕구와 같은 요인은 무엇을 기호화할 것인가와 메시지의 질을 제한하거나 선별하게 된다.

4) 전달

전달은 기호화된 메시지를 신호(signals)로 변형시켜서 채널(channel)로 보내는 것을 의미한다. 전달에는 메시지, 채널, 그리고 매체가 관련된다. 메시지는 기호화 과정의 결과로 도출된 전달되어야 할 내용이다. 의도된 수신자에게 전달되기를 바라는 아이디어가 메시지이다. 채널은 메시지가 따라가는 일상적인 통로의 형태이다. 채널은 수직적 채널(권위 위계를 상하로 통하는 형태)과 수평적 채널(동등한 권위 위계 수준을 가로지는 형태)이 있다. 채널은 공식적일 수도 있고, 비공식적일 수도 있다. 매체는 메시지를 운반하는 수단을 의미한다. 직접 대면해서 하는 대화, 전화, 컴퓨터, 라디오, TV 등에 의한 구두매체로 전달될 수도 있다. 또는 메모, 편지, 전보, 전자메일, 신문 등과 같은 문자매체로 전달될 수도 있다. 전달은 제스추어나, 사무실 가구, 의복, 장신구 등과 같이 상징적으로 우리들을 둘러싸고 있는 물건들과 같은 비언어적 매체를 통해서도 이루어질 수 있다.

5) 수신자

발신자에게 있었던 과정과 비슷한 내부적 과정이 수신자에게도 일어난다. 눈이나 귀와 같은 수신자의 감각기관들은 채널에서 물리적 자극을 받아들여 정신적 해석(decording)의 과정을 거쳐 메시지에 의미를 부여한다. 의미는 발신자에서 수신자에게 그대로 옮겨지지는 않는다. 발신자에게 있어 특성과 마찬가지로 수신자의 특성들은 예를 들면, 수신자의 의사소통 능력, 주제에 대한 지식, 관심, 가치, 욕구와 같은 요인들은 해석의 과정에 영향을 미친다. 수신자는 경험을 기초로 하여 메시지에 대한 가능한 행동 방법과 반응 방법을 선택한다. 이 행동은 발신자에게는 피드백(feedback)으로 작용한다.

6) 피드백(feedback)

메시지 수신자의 행동은 피드백을 주게 된다. 피드백은 메시지를 전달받은 사람들로부터 나오는 반응을 의미한다. 반응은 의식적일 수도 있고, 무의식적일 수도 있다. 피드백 과정은 두 가지 이점이 있다. 첫째, 피드백은 의사소통과정이 얼마나 성공적이었는가에 대한 판단의 실마리를 제공한다. 둘째, 결과에 대한 지식은 앞으로의 의사소통을 고치거나 혹은 바꾸는 토대를 마련해 준다.

7) 소음

의사소통과정의 각 단계는 상황적 소음에 의하여 방해를 받고 있다. 소음이란 일종의 방해로 발신자와 수신자 사이의 메시지를 왜곡하게 하는 모든 것을 의미한다. 일반적 소음은 물리적 환경에 의한 소음이다. 개인적 특성도 소음의 원인이 되기도 한다. 발신자와 수신자가 가지고 있는 연령, 성, 인종, 사회계층의 차이 등에 대한 편견은 의사소통과정에서 소음을 만들고 메시지를 왜곡시킨다. 개인적 요인과 상호작용하는 사회적 요인으로부터 일어나는 상황적 소음(예: 폐쇄적 조직풍토, 관료적 조직구조, 권위주의적 지도자 등)은 물리적 환경보다 더 어려운 문제를 야기한다.

이상에서 살펴본 바와 같이, 쌍방적 의사소통의 사회심리적 과정에 따르면 메시지의 의미는 전달되는 정보 그 자체뿐만 아니라 의사소통자, 매체, 상황 등에 의해 영향을 받는다. 즉 「의미 = 정보 + 의사소통자 + 매체 + 상황」 등식이 성립된다는 것이다(Hoy & Miskel, 2003: 370).

3. 의사소통의 유형

의사소통이 이루어지는 유형은 의사소통의 방법, 의사소통의 방향 등에 따라 아래와 같이 여러 가지로 나눌 수 있다.

1) 공식적 의사소통과 비공식적 의사소통

의사소통의 채널에 따라 공식적 의사소통 유형과 비공식적 의사소통 유형으로 구분할 수 있다. 공식적 의사소통(formal communication)은 조직의 공식적인 구조와 채널을 통해 이루어지는 의사소통이다. 비공식적 의사소통(informal communication)은 조직 구성원들 간에 자연발생적으로 형성된 인간관계와 사회적 관계를 중심으로 이루어지는 의사소통이다. 공식적 의사소통과 비공식적 의사소통은 모든 조직 내에 존재한다. 이들은 상호보완적으로 사용될 수 있다.

(1) 공식적 의사소통

공식적 의사소통은 공식적 조직 내에서 공식적 의사소통의 경로와 수단을 통해서 정보가 유통되는 것을 의미한다. 공식적 의사소통의 목적은 조직 구성원들에게 조직의 목표·방침 및 지시 사항 등을 알리고, 구성원들의 의견과 보고 내용을 관리자와 모든 구성원들에게 알리는 데 있다. 공식적 의사소통은 보통 상하 조직계통을 따라서 공문서 또는 서면이나 구두의 명령·보고 등의 방법으로 이루어진다. 서면 형식은 보다 정확하게 기록을 남겨둘 수 있으나 시간과 비용이 많이 드는 단점이 있고, 구두에 의한 방식은 반대의 장점과 단점을 지니고 있다.

의사소통이 공식화되면 권한 관계가 명확해지고 의사소통이 확실하고 편리하며, 발신자와 수신자가 명확하여 책임 소재가 분명해지는 장점이 있다. 그러나 공식적 의사소통은 융통성이 없고, 의사소통의 속도가 느리다. 또한 모든 구성원의 복잡한 욕구나 감정을 공식적 방법으로 솔직하게 전달하는 데는 한계가 있다. 특히 구성원의 목표와 조직의 목표 간에 괴리현상이 있는 경우 공식적 의사소통에만 의지할 수 없다.

(2) 비공식적 의사소통

공식적 의사소통이 가지고 있는 한계성은 비공식적 의사소통에 의해 보완된다. 비공식적 의사소통은 비공식적 조직, 즉 자연발생적인 인간관계 집단 내에서 비공식적 방법으로 이루어지는 의사소통을 의미한다. 공식적 상하관계의 직책을 떠나 자연스런 친분관계, 상호신뢰관계 등 인간관계를 기초로 하여 의사소통을 하는 것이다. 공식적 의사소통이 제약된 조직에서나 사회에서는 많은 양의 비공식적 의사소통이 발생하게 된다.

비공식적 의사소통은 소문이나 잡담 또는 자연스런 접촉 등의 형태를 통하여 이루어지므로 통제하기도 어려우며, 경우에 따라서는 왜곡되고 정확하지 못한 정보를 유통시키기도 한다. 그러나 비공식적 의사소통을 통해 조직 구성원들의 일반적인 의사를 비교적 솔직하게 전달할 수 있으므로 조직 관리자나 지도자에게 유익한 정보를 전달하는 수단이 된다. 그리고 공식적 의사소통으로는 전달될 수 없는 기분·느낌·감정 등을 표현하고 전달할 수 있으므로 조직 구성원들의 만족감을 높여주기도 한다.

2) 언어적 의사소통과 비언어적 의사소통

흔히 의사소통이라고 하면 언어적인 의사소통만을 생각하기 쉽다. 그러나 의사소통에는 언어적인 방법 외에 비언어적인 방법이 있다. 고개를 끄떡이거나 미소를 지음으로써 생각이나 감정을 전달할 수 있다. 이러한 의사소통을 비언어적 의사소통이라고 한다.

(1) 언어적 의사소통(verbal communication)

인간은 언어를 사용하여 자신의 생각과 감정을 서로 소통한다. 언어는 한 사회의 표준화된 의사소통의 매체이며 사회구성원이 공유하고 있는 상징적 기호이다. 언어적 의사소통은 구두에 의한 의사소통과 문서에 의한 의사소통으로 구분된다. 구두에 의한 의사소통은 대면적 상황에서 직접 전달되거나 전화와 같은 매체를 통하여 간접적으로 전달된다. 문서에 의한 의사소통은 문자에 의한 편지, 메모, 공문 등을 통해 전달되는 의사소통이다. 구두에 의한 의사소통은 직접적이고 신속한 장점이 있다. 문서에 의한 의사소통은 피드백에 시간이 걸리기는 하지만 정확성을 기할 수 있는 장점이 있다. 구두에 의한 의사소통과 문서에 의한 의사소통을 혼합하여 활용하는 것이 효과적이다.

일반적으로 말하고, 듣고, 쓰고, 읽는 과정에서 언어가 전달되고 수용되지만, 언어만으로는 인간의 모든 생각과 감정을 전달할 수 없다. 언어적 의사소통 방법의 보완을 위해서 비언어적 의사소통의 방법도 필요하다.

(2) 비언어적 의사소통(non-verbal communication)

언어 이외에 자세·몸짓·얼굴 표정·복장 등 비언어적 방법은 은연중에 인간의 감정이나 태도를 전달할 뿐만 아니라 그 효과도 언어를 사용하였을 때보다도 더 큰 경우가 있다. 중요한 비언어적 의사소통 방법으로 신체적 동작, 준언어, 물리적 거리, 시간 등이 있다. 신체적 동작은 의사소통에 영향을 미치는 얼굴 표정, 눈길, 손 · 발 · 다리의 사용, 몸의 자세 등이다. 준언어란 무엇을 말했느냐보다는 어떻게 말했느냐에 관심을 두는 것으로 말의 명료성, 말의 유창성, 음성의 강도, 음질, 억양, 비웃음, 하품과 같이 언어를 둘러싸고 있는 정보를 말한다. 물리적 거리란 말하는 사람과 듣는 사람 사이의 거리를 말한다. 대화하는 사람들 간의 거리가 가까울수록 친밀하고 잘 아는 사이며, 멀수록 공식적이거나 이질적 집단을 의미한다. 대화에 참여하는 사람들이 시간을 어떻게 사용하는가 하는 것도 중요한 메시지를 전달한다. 하급자가 회의에 지각하면, 무례함이나 참여의식의 결여, 무성의를 뜻하는 것으로 해석된다. 그러나 상급자가 늦으면 하급자에 대한 권위, 바쁜 스케줄을 뜻하는 것으로 해석되기도 한다.

이외에도 상대방의 질문이나 인사에 대해 반응하거나 침묵한다든가, 약속시간을 지키거나 지키지 않는다든가, 다양한 복장의 모양과 색상, 사무실의 위치나 크기 및 집기의 배열 등도 비언어적 의사소통 방법이다. 이러한 방식의 의사소통은 직접적 대면관계에서 나타나는 것으로서 상대방에게 호감 또는 반감, 존경 또는 무례, 관심 또는 무관심, 친근감 또는 소외감 등을 전달하는 방법이 된다. 그러나 이러한 비언어적 의사소통 형태는 특수한 문화적 상황에서 학습된 것이어서 문화에 따라 의미가 크게 다를 수 있기 때문에 해석에 있어서 조심하여야 한다.

3) 수직적 의사소통과 수평적 의사소통

의사소통을 통한 정보 유통의 방향에 따라서 수직적 의사소통(vertical communication) 유형과 수평적 의사소통(horizontal communication) 유형을 구분할 수 있다. 조직의 구성원들 간에는 직무상의 역할과 권한에 따라 상급자와 하급자라고 하는 수직적 관계가 형성되고, 동시에 같은 직위와 직급자들 간에는 수평적 관계가 형성된다. 의사소통도 조직 구성원 간의 이러한 위계적인 관계 속에서 이루어지는 과정으로 볼 때, 수직적 의사소통과 수평적 의사소통으로 구분할 수 있다.

(1) 수직적 의사소통

수직적 의사소통은 위계구조 속에서 상이한 수준을 통해 의사소통이 상하로 흐르는 것을 말한다. 수직적 의사소통은 그것이 이루어지는 방향에 따라 하향적 의사소통(downward communication)과 상향적 의사소통(upward communication)으로 구분할 수 있다. 하향적 의사소통은 상급자로부터 하급자에게로 이루어지는 것이며, 상향적 의사소통은 하급자로부터 상급자에게로 이루어지는 것이다.

① 하향적 의사소통(상의하달)

하향적 의사소통은 조직의 계층 또는 명령 계통에 따라 상급자가 하급자에게 자신의 의사와 정보를 전달하는 것으로 상의하달식 의사소통 방법이다. 보통 구두 또는 문서에 의한 지시·규정·명령과 일반적 정보가 있다. 지시·규정·명령 등은 대체로 조직의 목표 달성을 위하여 조직원들이 수행하여야 할 직무의 내용과 방법에 관련된다. 일반적 정보는 조직원들에게 조직 내의 사정을 알리고 조직원들의 사기를 높이기 위한 것에 관련된다. 일반적 정보를 전달하기 위하여 흔히 사용되는 방법으로 소식지, 각종 게시물, 구내 방송, 회의나 집회 등이 있다. 일반적 정보가 정확·신속·풍부하게 전달될수록 조직 내의 잘못된 비공식 의사소통이 적어지게 된다.

② 상향적 의사소통(하의상달)

상향적 의사소통은 앞의 하향적 의사소통과는 반대로 조직의 하부에서 상부로 정보와 의사가 전달되는 것으로 하의상달식 의사소통 방법이다. 상향적 의사소통의 방법으로 보고·제안제도·의견조사·면접·회의 등이 있다. 보고는 가장 공식적이며 주된 하의상달의 방법이다. 그러나 보고는 공식적인 성격이 강하므로, 진정한 하의상달 방법으로서 제약이 있기도 하다. 상급자가 듣기 좋아하는 정보를 중심으로 하여, 사실과 달리 왜곡되거나 허위적인 정보가 보고될 수도 있다. 제안제도는 조직원들이 조직의 운영 및 업무 개선에 관한 의견이나 생각을 제안하게 하여 좋은 것을 채택하고 보상하는 제도이다. 의견조사는 질문지 등을 통해 조직원들의 사기, 태도, 인식 등을 조사하는 데 유용하다. 정기적으로 의견조사를 실시하는 외에도, 특별한 사안이 있을 때는 적절히 의견조사를 하는 것이 바람직하다. 이외에도 개별적으로 혹은 소규모로 면접이나 회의를 통하여 조직 하부의 정보와 의사를 수집하는 것도 유익하다. 이 상향적 의사소통은 그 과정에서 중간 계층을 경유하여 최고 계층에 도달하기 때문에, 중간 계층이 하위 계층의 정보나 의사가 위로 올라가는 것을 차단할 수 있는 가능성도 있다.

(2) 수평적 의사소통

수평적 의사소통은 같은 직급과 직위를 가지고 있는 동료들 간이나 부서들 간에 이루어지는 의사소통을 의미한다. 수평적 의사소통은 횡적 의사소통이라고도 한다. 같은 부서에서 함께 근무하는 구성원들 간에는 당연히 수평적 의사소통이 이루어진다. 조직의 규모가 커지면, 하위 부서나 조직들 간에 추구하는 목표나 과업이 달라지게 되고 이에 따라 갈등이 생길 수 있다. 이러한 갈등으로 야기되는 문제를 해결하기 위하여 조정이 불가피해진다. 동료들 간의 단합과 부서들 간 업무의 조정과 지원 및 통합을 위해서 수평적 의사소통은 매우 필요하다. 학교의 경우 교무부와 연구부 간의, 행정실과 교무실 간의 의사소통이 제대로 안 되면 문제와 갈등을 야기하는 경우가 많다.

수평적 의사소통의 방법으로는 사전심사 제도 · 회의 및 위원회 · 회람 및 통보 등이 있다. 사전심사 제도는 계획이나 정책의 최종적 결정을 내리기 전에 미리 관련 부서들의 의견을 수합 · 반영하려는 절차이다. 회의 및 위원회는 중요한 결정에 앞서, 회의를 통하여 정보나 아이디어가 교환되도록 하며, 전문적 토론 등에 의해 조정이 이루어지도록 하는 것이다. 회람 및 통보는 어떤 결정이 이루어진 후에 관계자들에게 통지하여 그 내용을 잘 알도록 하는 것이다. 회람은 문서를 통해 많은 사람들에게 널리 알리는 방법이며, 통보는 결정된 사실을 특정인에게 알리는 방법이다.

4) 일방적 의사소통과 쌍방적 의사소통

일방적 의사소통은 한 사람이 다른 사람에게 일방적으로 이야기하며, 다른 사람은 듣기만 하는 형태의 의사소통이다. 연설이나 강의식 수업이 전형적인 예다. 쌍방적 의사소통은 의사소통의 과정에 참여하는 사람들이 서로 이야기를 하기도 하고 또한 듣기도 하는 형태의 의사소통이다. 따라서 말하는 사람과 듣는 사람의 역할이 고정되어 있거나 대화가 일방적으로 이루어지는 것이 아니다. 말하는 사람과 듣는 사람의 역할이 수시로 바뀌고, 대화가 양방향으로 이루어지는 것이다.

5) 의사소통의 네트워크 형태

조직 내 의사소통과정은 발신자와 수신자를 직접 연결하는 경우도 있지만, 다양한 네트워크를 구성하는 경우가 많다. 그림 4-2 에서 보는 바와 같이, 원형, 바퀴형, 연쇄형, 완전연결형, Y자형 등이 있을 수 있다.

원형은 조직 구성원들간에 거의 동등한 입장에서 의사소통을 하는 경우에 형성된다. 바퀴형은 조직 내에 중심적인 인물이 존재하여 다른 구성원들의 정보전달이 한 사람에게 집중되고 있는 형태이다. 연쇄형은 의사소통이 공식적인 명령계통에 따라 위-아래로, 즉 수직적으로 흐르는 형태이다. 완전연결형은 비공식적 의사소통과 같이 모든 구성원들이 다른 구성원들과 자유롭게 정보를 교환하고 의사소통을 하는 형태이다. Y자형은 조직 내에 확고한 지도자나 중심적 인물이 있지는 않지만 비교적 다수의 구성원들을 대표할 수 있는 인물이 있는 경우에 나타나는 형태이다.

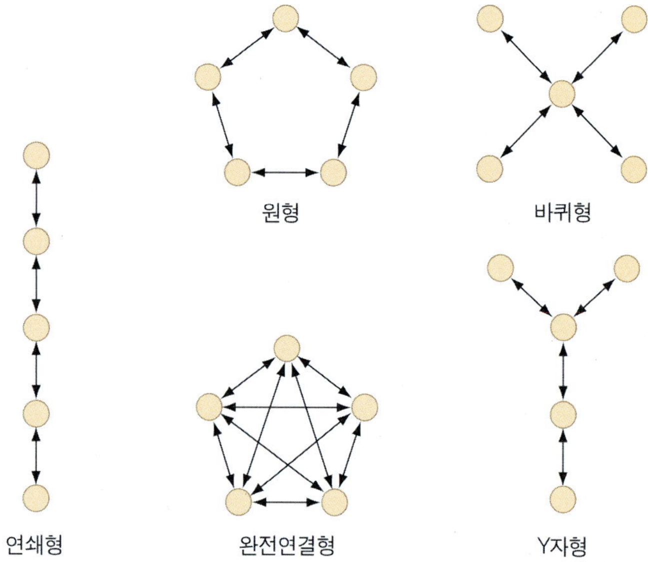

그림 4-2 의사소통 네트워크의 형태

표 4-1 은 5가지 네트워크 형태를 비교해 본 것이다. 조직이나 집단의 목적이나 크기에 따라 적절한 형태의 네트워크를 활용해야 할 것이다.

표 4-1 의사소통 네트워크 형태의 비교

구분	연쇄형	Y자형	바퀴형	원형	완전연결형
신속성	중간	중간	빠름	느림	빠름
정확성	높음	높음	높음	낮음	중간
리더의 출현활률	중간	중간	높음	없음	없음
구성원의 만족도	중간	중간	낮음	높음	높음

자료: A. Bavelas & D. Barrett(1951). An experimental approach to organizational communication. *Personnel*, 27(5), p.370.

4. 의사소통의 기법

1) 조해리 창

조해리 창(Johari Window)은 미국의 심리학자인 Joseph Luft와 Harry Ingham에 의해서 고안된 의사소통 모형으로서, 두 사람의 이름 앞 글자를 모아서 만들어진 이름이다(Luft, 1970). 조해리 창은 인간관계에서 의사소통을 통한 자기노출의 중요성을 잘 보여준다.

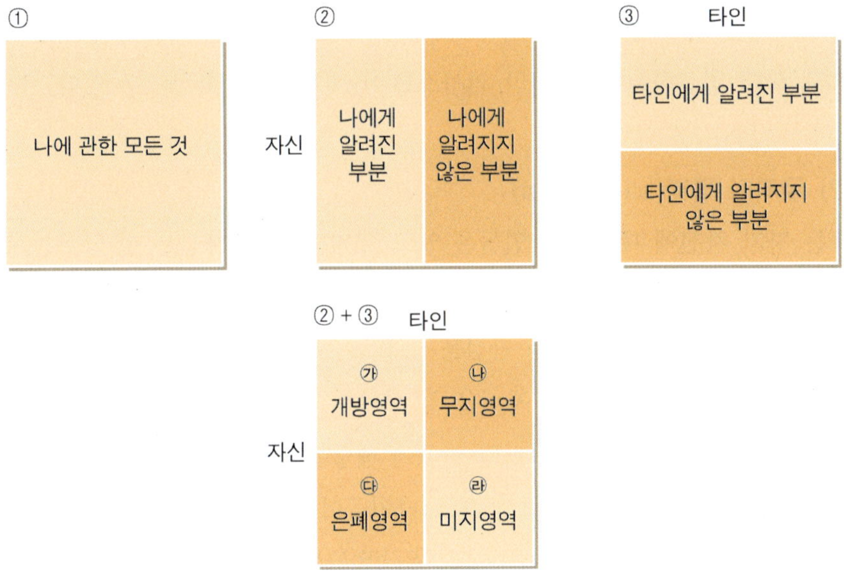

●●● 그림 4-3 조해리 창의 형성 과정

조해리 창을 통해서 자기 자신에 대한 인식의 수준과 타인들로부터의 수용의 정도를 알 수 있다. ①은 나에 관한 모든 것이 담겨있는 정사각형을 나타낸다. 나의 지, 정, 의 그리고 나의 장점과 단점 등을 포함하는 모든 것과 나의 가정적 배경과 사회적 배경 등 모든 것이 포함되어 있다. ②는 나에 관한 모든 것 중에서 내가 아는 것도 있고, 나 자신이 모르는 것도 있음을 나타낸다. ③은 타인들이 나에 대하여 아는 것도 있고, 모르는 것도 있음을 나타낸다.

그림 4-3에 나타나 있는 바와 같이, ④는 ②와 ③을 통합한 정사각형으로서 이것을 조해리 창이라고 한다. 조해리 창은 네 면으로 구성되어 있는데, 이들은 각각 개방의 영역, 무지의 영역, 은폐의 영역, 미지의 영역이다.

(1) 개방의 영역(open area)

㉮는 자신도 알고 있고 타인들에게도 알려진 부분이다. 예를 들어 나의 이름, 성별, 직업, 가족사항 등 나에 대하여 타인들이 잘 알고 있는 부분을 지칭하는 영역이다. 타인들과 인간관계가 깊어지면, 상호 간의 빈번한 의사소통을 통하여, 이 영역은 점차 넓어진다. 이때, 타인들과 자신에 관한 정보와 감정을 개방적으로 확대 공유하는 '민주형의 의사소통'이 이루어진다고 볼 수 있다.

(2) 무지의 영역(blind area)

㉯는 자기 자신에 대하여 타인들은 알고 있지만 정작 자신은 잘 모르는 부분이다. 마치 맹인이 자기를 보지 못하는 것과 같아 맹인의 영역이라고도 부를 수 있다. 사람들은 자기의 장점과 단점을 스스로 잘 안다고 생각하지만 실제로는 타인들이 아는 객관적인 자기 자신을 잘 모르는 경우가 많다. "너 자신을 알라", "무식하면 용감하다"라는 말이 이런 경우에 해당된다. 예를 들어 자신의 좋지 못한 습관, 버릇, 말투, 행동 특성 등으로 타인들이 기분상하거나 상처를 입는 경우가 있다. 타인들로부터 적절히 피드백을 받아서 고치려는 노력을 한다면 무지의 영역은 점차 줄어들 수 있다. 자기 이야기는 많이 하면서 타인의 이야기에는 귀를 기울이지 않는다면 '독단형의 의사소통'이 이루어지고 있는 것이다.

(3) 은폐의 영역(hidden area)

㉰는 자신은 알지만 타인들에게는 알려지지 않은 부분이다. 마음의 문을 닫고 자신에 대하여 타인들에게 내보이지 않는 경우에 해당된다. 타인에게 숨기고 싶은 자신의 생각, 감정, 경험, 실수, 약점 등이 누구에게나 있다. 별로 친하지 않

은 사람들은 나에 대하여 잘 모르는 것이 정상이다. 나와의 관계가 친밀해 질수록, 나에 대하여 잘 알게 되고, 은폐의 영역은 점차 줄어들게 된다. 자기 자신에 대하여 별로 노출시키지 않으면서 타인의 이야기를 주로 듣는 자세를 취한다면 '과묵형의 의사소통'이 이루어지고 있는 것이다.

(4) 미지의 영역(unknown area)

㉱는 타인들은 물론이고 자기 자신 스스로도 잘 모르는 자신의 모습을 나타낸다. 예를 들어 자신의 무의식이나 기억이 흐린 아주 어린 시절의 경험 등은 자기 자신도 모른다. 자신을 포함하여 어느 누구도 한 사람을 완전히 알 수 없기 때문에 이 영역은 누구에게나 있다. 만일 어떤 사람이 자기 자신에 대하여 별로 노출시키지 않으면서, 또한 타인의 이야기도 들으려 하지 않는다면 '폐쇄형의 의사소통'이 이루어지고 있는 것이다. 이런 경우 정상적인 의사소통이 이루어지기 어렵다.

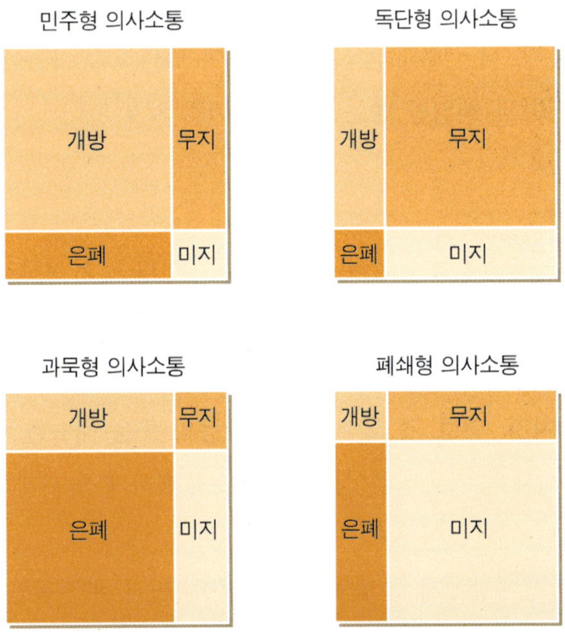

그림 4-4 조해리 창에 비추어본 의사소통의 유형

인간관계의 발전을 위해서는 자기에 대한 정보를 타인에게 제공하는 행동 즉 자기노출과 함께 자기노출에 대한 타인으로부터의 반응, 즉 피드백(feedback) 모두가 중요하다. 타인으로부터의 피드백은 자신의 모습에 대해 마치 거울과 같이 비춰주고 알려주는 것으로 이해할 수 있다. 자신에 대하여 잘 모르고 있는 부분들은 타인의 피드백을 통하여 알게 되는 경우가 많다. 인간관계 초기에는 '개방의 영역'이 아주 좁은 반면에 인간관계가 발전할수록 이 영역이 넓어지게 된다. 우리는 타인의 피드백을 통하여 내가 밤에 잘 때 코를 곤다는 사실을 알기도 하고, 내가 모르고 있던 나의 특정한 장점이나 단점을 알게 되기도 한다. 결과적으로 타인과의 인간관계가 발전될수록 타인으로부터의 피드백을 통하여 나 자신에 대하여 더 많이 알게 되는 것이다.

2) 개인의 의사소통: 나-메시지와 너-메시지

개인간 갈등이나 불만이 있을 때 그것을 표현하는 언어적 의사소통 방법에는 나-메시지(I-message)와 너-메시지(you-message)가 있다. 불편한 상황에 대한 책임소재를 따지는데, 나-메시지는 나의 책임이 있다고 받아들이는 것이지만 너-메시지는 상대방의 책임을 묻는 것이다(설기문, 2003).

(1) 너-메시지

어떤 사람이 식당에서 떠들면서 식사를 하고 있다고 가정하자. 이런 경우 대체로 "조용히 하세요!"라는 반응을 보인다. 조용히 하라는 말은 전형적인 너-메시지이다. "당신은 시끄러우니 조용히 하세요."라는 메시지를 보내는 것이다. 상대방에게 비난, 지시, 명령, 충고, 무시, 판단 등의 뜻을 내포한 메시지를 던지는 것이기 때문에 상대의 자존심을 상하게 하고 불쾌하게 느끼게 하며 문제의 책임을 그에게 떠넘기는 것이다.

너-메시지는 상대방에게 문제의 책임을 지우면서 부정적인 감정을 느끼게 하는 메시지를 전하는 것이기 때문에 부정적인 의사소통과 인간관계를 초래한다. “너는 형편없구나”, “나이 값을 해라”, “당신 일이나 신경 쓰세요” 등의 표현이 너-메시지의 대표적 예이다. 이러한 표현들은 의사소통을 방해하는 표현들로서 ‘의사소통의 걸림돌’이라고도 한다. 이런 표현들을 자주 사용하면 효과적인 의사소통이 이루어지기 어렵다. 의사소통을 방해하는 걸림돌의 종류는 많은데 대표적인 것들은 표 4-2 와 같다.

표 4-2 의사소통의 걸림돌

의사소통의 걸림돌	대화자의 의도	걸림돌이 되는 이유	예문
명령하기	상황을 통제하고 상대방에게 빠른 해결책을 주고 싶다.	“당신은 자신의 문제를 다루거나 해결할 수 있는 권리나 능력이 없다.”라는 뜻으로 들릴 수 있다.	“당신은 …을 해야 한다.” “조용히 해라.”
충고하기	대화에서 상대방에게 영향력을 행사하고 싶다.	“당신은 스스로 해결책을 생각 할 만큼 판단력이나 지혜를 갖고 있지 않다.”라는 뜻으로 들릴 수 있다.	“나에게 좋은 생각이 있는데….” “이런 방식이 더 좋아요.”
회유하기	상대방의 어려움을 덜어 주고 기분이나 감정을 좋게 하고 싶다.	“당신은 자신의 어려움을 다룰 수 있는 능력이 없다.”라는 뜻으로 들릴 수 있다.	“다 잘 될 테니까 걱정하지 말아요.”
심문하기	무엇인가 해결의 실마리를 찾고 싶다.	“당신은 무엇을 감추고 있는 것 같은데 틀림없이 당신에게 문제가 있을 것이다.”라는 의미로 들릴 수 있다.	“그러니까 왜 그렇게 행동을 했어요?” “그 다음에는 어떻게 되었어요?”
도덕적 판단하기	상대방에게 무엇이 잘못 되었는지를 알도록 함으로써 도덕적으로 옳은 길을 제시하고 싶다.	“당신은 도덕 수준이 낮아서 문제예요. 도덕적으로 올바른 행동을 하세요.”라는 뜻으로 들릴 수 있다.	“그런 것은 나빠요.” “나이 값을 좀 해요.” “어른답지 못해요.”
빈정대기	상대방에게 바보처럼 생각되고 느끼게 함으로써 그의 태도나 행동이 잘못 되었음을 보여주고 싶다.	“그것을 말이라고 해요?”, 또는 “그런 행동 밖에 못해요?”라는 뜻으로 들릴 수 있다.	“잘났군요.” “장하시군요.” “그렇게까지 행동했어요?”

자료: 설기문(2003). 인간관계와 정신건강. 서울: 학지사. p.165.

(2) 나-메시지

나-메시지는 상대방의 자존심을 상하지 않으면서 나의 감정을 전달하는 효과적인 방법이다. 나-메시지는 상대방의 행동 자체를 문제 삼고 그에 따른 책임을 상대에게 넘기는 대신에, 그의 행동에 대한 나의 반응을 판단이나 평가 없이 알려줌으로써 반응에 대한 책임을 내가 지는 것이다. 나-메시지는 ① 타인의 행동 또는 상황, ② 그에 따른 결과, ③ 나의 감정 또는 반응 등 세 가지 요소를 포함한다. 앞에서 예로 든 너-메시지를 나-메시지로 바꾸어보면 다음과 같다.

- 너-메시지: "너는 형편없구나."
- 나-메시지: "네가 그런 식으로 행동을 하니(행동/상황), 여러 사람들에게 욕을 먹게 될 것 같아(결과), 내가 속이 상하는구나(감정/반응)."
- 너-메시지: "나이 값을 해라."
- 나-메시지: "네가 그런 일도 제대로 처리 못하고 실수를 하니(행동/상황), 앞으로 더 힘든 일을 제대로 처리 못하고 그르칠 것 같아(결과), 걱정이 된다(감정/반응)."

나-메시지는 다음과 같은 장점이 있다. 첫째, 나-메시지는 상대방의 방어심리 감소를 유발한다. 나-메시지는 상대방을 직접 판단·평가·공격하는 것이 아니기 때문에 상대방의 방어심리를 덜 유발한다. 둘째, 나-메시지는 나의 입장과 감정을 솔직하게 전달할 수 있다. 솔직한 이야기를 들으면 함께 솔직해지기 쉽고 훨씬 진지하게 대화에 임할 수 있게 된다. 셋째, 나-메시지는 완전한 메시지를 전달할 수 있다. 너-메시지처럼 단순히 "……하다."라고 단정적으로 말하는 것이 아니라, 나-메시지는 전후 사정과 그것에 대한 나의 입장까지 알려준다.

3) 효과적인 의사소통 원리와 기술

(1) 효과적인 의사소통의 원리

완전하고 정확한 의사소통은 매우 힘들다. 어느 조직에서나 지도자와 조직 구성원들 간의 효과적인 의사소통은 조직의 성과에 매우 중요한 영향을 미친다. 의사소통이론에서 제시되는 다음과 같은 원리들은 보다 효과적인 의사소통을 위하여 도움을 줄 수 있다.

- 명료성 : 이상적인 의사전달은 전달자가 그 의도하는 바를 말하고, 그가 말하는 의미를 피전달자가 정확하게 이해해야 한다. 이를 위하여 간결한 문장과 평이한 용어를 사용해야 한다. 그리고 의사전달 내용의 구조가 체계화되어야 한다.
- 일관성 : 의사전달은 일관성이 있어야 하며, 그리고 처음과 나중의 내용이 서로 모순되어서는 안 된다.
- 적시성 : 의사전달을 너무 빠르게 하거나 너무 늦게 해서도 안 되며, 알맞는 시기를 택하여 행하여야 한다.
- 배포성 : 의사전달은 전달자로부터 명확하게 피전달자에게 전해져야 한다. 전달되지 않은 의사전달이나 다른 사람에게 전달된 정보는 아무 소용이 없거나 행정상 혼란을 가져올 뿐이다.
- 적정성 : 의사전달은 적정량을 기해야 하며, 너무 많은 경우나 너무 적은 경우에는 피전달자의 이해를 방해한다.
- 적응성과 통일성 : 적응성이란 의사전달의 융통성, 개별성, 현실합치성 등을 말하며, 통일성이란 각 의사전달이 전체로서 통일된 내용의 표현이 되게 하는 것이다.
- 관심과 수용 : 의사전달은 피전달자가 관심을 갖고 있고, 또한 그것을 받아들일 수 있을 가능성이 있는 때에 비로소 능률적으로 이루어질 수 있다.

(2) 효과적인 의사소통의 기술

효과적인 의사소통을 위하여 발신 기술(sending skill), 청취 기술(listening skill), 피드백 기술(feedback skill)이 필요하다(Hoy & Miskel, 2003: 383-385).

발신 기술(sending skill)은 자기 자신을 남에게 이해시키는 능력을 의미한다. 다음과 같은 5가지 방법을 활용할 수 있다. 첫째, 적절하고 직접적인 언어를 사용해야 한다. 복잡하고 어려운 용어는 피하는 것이 좋다. 둘째, 수신자에게 명확하고 완전한 정보를 제공해야 한다. 셋째, 물리적 및 심리적 환경에서 오는 소음을 최소화해야 한다. 넷째, 상황에 따라 적절하고 다양한 매체들을 사용해야 한다. 다섯째, 복잡하고 애매모호한 메시지를 전달할 경우에는 대면적 의사소통과 다양한 매체를 사용해야 한다.

청취 기술(listening skill)은 다른 사람들을 이해하는 능력을 의미한다. 청취는 다른 사람들이 단어, 행동, 또는 사물 등을 사용하여 전달하고자 하는 것을 이해하려고 하는 행동의 한 형태이다. 다른 사람의 이야기를 귀담아 듣는 것은 그 사람에 대한 존중, 관심 및 배려 등을 나타낸다. 경청하기, 질문하기, 격려하기, 부연하기, 감정 나타내기 및 요약하기 등의 청취 기술이 중요하다.

피드백 기술(feedback skill)은 어떤 개인의 행동을 어떻게 인식하고 평가하는가에 관한 정보를 주고받는 능력을 의미한다. 피드백에는 상대가 하는 행동을 격려하거나 강조하는 긍정적 피드백과 잘못된 부분을 지적하는 부정적 피드백이 있다. 피드백을 주고받는 데 있어서 다음과 같은 원리가 고려될 수 있다.

첫째, 피드백은 그것을 받는 사람에게 도움이 되도록 의도되어야 한다. 둘째, 피드백은 일반적이기보다는 구체적, 그리고 오래되기보다는 최근의 것이어야 한다. 셋째, 피드백은 사람이 변화시킬 수 있는 행동을 대상으로 해야 한다. 넷째, 피드백은 시기적절하게 이루어져야 한다. 즉시적일수록 더 좋다.

(3) 경청의 바른 자세

효과적인 의사소통을 위하여는 남의 말을 잘 경청하는 것이 매우 중요하다. 어느 의사소통 전문가의 연구에 의하면, 보통의 사람들은 자기가 듣는 메시지의 25% 정도만 경청한다고 한다. 경청은 상대방의 이야기를 잘 듣는 것을 말하지만 구체적으로는, 타인을 이해하고자 한다, 그와 더불어 즐거움을 나누고자 한다, 무엇인가를 배우고자 한다, 그에게 도움을 주거나 위안이 되고자 한다 등과 같은 마음이 작용하여 이루어지는 것이다. 올바른 경청의 자세는 다음과 같다.

- 평가를 하지 말고 들으라.
- 남의 말을 섣불리 짐작하여 듣지 말라.
- 남이 말하는 동안에 지나치게 메모하는 모습을 보이지 말라.
- 경청하는 체하지 말고 진지하게 경청하라.
- 때때로 남의 말의 내용과 함께 감정에도 관심을 보여라.
- 팔짱을 끼거나 다리를 꼬는 자세를 피한다.
- 상대방 쪽으로 약간 기울인 자세를 취한다.
- 따뜻하고 부드러운 시선을 보낸다.
- 편안하고 자연스런 자세를 취한다.
- 진지한 태도를 보인다.
- 잘 듣고 있다는 표시로 고개를 끄덕인다.
- 듣고 있다는 표시로, "아, 그래, 그랬니? 그랬구나, 그래서, 저런." 등의 표현을 한다.
- 말을 중간에서 자르지 않는다.

탐구문제

1. 조해리 창(Johari Window)에 따르면, ① 민주형 의사소통, ② 독단형 의사소통, ③ 과묵형 의사소통, ④ 폐쇄형 의사소통 등의 4가지 의사소통 형태가 있다. 나는 가족 구성원들, 친척들, 그리고 여러 친구들과 어떠한 의사소통 형태를 형성하고 있는가를 분석하여 보자. 그리고 민주형 의사소통을 위하여 어떠한 노력이 필요한가 생각해보자.
2. 우리 주변 사람들과 나누었던 대화 중에서 의사소통이 잘 안되어 마음이 좋지 않았던 대화 경험을 회상하여 보고, 의사소통 방해 요소가 되었던 말들을 적어보자. 그리고 이 경우의 대화를 의사소통을 촉진하는 '나-메시지 대화법'을 사용하여 효과적인 대화로 전환하여 보자.

참고문헌

김윤태(2001). 교육행정·경영의 이해. 동문사.

남정걸(2006). 교육행정 및 교육경영. 교육과학사.

박연호(1994). 현대인간관계론. 박영사

설기문(2002). 인간관계와 정신건강. 학지사.

오석홍(1998). 행정학. 나남 출판.

홍경자(2007). 대인관계의 심리학. 이너북스.

홍경자(2007). 의사소통의 심리학. 이너북스.

Bavelas, A. & Barrett, D.(1951). An experimental approach to organizational communication. *Personnel*, *27*(5).

Hoy, W. K. & Miskel, C. G.(1987). *Educational Administration: Theory, Research, and Practice(3rd ed.)*. New York: Random House.

Hoy, W. K. & Miskel, C. G.(2003). *Educational Administration: Theory, Research, and Practice(6th ed.)*. Boston: McGraw-Hill.

Luft, J.(1970). *Group Process: An Introduction to Group Dynamics(2nd ed.)*. Palo Alto, CA: Mayfield Publishing.

Chapter 05

대화와 설득

1. 좋은 대화의 의미와 조건
2. 효과적인 설득의 가치와 방법

사례

1915년 미국의 산업 역사상 가장 끔찍한 파업 사태가 2년 동안 콜로라도 주를 강타했다. 이 이야기는 존 D. 록펠러 2세가 보여주었던 대화와 설득의 성공사례이다. 그는 미국 역사상 가장 부자로 기록된 '미국의 석유왕' 존 D. 록펠러의 아들이자 자선사업가였지만, 당시 콜로라도 주에서는 그 누구보다도 미움을 가장 많이 받던 사람이었다. 성난 광부들이 콜로라도 석유와 강철 회사에서 임금 인상을 요구했다. 그 회사는 록펠러의 소유였다. 회사 기물이 파괴되고 군대까지 동원되었다. 유혈 사태가 발생하여 파업하던 사람들이 총에 맞아 쓰러졌다. 급기야 사태를 수습하기 위해 록펠러가 파업 광부 대표들에게 연설을 하게 되었는데 놀라운 반전이 일어났다. 연설을 들은 광부들이 그토록 격렬하게 싸웠던 임금 인상 문제에 대해서는 단 한마디 말도 하지 않은 채 일터로 되돌아갔던 것이다.

극한 상황을 반전시켰던 계기는 록펠러가 노조에게 했던 온화하고 다정한 연설인 것으로 알려져 있다. 우리가 대화나 설득에 임해서 어떻게 해야 하는지 큰 교훈을 줄 수 있을 것이다. 다음 연설의 어구 중 어떤 부분이 분노한 노조의 마음을 움직였을지 생각해 보자.

"오늘은 제 생애에 있어서 특별한 날입니다."하며 록펠러는 연설을 시작했다. "이 훌륭한 회사의 임직원과 근로자들의 대표를 만나게 된 영광은 오늘이 처음이며, 따라서 이 자리에 서 있는 것이 자랑스럽고 오늘의 만남을 영원히 기억할 것입니다. 만일 우리가 2주일 전에 이렇게 모였더라면 저는 여러분 중 몇 사람의 얼굴만 알아보는 낯선 사람으로 여기 이 자리에 섰을 것입니다. 지난 주 동안 남부 탄광촌을 모두 방문하여 그 자리에 없던 몇 사람을 제외하고는 거의 모든 근로자 대표들과 이야기를 나눴고, 여러분의 가정을 방문하여 가족들도 많이 만나 볼 수 있는 기회가 있었습니다. 그래서 오늘 여기서 우리는 서로 낯선 사람들이 아닌 친구로서 만나게 된 것입니다. 또한 제가 여러분과 더불어 우리의 공동 이익에 대해 의논하는 기회를 갖게 된 것을 기쁘게 생각하는 것도 바로 이 우호정신 때문입니다.

이 자리는 회사의 직원과 근로자 대표의 모임이기 때문에 제가 여기에 서 있는 것은 오로지 여러분의 덕분입니다. 불행하게도 저는 여러분 중 어느 한편에도 끼지 못하지만 어떻게 보면 저는 여러분 모두와 매우 친밀한 관계를 맺고 있다고 생각합니다. 그것은 제가 주주와 이사회의 대표이기 때문입니다."

1. 좋은 대화의 의미와 조건

1) '말을 잘한다는 것'의 의미

"말 한 마디로 천 냥 빚을 갚는다."라는 값진 속담이 있지만 우리는 깊이 생각해 보지 않는 경우가 많다. 우리가 말 잘하는 것을 소홀하게 생각하거나 말을 잘 못하는 이유에는 말에 대한 한국인만의 독특한 사고방식이나 행태가 있다.

기본적으로 남을 너무 의식한다. 일단 말을 해야 할 때에도 체면부터 차리고 본다. 체면을 벗어 던지고 솔직하게 자기 고백을 하면 문제를 쉽게 풀 수 있는데도 불구하고 그것이 잘 안 되는 것이다. 또 튀면 찍힌다는 생각도 많다. 보통 사람들은 튀지 않기 위해 가급적 자기 생각을 제대로 표현하지 않으려고 한다. 특히 이런 행태는 멍석을 깔아주면 더 심하다. 앉아서는 말을 잘 하는데 사람들 앞에만 서면 말을 잘 못한다.

그러면서도 친한 사이에는 조심성이 너무 없다. 부부간이나 부모와 자식 간의 갈등은 대부분 서로 기본적인 예의를 지키지 않는 데서 기인한다. 말 안 해도 우리는 통한다고 믿는 것도 문제이다. "이심전심(以心傳心)"이라는 말도 있듯이 내가 굳이 말을 안 해도 상대방이 내 마음을 알아주려니 믿는다.

말을 잘 안하거나 못하는 것을 떠나 말이 싸움으로 이어지는 경우도 많다. 차끼리 접촉사고가 나면 우선 큰소리부터 쳐서 상대방의 기선을 제압해야 한다고 배운다. 몹시 치열한 경쟁 사회에서 살아남기 위해서 다른 사람을 배려하거나 양보할 줄 모른다. 극심한 경쟁의식과 피해의식으로 인해 타협이나 양보보다는 우격다짐으로 문제를 풀려고 하거나 억지를 부려서라도 자기 의견을 관철시키려고 한다.

그렇다면 말을 잘 한다는 것은 무엇일까? 그것은 미사어구를 동원하여 거침없이 쏟아내는 달변을 의미하지 않는다. 위에서 본 바와 같이 우리가 흔히 일상생활 속에서 말 때문에 겪게 되는 문제나 어려움, 혹은 말 한마디만 잘 해도 잘 해결될 수 있는 문제들에 관해 차분히 다시 생각해보고 마음가짐과 태도를 고쳐나가려는 노력과 크게 다르지 않다. 결국 말을 잘 한다는 것은 바로 상대방의 기분과 상황을 잘 고려하여 적재적소에 맞는 언어표현을 잘 하는 것을 의미한다.

2) 좋은 대화를 위한 기본 습관

우리는 일생 동안 수많은 사람들을 만나게 된다. 그러나 진정 나를 이해하고 도와줄 사람이 언제 어디에서 나타날지 알 수는 없다. 그런 인연에 대해 아무도 알 수 없기 때문에 우리는 누구에게나 항상 친절하고 성심껏 대해야 한다. 이런 태도가 깊이 배어있는 좋은 대화를 이어나가기 위해서, 우리는 평소에 어떤 습관을 들여야 할지 생각해보자.

(1) 잘 듣는 습관

저명한 화술 전문가 데일 카네기(Dale Carnegie)는, 수다를 "불만을 해소하는 안전밸브"라고 하면서 상대방이 되도록 많은 이야기를 하게 해야 한다고 주장한다. 우리는 나와 의견이 맞지 않는 사람이 말을 할 때면 흔히 끼어들어서 논쟁을 벌이게 되거나, 말을 막을 수 있는 지위에 있다면 말을 막아버린다. 그러나 안전밸브가 잘못되면 불만은 폭발할 수밖에 없다. 진정으로 진지하게 들으면서 교감을 나눌 수 있는 대화가 필요하다(2007, 244-250).

스티븐 코비(Steven Covey)는 그의 명저 『성공하는 사람들의 7가지 습관(The 7 Habbits of Highly Effective People)』에서 성공하는 사람들이 가지는 공통적인 습관에는 어떤 것이 있는지 제시한 바 있다. 그 7가지 중 하나는 "먼저 이해하고 다음에 이해시켜라!"이다. 즉 성공한 사람들은 의사소통을 할 때 단순한 정보의 교환이 아닌 공감적 커뮤니케이션에 익숙하다는 말이다(2001, 345-374).

그에 따르면, 다른 사람의 말을 듣는 우리의 태도는 얼마나 집중하는지에 따라 보통 다섯 가지 수준 중 어느 하나에 속한다고 한다. 첫 번째는 그 사람의 말을 아예 무시해 버리는 것, 두 번째는 "응, 그래, 그렇지, 맞아." 등 맞장구를 치면서 듣는 체만 하는 것이다. 세 번째는 대화 중 어느 특정한 부분만 듣는 선택적 청취이고, 네 번째는 상대가 하는 말에 온 힘을 다하여 주의를 기울이는 집중적 경청이다. 네 번째 것까지만 하더라도 자기의 관점을 중심으로 듣는 태도이며 상대방의 말을 진정으로 이해하려는 의지보다는 그 말에 대응하면서 상대방을 통제하려는 목적이 내포되어 있다.

그러나 마지막 다섯 번째는 위의 것과는 차원이 다른 "공감적 경청"이다.

> 공감적 경청이란 다른 사람이 가진 준거틀의 내면에 들어가는 것을 말한다. 다른 사람의 관점을 통해서 사물을 보는 것, 즉 그들이 세상을 보는 방식에 입각하여 세상을 보는 것이다. 이때 우리는 그들의 패러다임과 감정을 이해하게 된다(2001, 342).

공감적 경청을 한다는 것은 귀로 말을 듣는 것뿐만 아니라 동시에 더욱 중요한 눈과 가슴으로도 듣는 것을 의미한다. 즉 감정과 의미, 행동까지도 경청한다. 오른쪽 뇌는 물론 왼쪽 뇌까지도 사용하여 감지하고 직관하고 느끼게 된다. 따라서 공감적 경청이란 남에 대한 배려와 감정이입 없이는 불가능하다.

대화에서 배려와 감정이입의 중요성을 강조하는 철학사조 중에 포스트모더니즘[1)]이 대표적이다. 이 사조의 핵심적인 가치는 상대주의와 감성이다. 여성이 남성보다 일반적으로 부드러운 대화를 잘 이어가는 주된 이유는 상대의 입장에서

1) 포스트모더니즘이란, 1960년대에 일어나 정치, 경제, 사회의 모든 영역에 걸쳐 폭넓게 일어났던 사회이념이자 문화운동이다. 포스트모더니스트들은 18세기 계몽주의로부터 시작된 합리성 및 이성중심주의를 추구했던 모더니스트들과 자신들을 엄격히 구별하면서 개성, 자율성, 다양성을 중시하였다.

생각해 보려는 역지사지(易地思之)의 마음가짐이 잘 되어있고, 또 잘 들으려는 감성적 의지가 강하기 때문이라고 한다.

예를 들어, 우리는 흔히 TV 연속극을 보면서도 눈시울을 적시거나 몹시 흥분하는 우리의 어머니들을 목격하게 된다. 또 "어머머, 그랬구나!" 맞장구를 치면서 수다를 늘어놓는 한국의 전형적인 아줌마들에게도 익숙하다. 남성은 당면한 문제를 직접 해결할 수 없는 수다를 쓸모없는 것으로 치부해 버리지만 여성은 감정의 소통 자체에 즐거움을 느끼고 교감을 나누게 된다.

따라서 좋은 대화를 이어나가면서 그것이 좋은 인간관계로 발전하게 만들기 위해서는 마음을 활짝 열고 끈기 있게 다른 사람의 말에 귀를 기울여 진지하게 들어야 한다. 그리고 그들이 생각을 충분히 말할 수 있도록 격려도 해주어야 한다.

(2) 상대방의 욕구에 공감하려는 습관

여러분은 주위에서 공휴일이면 골프든 낚시든 등산이든 장비를 꾸려가지고 떠나는 직장인들이나 세일즈맨을 많이 보았을 것이다. 그들이 과연 그 취미생활이 그렇게 좋아서 그렇게 할까? 물론 그런 사람도 있겠지만 상당수는 집에서 잠이나 실컷 자거나 소홀했던 가족들과 함께 시간을 보내고 싶은 생각이 굴뚝같을 것이다. 그런데도 불구하고 어쨌든 나가야 하는 신세는 결국 처세술의 일환이라고 보아도 큰 무리가 아니다.

직장의 상관이나 고객이 즐기는 취미를 공유해야만 "살아남을 수 있다."는 것은 많은 직장인들이 기본적으로 가지고 있는 생각이다. 처음에 직장에서나 업무와 관련해서 쌀쌀맞게 대하던 사람도 취미를 공유하면서는 놀랄 만큼 부드러워진다. 자연히 대화가 원활해지고 인간관계가 돈독해지면서 후에 업무와 관련해서도 큰 도움이 된다.

따라서 다른 사람과 친해지기 원할 때, 혹은 설득을 해야 할 특정한 목적이 있을 때조차 용건부터 말하기 전에 사전에 충분한 공감대를 형성하고 편한 관계를 만들어야 한다. 이를 위해 화젯거리를 만드는 일도 중요하다.

데일 카네기에 따르면, "당신은 낚시를 할 때 미끼로 무엇을 사용하고 있습니까? 당신은 자신이 버터나 치즈를 좋아한다고 해서 설마 그것을 미끼로 쓰지는 않겠지요?" 하고 좋은 대화를 위해서는 상대편이 어떤 것에 관심이 많은지 잘 파악해서 화제를 만드는 것이 필요하다고 역설한다.

예를 들어, 남성과 말할 때에는 일, 취미나 오락, 술과 같은 기호품 등에 관한 화제가 적절하지만, 여성과 말할 때에는 옷이나 액세서리, 육아나 가정생활 등에 관한 것이 좋을 수 있다. 젊은 층은 레저나 스포츠, 취업 등에 관심이 많은 반면, 중년층은 일, 가정, 건강 등에, 그리고 노년층은 과거의 인생 이야기나 건강 등에 관심이 특히 많을 것이다. 부유층을 대할 때에는 그의 성공담이나 취미, 고가품 등에 대해서 대화를 시작하면 관심을 보일 가능성이 높다.

이렇게 적절한 화젯거리를 찾기 위해서는 평소에 준비를 잘 하고 있어야 한다. 신문이나 교양서적을 평소에 많이 읽어 식견을 넓히고 다양한 의견을 접해 봄으로써 편견이나 선입견을 없애려는 노력도 중요하다. 앞으로 어떤 종류의 사람들을 만나게 될지 모르며, 만나게 되는 그 많은 사람들이 같은 성별, 연령, 지위라고 하더라도 제각기 다른 관심과 욕구를 가지고 있을 수 있기 때문이다.

3) 대화의 종류와 기능

위에서 우리는 좋은 대화란 무엇이고 그 대화를 위해서는 평소에 어떤 습관을 들여야 하는지 논의해 보았다. 그런 내용은 어떤 대화에든 적용될 수 있는 보편적 논리라고 할 수 있다. 이제는 대화의 범주를 좀 더 세분하여 깊이 있는 논의로 접어들고자 한다.

현대사회에서 말을 잘 한다는 것은 큰 자산을 가지고 있는 것과 같다. 대화를 통해 우리가 얻을 수 있는 것을 중심으로 대화의 종류를 구분하자면, 소비적인 대화, 생산적인 대화로 나눌 수 있다. 소비적인 대화란 잡담처럼 이야기하는 것 자체에서 즐거움을 느끼는 것이고, 생산적인 대화란 회의나 세일즈에서처럼 특별한 문제를 해결하기 위해 이야기하는 것이다. 그래서 소비적인 대화를 "정적인 대화"라 하고, 생산적인 대화를 "지적 대화"라고도 한다(한국인재경영연구회, 2007: 168–170).

우리는 소비적인 대화, 즉 잡담과 같은 것을 통해 그저 즐거움을 나누는 경우가 있다. 문제해결 등 특정한 목적을 이루려고 하는 것은 아니지만 레크리에이션과 같은 기능이다. 그러나 잡담이라고 해서 결코 불필요하거나 말 그대로 "소비적"인 것이라고 볼 수는 없다. 잡담은 좋은 인간관계를 형성하는 데 큰 역할을 한다. 잡담은 "화장을 하지 않은 얼굴"과 같아서, 잡담을 통해 정보는 물론 감정까지 상대방과 솔직담백하게 공유하면서 서로 친해지게 된다. 더 나아가 서로 신뢰와 인간적인 정까지 싹틀 수 있는 계기가 된다.

잡담을 통해 일단 원만한 인간관계가 형성되면 후에 상대방을 설득할 때에도 큰 도움이 된다. 우리가 상대방의 말에 동요되는 것은 저 사람의 말은 믿어도 되리라는 생각이 들기 때문이다. 소비적인 대화는 그저 "소비적"이 되는 것이 아니라 장기적으로 보면 생산적 대화, 즉 설득을 위한 탄탄한 기반이 되는 것이다.

그러나 잘못된 대화는 인간관계에 치명적인 오점을 남긴다. 한번 뱉은 말은 주어 담기 어렵다. 사람의 마음속에 깊은 상처를 남길 수도 있어 대립과 갈등의 씨앗이 되기도 한다. 말을 하는 데 있어 사람은 누구나 실수를 할 수도 있다. 그러나 문제는 잘못을 깨닫고 시정하지 않으려는 쓸데없는 고집이 인간관계를 해친다. 우리는 내뱉은 말을 취소하고 사과해야 하는 명백한 상황 속에서도 단순히 자존심이 상할까 봐 갖가지 변명과 궤변을 늘어놓으면서 밀어붙이는 오류를 범하게 된다.

한편, 소비적인 대화와 대비하여 생산적인 대화에는 특정한 목적을 가지고 대화에 임하게 된다. 그 목적은 무수히 많다. 세일즈맨은 물건을 팔기 위해 대화하고, 정치인은 표를 얻기 위해 대화하고, 선생님은 학생들을 가르치기 위해 대화하고, 공무원은 민원을 해결하기 위해 대화하는 등 매우 다양하다. 그런데 이런 종류의 대화에서는 말하는 사람이 원하는 대로 상대방이 이해해주고 따라주기를 원하기 때문에 설득의 형태를 띠는 경우가 많다.

설득에는 전략 및 기법이 필요하다. 즉 일상회화에서와는 달리 화술이 필요하게 된다. 화술이란 자기의 의사를 상대방에게 전달하고 상대를 이해, 납득, 공감시켜서 자기가 원하는 대로 움직이게 만드는 기술이다. 따라서 화술은 화장에 비유할 수 있다. 잡담이나 일상회화는 화장을 하지 않은 얼굴이라고 한다면, 생산적인 대화 혹은 설득은 곱게 "화장을 한 얼굴"과 같다. 즉 잘 가꾼 말이 필요하다.

사회생활에서 화술은 성공의 열쇠이다. 일도 열심히 하고 능력도 있으며 주관도 뚜렷하지만, 상대방에게 자신을 올바르게 이해시키지 못하여 자기의 존재를 제대로 평가받지 못하는 경우가 많다. 이렇게 화술에서 문제가 생기면 삶 자체가 고달파진다. 자기의 의사를 제대로 밝히지 못하여 자존심이 상하고 열등감을 가지게 된다. 일에 실적은 떨어지고 리더십이 사라지면서 승진이 늦어진다. 성격 자체가 어두워지면서 가족이나 친구로부터도 멀어지게 된다.

물론 설득에서도 잡담에서처럼 "잘 듣는 습관"과 "상대방의 욕구에 공감하려는 습관"과 같은 성실한 습관이 중요하다. 그럼에도 불구하고 설득의 효과를 극대화시키기 위해서는 성실함과는 다소 괴리를 일으킬 수도 있는 전략적인 접근이 필요하기 때문에 설득의 의의 및 설득을 위한 전략에 관해서 좀 더 깊이 있게 논의하지 않을 수 없다.

2. 효과적인 설득의 가치와 방법

설득이란, 한 사람이나 한 집단이 다른 사람이나 다른 집단에게 정보를 전달하고 공유함으로써 그들이 새롭거나 도전적인 목적을 이해하고 동의하며 그것을 달성하기 위해 노력을 기울이게 하는 시도이다. 효과적인 설득을 위해서는 정보를 틀에 짜 맞추거나 포장을 잘 해서 다른 사람들이 그 정보를 수용하거나 신뢰하도록 영향을 미칠 수 있어야 한다.

1) 남에게 영향을 미치는 방법

여러분은 인생을 살아오면서 내가 원하는 대로 상대편이 움직여주기 바랄 때를 많이 경험했을 것이다. 이제까지는 주로 가족이나 친구들이 그 대상이었지만 앞으로 조직에 속하게 되고 사회에 진출하게 되면서 그런 경우는 더욱 많아질 것이다. 내가 해야 할 일이 많아지고 원하는 일이 많아지고 접하는 사람이 많아지게 되기 때문이다.

그렇다면 다른 사람이나 집단이 나의 의도대로 따르도록 영향을 미칠 수 있는 방법에는 어떤 것이 있을까? 보통 조작적 영향과 공개적 영향 두 가지가 있다. 조작적 영향이란, 실제를 조작하여 가상의 이미지를 형성함으로써 상대방의 마음이나 판단을 움직이는 방법이다. 예를 들어 과장광고나 사기행위 등이 해당된다. 그러나 상대편의 태도나 행태를 변화시키려고 하고 있다는 사실을 상대편이 모르고 있는 상태이다. 이런 방법에 관해 학습한다는 것은 윤리적으로 적절하지 않으므로 논외로 한다.

반면, 공개적 영향이란, 상대편의 태도나 행태를 변화시키려고 하고 있다는 사실을 상대편도 알고 있는 상태이다. 공개적으로 영향을 미치는 방법에는 다시 설득, 위협, 약속 세 가지가 포함된다. 설득의 정확한 개념을 이해하기 위해서는 우선 위협과 약속의 개념과 어떻게 다르고 어떤 장점이 있는지 명확히 할 필요가 있다.

일반적으로 남을 설득하기 위해서는 정보와 주장을 활용한다. 즉, 상대편이 현 상황을 달리 볼 수 있도록 정보를 제공하고 그 정보 안에는 왜 상황을 달리 보아야 하는지에 관한 주장이 내포되어 있어야 한다. 예를 들어, 부모가 학생에게 “왜 공부를 열심히 하지 않니? 그러다가 나중에 공부가 밀려서 힘들지 않을까?”라고 설득할 수 있다.

공부를 미루면 나중에 힘들 것이라는 사실을 학생은 잘 모르고 있지만, 현재 상황을 달리 생각해 볼 수 있도록 정보를 제공하고 있는 것이다. 또 단순히 그러한 정보를 던지는 수준이 아니라 나중에 힘들지 않으려면 공부를 미리 열심히 해 놓아야 한다는 주장도 함께 내포하고 있는 것이다. 결국 설득이라는 방법은 현 상황은 계속 유지하되 상대편이 그 상황을 다른 시각에서 보도록 정보를 제공함으로써 마음을 움직이고 그에 따라 태도도 움직일 것을 주장하는 것이다.

반면, 위협과 약속이라는 방법은 아예 현 상황 자체를 바꾸어 버리는 것이다. 즉 상대편이 어떤 성과를 보이는가에 따라 처벌을 가하든지 보상을 더하게 되는 새로운 상황을 고안한 후, 상대편에게 주지시키는 것이다.[2)]

예컨대, 부모가 자식에게 "공부 열심히 안 하면 야단맞을 줄 알아라."라는 위협적 언급을 생각해 보자. 여기에서는 부모가 "야단"이라는 처벌을 새로 도입하고, 공부를 열심히 안하면 야단을 맞을 것이라는 인과적인 상황을 가상으로 만든 후, 자식에게 그 가상의 경우를 상상하게 만드는 것이다. 또 "공부 열심히 하면 용돈 더 줄게."라는 약속도 생각해 보자. 부모가 "용돈"이라는 보상을 새로 도입하고, 공부를 열심히 하면 용돈을 더 주겠다는 인과적인 상황을 가상으로 만든 후, 자식에게 그 가상의 경우를 상상하게 만드는 것이다.

2) 위협과 약속의 문제점

일반적으로 처벌로 위협하거나 보상을 약속하는 방법의 효과는 두 가지 변수에 따라 달라진다. 하나는 위협과 약속의 강도이고 다른 하나는 신뢰성이다 (Michener, et al., 1990: 229-236).

우선 위협과 약속의 강도에 따라서 영향을 미치려는 효과가 달라진다. 예를 들어, 위협하는 경우, "공부 열심히 안 하면 몽둥이 찜질이다."라는 강한 위협과 "공부 열심히 안 하면 꿀밤 한 대다."라는 약한 위협은 효과에서 차이가 날 것이다. 보상의 경우에도, "공부 열심히 하면 용돈 만 원 더 줄게."라는 강한 보상과 "공부 열심히 하면 용돈 백 원 더 줄게."라는 약한 보상 간에는 효과의 차이가 날 것이다.

2) 위협과 약속의 효과에 관해 연구하는 심리학이론으로 강화이론(reinforcement theory)을 들 수 있다. 이 이론에 따르면 인간의 행태는 외부적 자극, 특히 처벌과 보상에 의해서 지배된다고 한다.

둘째, 위협과 약속의 신뢰성에 따라서 효과가 달라진다. 부모가 자식에게 "공부 열심히 안 하면 혼날 줄 알아라."라고 위협적인 말을 했을 때 그것이 정말로 현실화될 것인지, 아니면 단지 엄포를 놓은 것인지 자식이 생각하는 바에 따라 복종의 여부가 결정될 것이다. 또 "공부 열심히 하면 용돈 더 줄게."라고 약속했을 때에도 그것이 정말 지켜질지 아닐지 자식의 믿음에 따라 효과가 달라진다.

따라서 효과를 극대화하기 위해서는 강도 높은 발언을 하거나 신뢰감을 이끌어내어야 하는데, 일단 발설한 후에는 그 발언을 반드시 지켜야 하는데 비용이 많이 든다. 우선 위협을 하기 위해서는 그에 걸맞은 지위에 있거나 권력이 있어야 한다. 권력이 많으면 많을수록 적은 노력으로도 효과적으로 상대방을 움직일 수 있다. 또 보상할 것을 약속하는 경우에는 보상할 만한 자원이 충분히 있어야 한다. 역시 자원이 많으면 많을수록 상대방을 움직일 수 있는 역량이 높아진다. 권력이나 자원이 많다면 문제가 없겠으나 상당한 경우 제한적이기 때문에 이들을 마음 놓고 활용할 수 없다.[3)]

게다가 위협과 약속 중에서도 위협의 부작용은 매우 크다. 즉 강제력을 행사하려는 쪽이 아무리 권력이 많거나 지위가 높다고 하더라도 그에 대해 적개심이 축적될 수 있고 급기야 반발로 표출될 수도 있다. 목적을 달성하기 위해서 위협이라는 수단이 단기적으로 효과가 있을 수 있지만 인간관계를 해치게 되어 결국 목적달성에 실패하는 경우가 많다.

심지어 처벌이나 보상의 수준은 항상 일정해서는 안 되고 지속적으로 향상되어야 한다. 이번에는 효과를 보았어도 다음에는 그 자극이 식상해져서 효과가 떨어질 수 있기 때문이다. 미국 뉴저지 주에서 "공포에 질린 모범생(Scared Straight)"이라는 불량청소년을 상대로 한 교정프로그램이 시행되었다. 그 일환으로 불량청소년들에게 정기적으로 교도소를 방문하게 하였다. 죄수들과 만나게 한다면

3) 조직이란, 위협이나 보상에 대한 약속이 잘 지켜질 수 있도록 잘 정비된 시스템과 같다. 조직 내에 위계질서를 세움으로써 높은 지위의 사람은 권력을 행사할 수 있게 보장되고, 보상체계를 세움으로써 구성원은 일한 만큼 대가를 지불받을 수 있도록 보장된다. 따라서 조직 내부에서는 일단 위협이나 보상에 대한 약속에 의존하는 경우가 많지만, 권력을 쓸 수 없도록 서로 수평적인 관계에 있거나 보상에 필요한 자원이 부족할 경우에는 역시 설득을 활용해야 한다.

강렬한 공포감이 생겨서 교도소나 죄수들을 경계하게 되고, 따라서 범죄를 억제하려는 의욕이 생길 것으로 가정하였다. 초기에는 그 효과가 있는 것처럼 보였다. 하지만 대부분이 이 위협적 상황에 대해 식상해져서 결국 다시 범죄를 저지르고야 말았다. 이 사례와 같이 아무리 위협적인 자극을 주어도 시간이 지남에 따라 그 자극에 익숙해져서 결국 효과가 떨어질 가능성이 높아진다.

처벌과 보상을 통해 효과가 지속될지 아닐지 불확실한 경우도 있다. 그 이유는 상대편의 속마음과 겉 태도가 일치하지 않을 수 있기 때문이다. 단순히 처벌이나 보상을 받는 상황을 상상하면서 복종을 실행했을 뿐이지 상황을 바라보는 마음이나 시각이라는 근본적인 부분을 바꾼 것은 아닐 수도 있기 때문이다. 따라서 상대편이 복종을 제대로 하는지 치밀하고 지속적으로 관리해야 한다. 이에는 당연히 많은 시간이나 비용이 들게 되며, 인간을 가축이나 기계와 같은 존재로서 보는 시각과 다르지 않다. 가축은 처벌이나 보상을 통해서 충분히 길들일 수 있다. 또 기계도 고장 나면 조여주고 평소에 기름칠을 잘 해주고 잘 닦아주면 정상적으로 잘 돌아간다.

그러나 인간은 가축이나 기계와는 다른 점이 있다. 바로 좋은 인간관계를 통해 정서적이고 심리적인 만족감을 채우려고 노력하며 인간성이 존중받기를 원하는 존재이다. 이러한 인간 본연의 욕구를 충족시키면서 남에게 영향을 미치는 방법이 바로 설득이다. 즉 설득은 신뢰감과 존중으로 구성되는 좋은 인간관계를 토대로 상대편이 자발적으로 마음과 태도를 바꾸도록 유도하는 것이다.

3) 성공적 설득의 전략

설득이 위협하거나 약속하는 방법보다 유익한 점이 있기는 하지만, 결코 목적을 달성하기 쉬운 것이 아니다. 설득하려는 시도 중 많은 부분은 실패로 돌아간다. 설득하려는 시도에 대해 상대편은 다양한 방법으로 반응할 수 있기 때문이다. 우선 그냥 메시지를 무시할 수 있다. 우리는 특정 상품을 팔고자 설득하는 TV광고를 시청하면서도 그중 수많은 것은 무시하고 무심코 채널을 돌리게 된다. 또 다른 반응은 메시지를 듣고는 있지만 그 이슈에 대한 판단을 보류하는 것이다. 이런 경우, 보다 정확한 판단을 위해 추가적인 정보를 더 필요로 하는 것이 보통이다. 또 다른 반응은 설득하는 쪽을 비방하는 것이다. 잘 모른다고, 비논리적이라고, 심지어 어리석다고까지 비방할 수 있다. 마지막 반응은 설득하려는 쪽을 도리어 설득하려는 "반작용적 설득"이다.

위와 같이 다양하게 반응할 수 있는 경우가 있다면, 과연 어떻게 해야 상대편의 믿음과 태도를 바꿀 수 있을까? 즉 어떤 요인이 설득의 성패를 좌우할 수 있을까? 학자들은 설득에서 성공하는 방법에는 일반적으로 중심경로와 주변경로라는 두 가지 경로가 있다고 한다. 중심경로(central routes)는 메시지 자체가 내포하고 있는 특정한 정보 및 주장의 내용을 처리하는 과정이다. 반면, 주변경로(peripheral routes)는 메시지의 내용과는 별도로 주변 상황이 설득에 영향을 미치는 과정이다(Petty & Cacioppo, 1986).

상대편은 중심경로를 통해서 메시지에 들어있는 주장을 파악하고 해석하고 평가한 다음, 자신의 관점에서 받아들인다. 그 메시지 자체에 들어있는 새로운 정보를 메시지를 받아들이기 전에 자신이 가지고 있던 기존 정보와 비교 및 분석하여 결합시키는 활동을 한다. 이렇게 새 정보 중 여과할 것은 하고 수정할 것은 하는 과정을 심리학에서는 정교화(elaboration) 과정이라고 한다.

주변경로는 메시지의 내용과는 독립적으로 작용하는 부수적인 요인으로서 여기에는 설득하는 쪽과 설득당하는 상대편의 특성이 포함된다. 즉 설득하는 사람이 얼마나 전문성을 가지고 있고 매력을 지니고 있는지, 혹은 그 사람을 얼마나 신뢰할 수 있는지가 관건이다. 또한 상대편이 얼마나 지적이고 이슈에 대해서 이해관계를 가지고 있는지도 관건이다.

설득을 통해 원하는 바를 달성하기 위해서는 "누가 누구에게 어떤 목적으로 무엇을 말하는가?"라는 문제의식을 가지고 접근해야 한다. 이 질문에는 위에서 언급한 중심경로와 주변경로의 개념이 동시에 포함되어 있다. 즉 "무엇을 말하는가?"라는 어귀는 메시지의 내용 자체에 대해 묻고 있으므로 중심경로에 대한 관심이다. 반면, "누가 말하고 있는가?"와 "누구에게 말하고 있는가?"는 각각 설득을 하려는 쪽과 설득을 당하는 쪽으로서 주변경로에 해당된다. 즉 설득은 메시지 내용 자체와 설득에 관련된 당사자의 특성에 따라 효과가 달라진다.

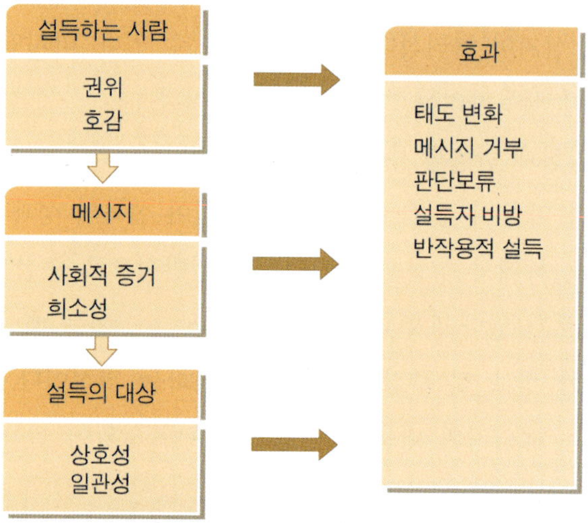

그림 5-1 설득과정의 요소와 6가지 법칙

그림 5-1 을 보면, 설득과정의 요소들, 즉 설득하는 사람, 메시지, 설득의 대상이 서로 어떻게 연계되면서 효과를 보이는지 알 수 있다. 이를 소비자를 설득하여 상품을 팔고자 하는 장사꾼의 다양한 상술에 빗대어 설명하면 다음과 같다.

첫째, 설득하려는 사람이 가지는 특징은 상대편이 메시지를 어떻게 해석할 것인가에 영향을 미칠 수 있다. 예를 들어, 논의되고 있는 이슈에 대해서 전문가라든가 권위자라고 인정된다면 상대편이 설득당할 가능성이 높다. 기능성 식품의 광고에서 식품공학 전공교수가 등장하여 그 식품의 효능에 관해 언급하는 경우가 그런 효과를 노린 것이다. 또 보기에 추한 사람보다는 호감이 가는 사람이 설득하려고 한다면 설득당할 가능성이 높다. 광고회사에서 굳이 비싼 출연료를 지불하면서까지 멋지거나 아름다운 유명 연예인을 등장시키는 것도 바로 이 효과를 노리기 때문이다.

둘째, 메시지 자체의 성격도 중요하다. 예를 들어, 인간은 대다수의 다른 사람과 동화되고자 하는 심리가 있어서 메시지의 내용 중에 특정 상품이 불티나게 팔리고 있다는 사실을 알게 되면 덩달아서 사고 싶어지는 충동이 생기거나 코미디 프로그램에서 가짜 웃음을 들려주면 따라 웃게 된다. 또한 희소성을 강조하면 설득의 효과가 높아지는데 홈쇼핑 프로그램에서 "몇 개 안 남았다!"고 위기감을 조성하면 충동구매를 하게 되는 것이 그 예이다.

셋째, 설득의 대상이 가지고 있는 특성도 설득의 효과에 영향을 미친다. 예를 들어, 인간은 남에게 신세지는 것을 매우 미안해하는 성격을 보편적으로 갖고 있는 편인데, 백화점 시식코너에서 시식을 하고는 그냥 지나치지 못하고 본 상품을 집어 들게 되는 것이 그 예이다. 또한 인간은 일관성을 지키고자 하는 편인데, 외판원이 사정을 하지만 바쁘거나 귀찮아서 다음번에 오면 긍정적으로 생각해 보겠다고 건성으로 답했어도 일단 해버린 약속은 지켜야 한다는 강박관념에 휩싸이게 되어 다음번 설득에는 약해지게 된다.

사실 그림 5-1 을 통해서 예로 들었던 권위, 호감, 사회적 증거, 희소성, 상호성, 일관성은 로버트 치알디니(Robert B. Cialdini)가 그의 저서 『영향: 과학과 실제(Influence: Science and Practice)』에서 제시한 설득의 6가지 법칙을 따른 것이다. 그는 인간의 보편적인 심리를 조사 및 분석한 결과, 인간은 6가지 법칙에 따라 움직일 가능성이 높다고 주장한다. 설득하는 자가 권위자이거나 겉으로 호감을 주는 인물일수록 설득당할 가능성이 높다. 설득하려는 메시지에 다른 많은 사람들이 함께 관심을 가지고 있거나 혹은 그것이 희소한 것이라는 사실을 알게 되면 쉽게 설득당한다. 설득의 대상으로부터 신세를 졌다면 갚으려고 하고 일단 약속을 해 버린 것은 지키려고 해서 설득에 약해지는 경우도 많다. 장사꾼들이 위와 같은 6가지 법칙을 상술에 적용하여 여러분에게 접근한다면, 여러분들은 얼마나 효과적으로 대응할 수 있겠는가? 반대로 여러분이 누군가를 설득하고자 한다면 위의 6가지 법칙이 유효하겠는가?

4) 신뢰감과 자존심 존중의 중요성

치알디니의 6가지 법칙은 우리가 앞서 논의했던 생산적 대화, 즉 문제해결을 위한 대화에 적합한 전략으로서 그 효능은 실제로 상당할 수 있다. 그러나 여기에는 한 가지 중요한 단서가 있다. 설득하려는 사람이나 혹은 그 사람의 화술에 대해서 실제로 얼마나 믿을만한지 검증을 거쳐야 한다는 것이다. 바로 인간관계와 신뢰가 설득의 효과를 극대화시키는 결정적 매개가 될 수 있다는 말이다. 만약 믿을만하지 못하다는 사실이 검증되면 설령 이번에는 설득에 성공한다고 하더라도 다음번에는 그렇게 하기가 훨씬 어려워진다.

인간관계를 통해 축적된 신뢰의 다양한 수준에 따라서 설득의 성공도는 확연히 차이가 난다. 우선 나쁜 인간관계로서 상호 적의를 가지는 경우에는 아무리 위와 같은 전략을 구사하더라도 상대도 하지 않으려고 한다. 보통의 인간관계로서 호의도 악의도 없는 상태에서는 설득에 상당한 노력을 요한다. 좋은 인간관계로서 신용을 해주는 상태에서는 대강 설명을 해도 들어준다. 가장 좋은 인간관계로서 신뢰가 강하게 형성되어 있는 상태에서는 용건을 말하면 곧 승낙한다(김양호 · 조동춘, 2006: 55).

무슨 부탁인지 듣기도 전에 대뜸 "좋아 들어줄게."라고 대답하는 경우 서로 완벽한 신뢰감이 형성되어 있다. 우리가 상대방의 말에 동요되는 것은 저 사람의 말을 믿어도 되리라는 생각이 들기 때문이다.

인간이 설득당하게 되는 심리적 변화과정을 6단계로 구분하고 각 단계의 영문 첫 자를 따서 "아이드카스(AIDCAS)"라는 법칙이 있다. 상품을 구매하게 되는 심리 과정이라는 점에서 구매심리의 6단계라고도 한다. 우선 주의(attention)를 끌어야 하고, 주의에서 흥미(interest), 흥미에서 욕망(desire)으로, 욕망에서 비교(comparison)로, 비교한 후 행동(action)하면 만족(satisfaction)에 이르게 된다. 치밀한 전략과 화술을 통해서 고객의 주의를 끌고 흥미를 가지게 만들고 구입하고자 하는 욕망을 자극하여 다른 상품과 비교한 후 구매라는 행동까지 쉽게 유도할 수는 있다. 그러나 행동 후 만족에까지 이르지 못하면 신뢰를 상실하여 그 고객은 두 번 다시 찾아오지 않을 것이다.

여기서 감정적인 공감까지 이끌어낼 수 있다면 더욱 좋다. 설득은 이성적인 이해만으로는 부족하고 감정적인 공감까지 가미되었을 때 효과가 극대화될 수 있다. "네 말이 무슨 말인지는 알아들었지만, 난 별로 하고 싶지 않아."라는 답변은 이성적으로는 이해시켰지만 감정적인 일체감은 끌어내지 못했음을 의미한다.

감정적인 공감을 이끌어내는 한 방법은 상대방의 자존심을 살려주는 것이다. 사람이 동물과 다른 점은 자존심을 가졌다는 것이다. 설득하기 어려운 일도 상대방의 인격을 최대한 배려하여 접근했을 때 의외의 효과를 볼 수 있다.

예를 들어, 인사이동에서 다들 기피하는 자리로 발령이 났을 때를 생각해보자. 보통의 경우 "밀려났다" 혹은 "쫓겨났다"는 좌절감이나 분노를 많이 겪게 된다. 이때 그 사람의 가치와 중요성을 부각시켜야 한다. 다음과 같은 언급은 어떨지 생각해보자. "내 입장이나 우리 부서 입장에서는 자네가 꼭 필요하지만 회사 입장에서는 자네가 꼭 그 자리에 필요하네. 다들 자네를 원하고 있어."

치알디니의 제안을 비롯하여 수많은 처세술 서적에서 제안하듯이 단기적으로 설득의 효과를 극대화하기 위한 전략은 있을 수 있다. 그러나 그 저변에 필요한 정서적 교감이나 인간적 미덕을 갈구하는 인간의 본성을 충족시키지 못한다면 아무리 좋은 전략이라도 한계가 있기 마련이다.

탐구문제

1. 인류 역사 속에서 대화나 화술과 관련하여 교훈을 줄 수 있는 인물들을 선정하여 그들의 태도는 어떠했으며 공통점은 무엇인지에 관해 논의해보자.
2. 남에게 영향을 미치는 세 가지 방법, 즉 설득, 위협, 약속 중에서 당신이 주위의 사람들을 다룰 때 가장 빈번하게 사용하는 것은 무엇이고 효과에는 어떤 차이가 있었는지 논의해보자. 특히 그 주위의 사람들을 친구, 형제, 부모님, 교수님 등 다양하게 설정하여 논의해보자. 다른 더 좋은 방법이 있다면 역시 논의해보자.
3. 치알디니가 제시한 설득의 6법칙 중에서 최근에 본인이 활용하여 효과를 보았던 경험과 실패했던 경험에 관해 논의해보자. 그리고 문헌이나 매체에서 발견할 수 있는 성공담과 실패담도 발굴하여 논의해보자. 어떤 상황에서 어떤 이유 때문에 성공사례 및 실패사례가 일어나는지 논의해보자.
4. 본 장의 맨 앞에 소개된 록펠러의 연설 내용과 치알디니의 법칙은 효과를 볼 수 있는 상황이 서로 다를 수 있다. 각각 어떤 상황이나 목적에 더 적합한지 논의해보자. 특히 치알디니의 법칙들이 어떤 목적으로 쓰여서는 위험한지 논의해보자.
5. 여성과 남성의 대화 내용이 대체로 어떻게 다르고 각각 대화를 어떤 용도로 많이 사용하는지 논의해보자. 이를 토대로 대화 스타일이 다르기 때문에 남녀 간에 갈등이 일어난 경험담을 논의해보자.

참고문헌

김양호 · 조동춘(2006). 화술과 인간관계. 산수야.

한국인재경영연구회 편저(2007). 대화의 기술: 107의 법칙. 경영자료사.

Cialdini, B. Robert.(2001). *Influence: Science and practice(4th ed.)*. Boston: Allyn & Bacon.

Covey, R. Steven.(1989). *The 7 habbits of highly effective people*. NY: Fireside.

Michener, H. A. et al.(1990). *Social psychology(2nd ed.)*. Orlando, FL: Harcourt Brace Jovanovich.

Petty, R. E. & Cacioppo, J. T.(1986). *Communication and persuasion: Central and peripheral routes to attitude change*. NY: Springer-Verlag.

Carnegie, Dale.(1936). *How to Win Friends & Influence People*. 최염순 역(2007). 카네기 인간관계론. 씨앗을 뿌리는 사람.

Chapter 06

인간관계에서 갈등의 의미와 극복방안

1. 갈등의 의미
2. 갈등에 대한 이해의 변화
3. 갈등의 표출형태
4. 갈등 유형에 대한 자기 진단
5. 갈등의 유형과 갈등관리 전략

갈등관리사례 1

한탄강 댐은 1995년 수자원공사의 임진강유역조사 용역 결과 2021년 임진강 유역에 연간 361,700만 톤의 물 부족이 예상되어 연간 265,700만 톤의 용수 공급을 주목적으로 하는 댐 건설 사업이 추진되었다. 2996년, 1998년, 1999년에 발생환 세 차례의 파주, 문산 지역의 집중호우로 인한 홍수가 발생하여 232명의 인명피해와 약 1조 6천억 원의 재산피해가 발생하면서 정부는 2009년까지 홍수조절용 댐 건설 등 수해방지종합대책을 발표하였다. 그러나 한탄강 댐 건설 사업에 대한 지역주민, 시민단체의 이견으로 인한 갈등과 대립의 확산으로 사업은 정상적으로 추진되지 못하였다. 환경영향평가 초안의 공람 및 주민의견을 수렴하는 과정에서 갈등은 심화되었고, 결국 기본계획 고시를 앞두고 사업은 중단되었다. 댐 건설을 반대하는 주민들이 환경영향평가와 댐 타당성 조사에 의문을 제기하고 이에 대한 재검증을 요구함에 따라, 환경영향평가에 대한 보완이 수차례 이루어졌지만 갈등은 증폭되기만 하였다. 그러나 주민갈등의 쟁점을 분석하여 쟁점 관련 당사자 간 입장 차이를 보인 한탄강 댐 건설 사업 추진절차로 신뢰구축의 문제, 수해의 원인을 포함한 홍수량 산정 및 홍수조절효과에 대한 견해차이, 댐 이외의 다른 대안과의 비교를 통한 한탄강 댐의 경제성 인식, 댐의 안정성 문제를 포함한 한탄강 댐의 환경영향에 대한 인식차이를 해소하는 노력을 통해 갈등은 조절되기 시작했다. 2004년 2월 정부는 한탄강갈등관리준비단 설치를 대통령이 지시하고 이를 지속가능발전위원회에서 지원하기로 결정하고 청와대를 포함한 어느 곳으로부터의 간섭도 받지 않는 갈등조정위원회를 가동하였다. 갈등조정위원회는 무엇보다 당사자 간의 신뢰형성이 중요하다는 판단하에 조정 참여 대표들과의 합리적 대안 모색을 통해 조정의 의미를 깨우치게 하고, 문제만 제기하고 상대의 답변을 무시하던 갈등구조를 문제해결의 대안찾기로 전환시켰다. 한마디로 갈등해소문화가 정착되지 못한 현실에서 상대의 의견을 인정하고 갈등조정이 가능하다는 인식을 갖게 했다. 이는 갈등조정자로서 갈등조정위원회의 역할이 중요하고 조정전문가의 필요성을 깨닫게 하는 부분이다. 물론 합의결과에 대한 사전약속 정하기나 지역 언론을 대상으로 한 홍보의 미흡과 시간의 제약 등 미흡한 점은 있었지만 한탄강 댐 건설에 있어 갈등조정위원회의 역할은 지역개발에 있어 주민 간 갈등조정의 필요성과 가능성을 보여주고 있다.

갈등관리사례 2

깐깐한 시어머니와 할 말 다하는 며느리. 그리고 두 여자 사이에 끼어 이러지도 저러지도 못해 괴로운 남편. 흔히 볼 수 있는 고부갈등의 사례다. 하지만 이 이야기의 주인공은 다름 아닌 아베 신조 일본 총리(59)다. 일본의 대중지 〈주간겐다이〉는 최신호에서 '고부전쟁 고심하는 아베 총리'라는 제목의 기사를 통해 아베 총리 부부가 고부갈등으로 불화를 겪고 있다고 보도했다. 달라도 너무 다른 가치관 때문에 첨예하게 대립하는 아베 가(家)의 두 여자. 아베 총리의 흔들리는 '가정 내 정치'. 아베 총리의 부인으로 자유분방한 성격의 아키에와 정치 명문가 출신으로 깐깐한 시어머니 요코는 오래전부터 물과 기름 관계였다. 아베 신조 일본 총리의 부인, 아베 아키에 여사(51)는 스스로를 '가정 내 야당'이라고 자처한다. 그래서인지 남편의 정책에 대해 반대 목소리를 내는 것도 마다하지 않는다. 지난해 12월, 그녀는 미국 〈월스트리트저널〉과의 인터뷰에서 "일본에 또 다른 원전사고가 일어나지 않으리란 보장이 없다."면서 원전 재가동을 추진하는 남편을 강하게 비판했다. 아울러 "농업이 공산품과 똑같이 다뤄지는 것을 원치 않는다."고 말해 아베 정권의 자유무역협정 정책에도 부정적인 입장임을 밝혔다. 거침없는 행보는 이뿐만이 아니다. 한류에 관심이 많은 것으로 알려진 아키에 여사는 페이스북에 한일관계 개선을 바란다는 취지의 글을 올려 일본에서 큰 화제가 되기도 했다.

그런데 〈주간겐다이〉 보도에 따르면, 이런 아키에 여사를 누구보다도 서늘한 눈초리로 바라보는 이가 있다고 한다. 바로 아베 총리의 어머니 아베 요코(85)다. 평생 정치가의 아내로서 '언제나 세 발짝 물러서서 남편의 그림자를 밟지 않아야 한다'는 소신으로 살아온 아베 요코 여사. 그녀의 가치관에서 볼 때, '아들의 의견에 당당히 제 목소리를 내는 며느리라니…' 도저히 이해할 수 없다는 것이다.

이런 가정 내의 갈등 조정자인 남편 아베의 입지는 어머니와 아내의 중간에서 한없이 어려운 상황이다. 어느 편에 설 수도 어느 편을 무시할 수도 없는 갈등조정자…

1. 갈등의 의미

갈등이란 인간관계에서 상대방에 대한 기대와 자신의 기대가 상호 불일치하면서 발생하는 심리적 불안상태를 말한다. 이러한 갈등은 처음에는 사소한 부분에서 발생하더라도 갈등상황이 지속되면 더욱 심화될 수밖에 없다. 이러한 갈등은 개인과 개인 사이에 일어날 뿐 아니라 조직과 개인, 그리고 조직과 조직 사이에도 일어난다.

다음의 대화를 보면 사소한 불만이나 비난이 시발점이 되어 갈등이 더욱 확대되는 상황을 발견하게 된다.

어머니: 얘, 싱크대 속에 처박혀 있는 접시들이 네가 먹은 것이냐?

아 들: 네.

어머니: 넌 어딘가가 잘못된 모양이구나. 식사 후 부엌 치우라는 말 한 번이면 될 것을 천 번은 말했을게다. 왜 말을 듣지 않니?

- 해석: 이 말 속에는 두 가지의 비난이 포함되어 있다. 어머니의 말을 듣지 않는다는 것과 자신이 해야 할 설거지를 하지 않았다는 두 가지 비난이다. 이 두 가지 비난의 내용은 어머니에겐 갈등을 일으키는 속상한 문제이지만, 아들에게는 어떠한 마음의 갈등도 없고 괴로움을 주지도 않는다는 것이다.

아 들: 에이 참! 싱크대에 접시 몇 개 있는 것이 뭐 그래요? 어머니는 사소한 일에 너무 신경질적이에요.

- 해석: 아들은 공격을 당했으므로 지금 어머니가 문제가 있다고 따지고 비난을 하고 있다.

어머니: 얘 봐라! 내가 신경질적인 데 대해 너한테 말들을 필요는 없어. 네가 걱정해야 할 일은 내가 말한 것을 듣고 그것을 행하는 것뿐이야.

- 해석: 어머니는 아들과의 상호관계는 무시하고 아들의 일방적인 수용과 실행을 강요하고 있다.

아 들: 들을만한 가치가 있음 당연히 그렇게 했을지도 몰라요.

- 해석: 아들은 이제 어머니의 이야기에 가치가 없다는 식의 판단을 내리게 된다.

이러한 어머니와 아들의 일상생활에서의 갈등뿐 아니라 사람은 인간관계의 여러 측면에서 갈등을 느끼고 산다. 이러한 갈등이 발생하는 기본적인 이유는 인간의 욕구가 다르다는 사실에 근거하는 경우가 많다. 상대방의 욕구는 쉽게 인식되지 못하는 경우도 있고 때로는 무시되기도 한다. 서로 기대하고 인식하는 상대방의 욕구가 상이할 때 갈등이 나타나며 갈등은 어떤 경우든지 스스로 해결될 기회는 거의 없으며, 사실은 종종 훨씬 더 큰 갈등으로 진전되기도 한다.

인간의 욕구는 서로 양립되기 어려운 경우가 많은 까닭에 우리는 갈등이 불가피하다는 것을 인식해야 한다(김인자, 1999: 304). 많은 사람들이 대학을 입학하면 행복할 것이라 믿고 어려운 고교생활을 감내한다. 부모는 자식들이 완전하고 이성적으로 자라주기를 기대하고, 자기의 직업에 만족하지 못하는 사람은 끊임없이 만족스러운 직업을 찾아다닌다. 외로운 사람은 친구를 찾고 애인을 찾는다. 그러나 어떠한 사람도 자신의 욕구를 항상 충족시킬 수 없기 때문에, 그리고 이러한 기대는 완전히 충족시킬 수가 없기 때문에 갈등이 발생한다.

이렇게 볼 때 갈등은 인간의 욕구 충족의 미비, 타인과의 욕구와 기대의 상이함에서 발생하는 불안한 심리적 상태나 사회적 상태라고 할 수 있다.

2. 갈등에 대한 이해의 변화

(1) 전통적 관점

갈등에 대한 전통적 관점은 1930년대와 1940년대에 보편적이었던 관점으로 갈등은 불필요한 것이며 해로운 것으로 보고 폭력, 파괴와 불합리성 등과 동의어로 파악하는 관점이다(Robbins, Stephen P., 1983: 337-338).

이러한 입장에서 메이요(E. Mayo)는 갈등을 일종의 악(惡) 또는 대인적 능력의 부족증(a symptom of the lack of social skills)으로 취급하고 협력만이 건강의 징후라고 하였다(Britz, Loren, 1960: 205; 박연호, 2000: 202). 즉 갈등이 없는 상태가 가장 이상적인 상태이며, 갈등은 해야 할 일의 명확한 규정, 관계에 대한 구체적 규정, 지위에 적합한 대상의 선발 및 훈련 등을 통해 제거될 수 있다고 믿었다. 다시 말해 갈등은 사회적 규범의 확립과 교육을 통해 해결될 수 있는 사회적 불합리로 인식되고 있다.

(2) 행태적 관점

행태적 관점은 갈등을 모든 집단과 조직에서 자연히 발생하는 것으로 보고 갈등은 불가피한 것이므로 이를 수용하는 입장을 취한다. 이런 관점에서 갈등이론은 1940년대에서 1970년대 중반까지의 갈등관을 대표한다.

조직구성원은 인간으로서 나름대로의 욕망이나 이해관계 때문에 충돌할 가능성을 충분히 갖고 있으며, 갈등은 인간 행태의 한 특성이라고 보는 입장이다. 더 나아가 행태적 관점은 갈등이 가끔 문제해결에 유용한 순기능을 발휘한다고 생각하고 이를 수용하는 입장을 취한다(Robbins, Stephen P., 1983: 290; 박연호, 2000: 203).

이러한 행태론적 갈등관은 갈등의 존재를 합리화하면서 갈등은 배제할 수 없는 것이며, 그것은 때때로 조직의 업무수행에 도움이 될 수도 있다고 보고 있다. 그러나 이 행태론적 관점은 기껏해야 갈등의 표면적인 수용만을 나타낼 뿐이다(박연호, 2000: 203).

(3) 상호작용적 관점

갈등에 관한 가장 신선한 관점은 행태론적 관점에서 한걸음 더 나아가 갈등을 고무하는 입장을 취하는 상호작용적 관점이다. 즉, 화목하고 평화스러우며 지나치게 협조적인 분위기에 젖어있는 조직은 변화와 쇄신의 요구에 대해 정태적이고 무반응적인 태도를 보이기 쉽다는 것이다(Robbins, 1983: 290).

이 새로운 관점은 조직 내에서 갈등은 피할 수 없는 것이며 때로는 필요한 것으로 보고 있다. 이는 갈등의 두 가지 기능을 인정하는 것으로, 한편으로는 조직을 활성화시키며, 효과적인 목표달성을 가능케 하고 조직의 혁신과 변화의 수단이 되며, 다른 한편으로는 구성원 개인이나 조직의 목표달성에 방해가 된다고 본다. 따라서 모든 갈등을 억제하거나 제거해서서는 안 되며, 그 해로운 점을 최소한으로 줄이고 이로운 점을 최대한으로 신장시켜 주어야 한다고 본다(Leonard, Rico, 1964: 67; 박연호, 2000: 203-204).

3. 갈등의 표출형태

갈등은 개인적으로 좌절이나 목표와 역할에 대한 혼동으로 인해 발생하기도 하고 대인관계에서 나타나기도 한며, 조직 내에서 기능이나 계층 간에 나타날 수도 있다. 더구나 이러한 갈등이 실제적으로 표출되는 형태는 다양하게 나타난다. 한 예로 공공조직과 개인 간에 목표갈등이 발생할 때 개인이 자기중심적이면서 자기를 표현하지 않는 비 자기표현을 할 때 우리는 '복지부동'이란 표현을 쓰기도 한다. 이러한 갈등의 표출형태는 다음과 같다.

앞에서 갈등이 인간의 욕구와 연관되어 있다는 설명을 한 바 있다. 사람들이 자신의 욕구가 충족되지 않을 때 행할 수 있는 방법은 여러 가지가 있다. 이를 일상적인 상황에서 살펴보기로 하자. 공동주택인 아파트에는 여러 가지 갈등 요인이 발생한다. 그 가운데 당신이 살고 있는 바로 아래층 집에서 기르는 애완견이 밤낮없이 큰 소리로 짖어 잠을 설치게 만들고 특히 더운 여름에 문을 열어놓을 경우 매우 신경을 거스르고 소리에 민감한 당신에게 독서나 업무에 집중할 수 없게 만든다고 가정해 보자. 더 이상 견딜 수 없어 이 상태에서 벗어나기 위한 방도를 생각해 본다면 다음과 같은 네 가지가 가능할 것이다(김인자, 1999: 305-310).

(1) 비 자기표현 행위

자기표현을 못하는 사람이 갈등을 처리하는 방법에는 두 가지가 있다. 한 가지 방법은 종종 자신의 필요나 욕구를 무시해 버리는 것이다. 예를 들면, 위 상황에서 창문을 닫고 더욱더 자신의 일에 집중함으로써 개 짖는 소리를 잊어버리려 할 것이다. 혹은 문제의 발생 자체를 무시해버릴 수도 있다. 즉 조그만 개 짖는 소리 정도는 아무 것도 아니라고 생각하는 것이다.

그러나 여러 가지 다른 경우도 있을 수 있기 때문에 아무런 일도 아닌 것처럼 잊어버리는 것, 즉 자신의 욕구나 필요를 무시해 버리는 것은 현실적인 일은 아닐 것이다. 예를 들어 누군가가 옆에서 담배를 피워 당신의 건강을 해롭게 할 때 당신이 앞의 예와 같이 침묵만을 지킨다면 자기 자신을 해치는 셈이 되는 것이다. 한편 강의실에서 교수님으로부터 더 많은 정보를 얻어야 할 필요가 있는데 잘 이해한 것처럼 행동한다면, 그로 인해 학습효과와 수준은 떨어질 수밖에 없을 것이다.

이러한 경우처럼 욕구가 충족되지 않았는데도 아무 것도 문제가 되지 않는다고 하면서 자신의 욕구를 무시하여 버리는 것, 다시 말해서 갈등을 혼자 삼키고 참는다면 이는 진정한 해결방법이 될 수는 없다.

자기표현을 못하는 사람이 갈등을 제거하는 두 번째 방법은 자신의 욕구가 충족되지 않는 상황에서 자신은 아무런 행동도 취하지 않으면서 문제가 스스로 해결되리라는 희망을 가지고 단순히 그 상황을 받아들이는 것이다. 예를 들면 앞의 경우에 아래층 사람이 자신의 개가 시끄럽다는 것을 알고 스스로 성대제거 수술을 하던가 아니면 개가 목이 아파 스스로 조용해지기를 바라는 것이다.

이러한 경우는 물론 가능한 것이지만 이 방법으로 문제가 해결되기를 기대하는 것은 비현실적인 일이다. 비록 이 방법으로 문제가 해결된다 하더라도 그렇게 운이 좋으리라고는 볼 수 없는 것이기 때문에 매사에 이러한 방법을 기대하는 것은 비현실적이라고 할 수 있다. 또 어떤 면에서는 자존심을 상하는 일이기도 하다. 따라서 자기표현을 포기하는 것은 바람직한 갈등해소의 방법이 아니라는 점은 명백하다.

(2) 직접 공격

비 자기표현을 통한 갈등해소 방법을 택한 사람이 위와 같이 소극적인 행동을 하는 반면에 공격적인 사람은 지나친 행동을 감행하게 된다. 이러한 공격적인 행동의 결과로 흔히 나타나는 것은 분노와 자기방어이다. 갈등에 대한 직접 공격은 자신이 가진 수단을 동원해 갈등에 적극적이고 직접적인 처방을 내리는 것을 말한다. 예를 들면 공동주택에서는 애완견을 기르지 못한다는 법규를 내세워 아래층을 방문해 직접 따지거나 고발을 하는 것이다.

이러한 법적 권리를 시행하면 자신에게는 곧 바로 평화가 찾아오겠지만 불행히도 이런 행동으로 말미암아 이웃과는 한동안 대화가 중단될 것이고 혹시 엘리베이터라도 같이 탄다면 매우 어색한 순간을 맞이할 수밖에 없을 것이다. 더구나 주위로부터 사소한 문제로 법을 들먹이는 사람이란 비난을 받을 가능성도 있는 것이다. 이와 같은 직접적이고 공격적인 갈등해결 방법은 상대방의 적개심을 유발시킬 가능성이 크기 때문에 바람직한 방법이라고 할 수는 없다.

(3) 간접 공격

심리학자 조지 바하(George Bach)는 그의 글 중에 '미치게 만드는(crazy making)'이란 표현을 자주 쓴다. 미치게 만든다는 감정은 원한이나 분노를 직접 표현할 수 없을 때 나타난다. 미치도록 화가 나게 만드는 사람은 불쾌 감정을 속으로 감추고 얼굴에는 친절한 표정을 나타내면서 교묘하고 간접적인 방법으로 공격적인 의사표시를 하는 사람이다. 그러나 겉으로만 부드럽게 나타난 분노는 오래 유지될 수 없으며 대상자에게는 결국 배반감에 대한 노여움을 갖게 만들고 결국 상대방도 공격적인 자세로 변하거나 혹은 손상된 감정을 갖고 물러설 수도 있을 것이다. 어떤 경우이던 이러한 간접적인 공격 형태는 인간관계에 손실을 초래하게 된다.

앞에 예로 든 아래층의 개를 생각한다면, 나는 내 이웃과 그 개에게 여러 가지 간접적인 공격 형태를 취할 수 있다. 한 가지 방법으로는 익명으로 관리사무소에 건의를 하거나 사법당국에 고발을 하고 만일 개가 끌려가거나 주인이 과태료를 내면 이웃으로서 동정을 표시하는 것이다. 혹은 이웃에게 불평을 털어놓음으로써 개 주인에게 전달되게 하고 개 주인이 개를 조심시키게 하는 것이다. 개 주인과 우정 어린 이야기를 나누면서 전에 살던 곳에서 겪은 지독한 이웃에 대하여 어떤 분별없이 개를 제멋대로 놔두었기 때문에 온 동네가 개 짖는 소리로 시끄러웠다는 얘기나 혹은 한밤에 시끄러운 음악소리로 모두가 괴로웠던 이야기를 들려주는 것이다.

이러한 간접적인 방법은 일면 성공적인 것 같지만 다음과 같은 문제가 있다. 우선 간접적인 표현이 아무런 효과를 발휘하지 못하는 경우도 있을 수 있다. 이전의 경험에 대해 그러냐고 반응을 보이면서 아무런 조치를 취하지 않는 것이다. 두 번째 문제는 이러한 간접적인 공격방법이 근시적으로 볼 때는 성공적인 것일 수는 있어도 장기적인 안목으로는 그렇지 못한 결과를 가져올 수 있다는 것이다. 일시적인 협박으로 개를 조용히 만들 수는 있지만 개 주인은 복수의 수단으로 자신이 간접적인 공격을 해올 수도 있다. 또한 이러한 간접적인 공격방법은 순순한 인간관계를 맺을 기회를 박탈해 버릴 수 있다는 문제가 있다. 개 주인을 하나의 방해물로만 생각하고 그를 문제해결의 동참자로 만들 기회를 없애 버린다는 점이다.

(4) 자기표현

자기표현을 올바르게 하는 사람은 다른 사람을 비난하거나 지시하는 일이 없이 분명하고 직접적인 표현으로 자신의 욕구나 생각, 감정 등을 표현함으로써 능숙하게 갈등을 풀어가는 사람이다. 이러한 직접적인 표현을 통한 갈등 해소는 모든 사람을 만족시키면서 문제를 해결해나갈 수 있다. 직접적인 자기표현이 물론 항상 원하는 바를 얻게 되는 것은 아니지만 적어도 그렇게 할 수 있는 최선의 기회는 얻을 수 있게 된다. 그리고 비록 욕구가 완전히 충족되지는 못한다 해도 이러한 방법은 요구하는 사람이나 그것을 듣는 사람의 자존심을 유지시켜준다.

따라서 이렇게 자기표현을 원만하게 처리할 줄 아는 사람은 갈등을 처리해나감에 있어, 그 과정에서 느끼는 불쾌한 감정은 배제되고 있음을 경험하게 된다.

이상의 네 가지 갈등에 대처하는 표현 방식을 도표로 정리하면 다음과 같다.

표 6-1 갈등에 대한 대응 형태

	비자기표현형	직접공격형	간접공격형	자기표현형
상대방에 대한 접근방식	자신은 옳지 않으나 상대방은 옳다.	자신은 옳으나 상대방은 옳지 않음.	자신은 옳으나 상대방은 옳지 않음(그러나 상대방으로 하여금 옳지 않다고 생각하도록 만듦).	자신도 상대방도 다 옳음.
의사결정	상대방이 선택하게 둠.	상대방을 위해 선택, 상대방은 그 사실을 알고 있음.	상대방을 위해 선택, 상대방은 그 사실을 모름.	자신을 위해 선택.
자부심	낮음.	높거나 낮음.	높게 보이나 대체로 낮음.	대체로 높음.
행동	도피, 굴복.	노골적인 공격.	은폐, 공격.	직접 대면.
상대편의 반응	죄책감, 분노, 좌절, 불평.	마음의 상처, 방어태세, 수치심.	당황, 좌절, 감정조작.	상호존중.
성공 양상	운 또는 상대방의 관용에 의존.	상대방으로 하여금 지지하게 함.	조작에 의한 승리.	완전한 승리 또는 손해가 없는 해결책을 시도함.

출처: S. Phelps & N. Austin.(1974). The Assertive woman, 박연호.(2000), p.310

4. 갈등 유형에 대한 자기 진단

갈등 상황에서 갈등에 대처하는 유형은 상대와의 관계와 자신의 주체성에 따라 경쟁형, 순응형, 회피형, 타협협 및 통합형의 다섯 가지의 유형으로 나뉜다. 이에 대한 설명 이전에 개인적으로 어떠한 유형에 속하는지 자기진단을 해보는 것도 좋은 방법이다.

갈등관리 진단지

아래에는 갈등을 관리하는 방안들이 제시되어 있습니다. 다음의 각 문장을 읽고 각 문장 내용이 갈등상태에 있을 때 당신의 행동이나 마음을 얼마나 잘 나타내주는지 그 정도를 아래에서 골라 빈칸에 숫자를 적으시오.

1 = 완전히 불일치　　2 = 거의 불일치
3 = 약간 일치　　4 = 상당히 일치
5 = 매우 일치

______ 1. 싸움을 하다가 그만두는 것보다는 처음부터 싸움을 피하는 편이 더 낫다.

______ 2. 만약 당신이 생각하는 대로 상대방이 움직이지 않는다면, 당신 생각대로 상대방이 행동하도록 즉각 요구한다.

______ 3. 부드러운 말은 얼어붙은 마음을 녹인다.

______ 4. 오는 정이 있어야 가는 정이 있다.

______ 5. 같이 모여 논리적으로 따져본다.

______ 6. 무서워서 피하나, 더러워서 피하지.

______ 7. 힘이 정의다.

______ 8. 누가 오른뺨을 때리면 왼뺨도 내주어라.

______ 9. 전혀 못 먹는 것보다는 반이라도 먹는 편이 낫다.

______ 10. 다수가 동의한다고 해서 진실이 되는 것은 아니다. 진실은 최선의 결정을 내리기 위해 노력하는 과정에서 얻어진다.

______ 11. 싸우면서까지 얻어야 할 만큼 중요한 것은 이 세상에 없다.

______ 12. 세상에는 두 종류의 사람이 있다. 승자가 아니면 패자다.

______ 13. 지는 것이 이기는 것이다.

______ 14. 공평하게 나누어 가진다면 분쟁은 생기지 않을 것이다.

______ 15. 완벽한 대안을 가진 사람은 아무도 없다. 다만 모든 사람이 적극적으로 참여함으로써 해결이 가능해진다.

______ 16. 의견이 맞지 않는 사람과는 더 이상 사귀지 말자.

_____ 17. 자신의 입장을 계속 고수하면 결국에는 승리할 것이다.

_____ 18. 말 한마디로 천 냥 빚을 갚는다(이왕이면 좋은 말로 하자).

_____ 19. 상대방이 내게 하는 만큼 해주는 것이 정당하다.

_____ 20. 하나하나 파헤쳐 나가다 보면 진실은 밝혀진다.

_____ 21. 싸우면 당신의 인생만 비참하게 만들 뿐이니, 사람들과 싸우는 것을 피하는 것이 좋다.

_____ 22. 끝까지 버티면 상대방이 물러서게 될 것이다.

_____ 23. 부드러운 말은 조화를 이루게 할 것이다.

_____ 24. 서로 절반씩 양보하다 보면 공정한 관계가 유지될 수 있다.

_____ 25. 갈등은 직접적이고 공개적으로 처리하는 것이 좋다. 그러면 최상의 해결책을 구할 수 있을 것이다.

_____ 26. 갈등을 처리하는 최상의 방법은 그것을 피하는 것이다.

_____ 27. 자신의 입장을 고수하고 단호하게 행동하라.

_____ 28. 웃는 얼굴에 침 못 뱉는다(공손하게 대해주면 상대방도 더 이상 화를 내지는 못할 것이다).

_____ 29. 조금 양보해서 원하는 것을 조금이라도 얻는 편이 이익이다.

_____ 30. 솔직하고 정직하게 그리고 상대방을 신뢰함으로써 문제는 해결될 수 있다.

갈등전략 채점표

타입 A	타입 B	타입 C	타입 D	타입 E
1 _____	2 _____	3 _____	4 _____	5 _____
6 _____	7 _____	8 _____	9 _____	10 _____
11 _____	12 _____	13 _____	14 _____	15 _____
16 _____	17 _____	18 _____	19 _____	20 _____
21 _____	22 _____	23 _____	24 _____	25 _____
26 _____	27 _____	28 _____	29 _____	30 _____
합계 _____	합계 _____	합계 _____	합계 _____	합계 _____

5. 갈등의 유형과 갈등관리 전략

필레이(Filley, 1975)는 대인갈등의 긍정적 가치를 들어 현재의 갈등은 미래의 보다 심각한 갈등을 미연에 방지할 수 있는 기회를 제공하고, 참여자들에게 새로운 시각이나 태도 및 행동양식을 제공해 준다고 한다. 또한 긍정적이고 협력적인 방법으로 갈등을 관리하는 사람은 대체로 상대방으로부터 적절하고 효과적인 사람으로 지각되는 반면 상대방의 입장은 고려하지 않고 자신의 목적만을 달성하려는 경쟁적인 전략을 구사하는 사람은 그 상황에서 효과적일 수는 있으나 적절하지 못한 것으로 지각될 수 있다(Gross, 1998; Gross & Guerrero, 2000). 이처럼 갈등의 결과가 긍정적인가 부정적인가는 갈등을 관리하는 방법에 의해 결정된다. 따라서 갈등 자체가 문제시되는 것이 아니라 갈등에 어떻게 대처하고 이를 해결하는가의 갈등관리 전략이 보다 중요한 것이다.

갈등상황에서 전략이란 참여자가 대인갈등을 효과적으로 관리하기 위해 선택하는 의도적인 커뮤니케이션 방법을 말한다(Cupach & Canary, 1997). 로빈스(Robbins, 1974)는 갈등이 긍정적인 잠재력을 실현시킬 수 있는가의 여부가 갈등이 관리되거나 해결되는 방법에 의존한다고 강조하였으며, 이러한 중요성 때문에 갈등관리에서 갈등관리 유형에 대한 논의는 매우 중요한 위치를 차지하고 있다.

조직갈등을 연구한 푸트남과 윌슨(Putnam & Wilson, 1982)은 조직의사소통 갈등도구(OCCI: Organizational Communication Conflict Instrument)를 개발하여 해결지향적(solution-oriented), 통제(control), 회피(nonconfrontation)의 세 가지 형태의 전략, 즉 갈등대응 유형을 제시하였다. 실라즈(Sillars, 1980)는 부부나 대학생 집단의 대인갈등을 측정하기 위해 두 가지 차원, 직접성/노출성 차원과 경쟁차원을 기준으로 세 가지 갈등전략인 통합전략, 분배전략, 회피전략을 유형화하였다. 알렉산더(Alexander, 2000)는 갈등해결유형을 친구와의 갈등해결유형과 부모와의 갈등해결유형으로 구분하여 제시하였다. 친구와의 갈등해결유형은 공격유형(attacker), 협력유형(compromise), 회피유형(avoidance)의 세 가지 유형으로 범주화하였다.

그러나 앞의 갈등 유형 진단지는 갈등관리 전략에 있어 두 가지의 차원인 개인적 목표성취와 타인과의 관계유지를 축으로 다섯 가지 갈등대처 유형을 알아보기 위한 것이다.

1) 회피형

회피형은 인간관계상의 목표와 개인의 성취목표를 모두 포기하는 대응태세를 말한다. 갈등이 야기되는 문제를 멀리하며 갈등을 야기하는 대상들로부터 멀리 떨어져서 행동한다. 갈등에 대하여 노력해봐야 소용없다는 생각을 갖고 있다. 육체적으로나 심리적으로 갈등에 대처하기보다는 문제상황을 피해보려는 형태다.

갈등이 사소할 때, 감정이 고조되어서 진정시킬 시간이 필요할 때, 갈등을 해소함으로써 얻는 이익보다 손실이 더 클 때 회피전략은 효과적일 수 있다. 그러나 갈등의 밑바닥에 깔린 이해관계나 의심, 오해는 사라진 것이 아니며 실제로는 증가될 수도 있다.

2) 강요형

강요형은 갈등해결에 있어서 지나치게 힘으로 상대방을 강요함으로써 그 갈등을 해결하려는 유형이다. 강요형의 사람이 가진 목표는 자신에게 매우 중요한 것이며, 인간관계에 대해서는 별로 중요하게 생각하지 않는다. 강요형의 사람은 최선을 다해서, 수단과 방법을 가리지 않고 자신의 목표를 달성하려고 한다. 이러한 유형의 사람은 상대방의 욕구가 무엇인지 상관하지 않으며, 상대방이 그것을 선호하는지 혹은 수용하는지에 관심을 가지지 않는다. 갈등의 해결은 승패를 나눔으로써만 가능하다고 생각한다. 강요형의 사람은 승자가 되고 싶어 하며 승리하는 것이 갈등을 해결하는 것이라고 믿는다. 승리는 자부심과 성취감을 가져다주며, 패배는 허약함, 부당함, 그리고 실패만을 의미하는 것이다. 상대방을 공격하고, 제압하고, 협박함으로써 승리를 쟁취하고자 하는 것이다.

3) 순응형

순응형은 인간관계는 매우 중요한 것으로 여기는 반면 개인이 성취해야 할 목표는 사소한 것으로 취급한다. 이러한 유형의 사람은 타인으로부터 수용되고 애호받기를 원한다. 순응형은 갈등을 조화롭게 피해가야 할 것으로 생각하고 있으며, 갈등은 인간관계에 피해를 주지 않고서는 해결될 수 없다고 생각한다. 그들은 만약 갈등이 지속된다면 누군가 상처를 입게 될 것이며, 관계는 단절되고 말 것이라는 것을 두려워하고 있다. 순응형의 사람은 인간관계를 보존하기 위하여 자신의 목표를 포기하고 만다.

순응형은 “당신이 나를 좋아할 수 있도록 나의 목표를 포기하고 당신이 원하는 바를 당신이 갖게 될 수 있도록 하겠습니다.”라고 말한다. 순응형의 사람은 인간관계에 상처받게 되는 것을 두려워하며 갈등에 유연하게 대처하려고 한다. 갈등의 대상이 되는 쟁점이 자신에게 중요하지 않을 때, 나중의 쟁점을 위해 신뢰를 구축하고자 할 때, 효과적일 수 있다. 그러나 만약 문제해결을 위해 너무 많은 것을 포기한다면 후회만 쌓일 수도 있다.

4) 타협형

타협형은 상대방과의 관계와 자신의 목표를 적절한 수준에서 고려한다. 즉, 타협점을 찾으려 한다. 여유형의 사람들은 자신의 목표 중 일부분을 포기하면서 갈등을 겪고 있는 상대방에게 그의 목표 중의 일부분을 포기하도록 설득한다. 타협형은 양자가 조금씩 획득하는 방식으로 갈등을 해소하고자 한다. 즉 양극단의 중간지점을 찾는 것이다. 타협형은 공동의 이익을 위한 합의점을 찾기 위하여 자신의 목표와 관계 중의 일부를 기꺼이 희생하려고 한다.

갈등관계에 있는 양측이 동일한 권력을 가지고 있을 때, 복잡한 쟁점에 대해 일시적인 해결책을 얻는 것이 바람직할 때, 시간 압력이 클 때 효과적일 수 있으나, 어느 편도 승자가 되지 못하여 불만은 계속되고 갈등은 재발할 수 있다는 단점이 있다.

5) 협력형

협력형은 자신의 목표와 타인과의 관계 모두에 매우 높은 가치를 두고 있다. 협력형의 사람에게 있어서 갈등이란 자신의 목표와 갈등하고 있는 상대방의 목표 둘 다를 성취할 수 있는 해결책을 모색하며, 그것을 해결해야 할 문제라고 생각한다. 협력형은 갈등을 두 사람 간의 긴장을 감소시킴으로써 관계를 증진시킬 수 있는 계기라고 생각한다. 그들은 문제로서의 갈등을 명확히 하고자 토론을 시작한다. 자신과 상대방 둘 모두를 만족시키는 해결책을 모색함으로써 협력형의 사람은 인간관계를 유지시킨다.

협력형의 사람은 그들 자신의 목표와 상대방의 목표 모두를 성취할 수 있는 해결책을 발견할 때 비로소 만족을 느끼게 된다. 그리고 긴장과 부정적인 감정이 완전히 해소될 때라야 문제가 해결되었다고 여긴다.

시간 압력이 최소일 때, 모든 사람이 '윈-윈'의 해결책을 원할 때, 타협하기에는 쟁점이 너무 중요할 때 매우 효과적인 갈등관리 전략이 될 수 있다. 가장 많은 시간을 할애해야 하거나 기술적인 어려움이 있을 수도 있으나, 쌍방이 승자가 되게 하는 방법이다.

대개 사람들이 갈등에 대처하면서 이러한 다섯 가지 유형 중 어느 하나에만 집착하지는 않는다. 갈등사례에 따라, 그리고 상황에 따라 다르게 나타나겠지만 그럼에도 불구하고 특정적인 사람에게 어느 전략이 보다 많이 사용된다는 경향이 나타난다. 이러한 경향에 따라 자신의 갈등해소 방법에 문제점이 없는지 살펴보고 이를 해소하는 노력이 필요하다. 갈등관리 능력의 개발은 구체적으로는 의사소통 방식으로 표출되며 필요한 의사소통 방식의 개발을 통해 갈등관리 능력을 개발할 수 있다.

특히 자기표현의 방식이나 상대방이 요구하는 내용을 효과적으로 처리하는 대화의 기술은 갈등관리에 있어 매우 중요한 기술이 된다. 따라서 갈등관리를 위해 자신의 대응유형과 의사소통 방식의 특징을 잘 이해하고 이에 따른 적절한 자기 계획을 세우는 것이 필요할 것이다. 그러나 무엇보다 인간관계에서, 그리고 조직생활과 사회생활에서 갈등은 필연적으로 발생할 수밖에 없다는 사실과 갈등관계 속의 사람을 모두 적으로 만들고 살 수는 없으며 이들과 함께 살기 위해 어떻게 대처하고 건설적으로 해결할 것인가를 고민하고 하나의 행동지침이라도 설정해 보아야 한다.

보다 효과적으로 갈등관리 기술을 습득하기 위해서 갈등을 일으키는 상대뿐 아니라 자신에 대해서도 객관적인 지식이 필요하다. 그리고 갈등으로 인해 생긴 상황과 선택 대안에 대해 객관적으로 인식하고 있어야 한다. 이를 위해 1) 자신의 갈등처리 기술의 수준을 파악하고, 2) 처리하기 원하는 갈등을 신중하게 선택하며, 3) 갈등 상대자에 대한 객관적인 정보와 판단을 하고, 4) 갈등의 원인을 명확히 밝혀야 한다. 이러한 전제하에 갈등관리 전략을 설정하고 실천하는 것이 바람직할 것이다.

용어해설

- **행태론(behaviorism)** : 의식이나 의식의 대상, 의식의 과정 등은 과학적 연구가 불가능하다고 생각하고 인간의 측정 가능한 행태, 즉 행동과 비행동의 표현을 측정하여 인간 내면의 행동의 원칙을 찾아내려는 입장을 말한다. 인간 내면의 의식인 욕구가 외부의 행태로 표출되며 이러한 행태에는 법칙이 있다고 본다. 따라서 인간 내면의 욕구의 갈등이 외형으로 표출되면서 각기 다른 사람들의 욕구는 충돌을 빚을 수밖에 없고 따라서 인간관계에 있어서 갈등은 필연적으로 존재한다고 한다.
- **윈-윈(win-win)** : 윈윈은 경쟁이나 갈등관계에서 어느 한쪽이 승리하면 다른 편이나 나머지는 패자가 되어 어느 한쪽의 이익이 다른 편의 손해로 나타난다는 제로섬(zero-sum)의 반대말이다. 윈윈전략이란 거래 상대방과의 교류에서 서로의 장점만을 취하는 전략으로 경쟁이나 갈등관계에서 공존하면서 결과적으로 양측의 장점이 발휘되어 시너지효과(synergy effect)를 가져오는 것을 말한다. 양측의 장점의 단순 합 이상의 결과가 도출될 때 윈윈전략의 성공이라고 할 수 있다.

탐구문제

1. 주위에서 최근에 겪었던 갈등사례를 설명하고 이러한 갈등사례가 효과적이고 건설적으로 관리되지 못한 점이 무엇인지 당사자의 능력개발의 관점에서 설명해 보시오.
2. 사례 연구의 다섯 가지 갈등관리 유형을 동물에 비유한다면 어떤 동물로 표현될 수 있는지 다섯 가지 동물의 종류를 설정해 보시오.
3. 갈등관리에서 조정자는 누가 되어야 하며, 조정자의 가장 중요한 역할은 무엇이라고 생각하는가?
4. 갈등없는 사회는 가능한가? 아니면 갈등은 정말 완전히 해소될 수 있는 것인가?

참고문헌

박연호(2000). 현대인간관계론. 박영사.

Britz, L.(1974). *Managing Organizational Conflict.* Englewood Cliffs, NJ: Prentice-Hall.

Cupach, W. R. & Canary, D. J.(1997). *Competence in interpersonal conflict.* NY: Mcgraw-hill.

Gross, M. A.(1998). *Conflict Management orientation, Interpersonal competency, Verbal argumentativeness, and verbal aggressiveness.* Doctoral Dissertation, Arizona State University.

Gross, M. L. & Guerrero, L. K.(2000). Managing appropriately and effectively: An application of the competence model to Rahim's organizational conflict styles. *International Journal of Conflict Management, 11*, 200-226.

Robbins, S. P.(1974). Managing Organizational Conflict: A Nontraditional Approach, Englewood Cliffs, NJ: Prentice-Hall management and conflict resolution are not synonymous terms. California Management Review, 21, 67-71.

Robbins, S. P.(1983). *Organization Theory: The Structure and Design of Organizations*. Englewood Cliffs, NJ: Prentice-Hall.

Adler, Ronald B. 지음, 김인자 역.(1999). 인간관계와 자기표현. 한국심리상담연구소.

Chapter 07

정서와 인간관계

1. 정서 종류
2. 정서와 대인행동
3. 정서 자각
4. 분노를 다루는 방법

정서조절 방략검사 1)

다음 문항들은 사람들이 일상생활 중에서 겪는 불쾌한 감정을 감소하기 위해서 동원하는 다양한 노력을 나열한 것입니다. 각 문항들을 주의 깊게 읽고, 평소 여러분이 부정적이거나 불쾌한 일을 경험할 때 보이는 모습을 가장 잘 나타내는 정도를 숫자로 표시하십시오.

거의 그렇지 않다 가끔 그렇다 때때로 그렇다 자주 그렇다 거의 항상 그렇다

0 —— 1 —— 2 —— 3 —— 4 —— 5 —— 6

1.	처한 상황이나 문제를 합리적으로 생각하려 노력한다.	( )
2.	문제해결을 위해 도움을 줄 수 있는 사람에게 구체적인 도움을 부탁한다.	( )
3.	일어나버린 상황에 대해 어쩔 수 없음을 받아들인다.	( )
4.	내가 어떻게 느끼는지 누군가에게 이야기한다.	( )
5.	왜 이런 기분을 느끼게 되었는지 이해하려고 노력한다.	( )
6.	상대방이나 주변 사람들에게 화를 낸다.	( )
7.	스스로에게 괜찮다고 말한다.	( )
8.	느껴지는 감정을 부정하지 않고 수용하려 한다.	( )
9.	행복했던 기억을 떠올려 본다.	( )
10.	처한 상황이나 문제의 부정적인 측면에 대해 반복적으로 생각한다.	( )
11.	부정적인 것은 잊어버리려 노력한다.	( )
12.	그 일의 원인이 기본적으로 다른 사람에게 있다고 생각한다.	( )
13.	이 일을 달리 해석해 볼 수 없는지 생각해 본다.	( )

1) 출처: 이지영(2012). 정서조절코칭북. 서울: 시그마프레스

14.	처한 상황이나 문제를 개선하거나 해결하기 위한 구체적인 일을 실행에 옮긴다.	( )
15.	누군가 나를 이해하고 위로해 주길 바란다.	( )
16.	불쾌한 기분에서 벗어날 수 있도록 즐거운 장소에 간다.	( )
17.	혼자 있거나 안전한 장소에서 소리를 크게 질러본다.	( )
18.	처한 상황이나 문제와 관련 없는 다른 일을 생각한다.	( )
19.	지금 하고 있는 행동이나 생각이 나에게 얼마나 도움이 될 것인지 생각해 본다.	( )
20.	처한 상황이나 문제에 대해 무언가 구체적인 일을 할 수 있는 사람과 이야기한다.	( )
21.	폭식을 한다.	( )
22.	나쁜 상황은 금방 지나갈 거라고 스스로에게 말한다.	( )
23.	나를 행복하게 하는 것들을 떠올려 본다.	( )
24.	주변 사람들에게 짜증을 낸다.	( )
25.	평소 좋아하는 사람을 만나 시간을 보낸다.	( )
26.	앞으로 일어날 일에 대해 자꾸만 안 좋은 쪽으로 생각한다.	( )
27.	일은 이미 일어났고 어떻게든 달라질 수 없음을 받아들이려 한다.	( )
28.	그 일이 다른 사람 잘못이라고 생각한다.	( )
29.	담배를 피운다.	( )
30.	처한 상황이나 문제를 보다 나은 방향으로 해결할 수 있도록 차근차근 행동을 취한다.	( )
31.	혼자 있거나 안전한 장소에서 화장지나 종이 등의 물건을 찢거나 부수면서 불쾌한 감정을 해소하려 한다.	( )
32.	성적 행위(자위나 성관계 등)를 한다.	( )
33.	음식을 마구 먹어댄다.	( )
34.	상황이 왜 잘 진행되지 않았는지 평가한다.	( )
35.	내가 겪은 일이 얼마나 끔찍한지 계속 생각한다.	( )
36.	기분을 전환하기 위해 산책이나 드라이브를 한다.	( )
37.	자신에게 위안이 되는 말을 되뇌인다.	( )
38.	마음이 편안해지거나 기분이 좋아지는 자연경관을 머릿속에 그려본다.	( )
39.	처한 상황이나 문제가 다른 사람의 탓이라고 생각한다.	( )
40.	불쾌한 감정을 충분히 느끼려고 한다.	( )

41.	상대방이나 주변 사람들에게 내 감정을 정확하게 표현하려 한다.	( )
42.	안 좋은 일이 일어나게 될지 모른다고 계속해서 걱정한다.	( )
43.	편한 친구나 가족을 만난다.	( )
44.	불쾌한 감정을 있는 그대로 받아들이려고 한다.	( )
45.	처한 상황으로부터 배울게 있을 거라 생각한다.	( )
46.	과거에 기분을 좋게 해주었던 활동을 한다.	( )
47.	어떻게 하는 것이 좋을지 선배나 권위자에게 조언을 구한다.	( )
48.	혼자 있거나 안전한 장소에서 욕이나 심한 말을 함으로써 불쾌한 감정을 해소하려 한다.	( )
49.	처한 상황이나 문제를 잘 처리할 수 있는 방법을 취한다.	( )
50.	상황이 다르게 전개되었더라면 하는 생각을 반복적으로 한다.	( )

51.	이미 일어난 일이라는 사실을 받아들인다.	( )
52.	처한 상황을 변화시킬 수 있는 방법에 대해 생각해본다.	( )
53.	그 일에 대해 다른 사람의 책임이라고 생각한다.	( )
54.	다른 사람에게서 공감이나 이해를 구하려 한다.	( )
55.	취할 때까지 술을 마신다.	( )
56.	상대방이나 다른 사람들에게 자꾸 시비를 건다.	( )
57.	불쾌한 감정을 유발했던 대상이나 상황을 반복해서 생각한다.	( )
58.	문제를 해결하기 위해 구체적인 행동을 취한다.	( )
59.	컴퓨터 게임을 한다.	( )
60.	친구와 함께 즐겁고 유쾌한 활동을 한다.	( )

61.	그 일에 대해 너무 깊이 생각하지 않으려고 한다.	( )
62.	과거에 즐거웠던 일들을 생각해본다.	( )
63.	처한 상황이나 문제와 관련해 내가 실수하거나 잘못한 점들을 계속해서 떠올린다.	( )
64.	앞으로 어떻게 할지 행동에 대한 계획을 세운다.	( )
65.	불쾌한 감정에 대해 부정하지 않고 받아들이려 한다.	( )
66.	처한 상황이나 문제에 대해 무엇을 할지 다른 사람에게 조언을 구한다.	( )
67.	친밀한 사람과 함께 시간을 보낸다.	( )
68.	내게 어떤 문제가 있을 거라는 생각을 반복한다.	( )
69.	필요 이상으로 많이 먹는다.	( )

나의 정서 조절 방략 프로파일

이름__________

능동적으로 생각하기	수동적으로 생각하기	인지적으로 수용하기	부정적으로 생각하기	타인 비난하기	즐거운 상상하기	감정표현하고 공감얻기	감정수용하기	타인에게 분출하기	안전한 상황에서 분출하기	문제해결행동취하기	조언·도움구하기	친밀한 사람만나기	기분전환활동하기	폭식하기	탐닉활동하기

인지적 방법	체험적 방법	행동적 방법

정서 조절 방략 검사 채점

① 각 정서 조절 방법의 원점수를 구한다.

다음은 각 정서 조절 방법에 해당하는 문항들의 번호를 나열한 것입니다. 해당하는 문항에 여러분이 체크한 점수를 확인하고 그 점수를 합산하십시오. 각 정서 조절 방법의 원점수는 해당하는 문항들의 점수 총점입니다.

A. 인지적 방법 = 가 + 나 + 다 + 라 + 마

인지적 방법에 해당하는 세부 정서 조절 방법은 다음과 같이 다섯 가지입니다. 다섯 가지 방법의 점수를 먼저 구한 다음, 그 점수를 다시 합산하면 인지적 방법의 점수가 됩니다.

가. 능동적으로 생각하기 = 1번+5번+13번+19번+34번+45번+52번+64번 (　점)

나. 수동적으로 생각하기 = 7번+11번+18번+22번+37번+61번 (　점)

다. 인지적으로 수용하기 = 3번+27번+51번 (　점)

라. 부정적으로 생각하기 = 10번+26번+35번+42번+50번+57번+63번+68번 (　점)

마. 타인 비난하기 = 12번+28번+39번+53번 (　점)

B. 체험적 방법 = 가 + 나 + 다 + 라 + 마

체험적 방법에 해당하는 세부 정서 조절 방법은 다음과 같이 다섯 가지입니다. 다섯 가지 방법의 점수를 먼저 구한 다음, 그 점수를 다시 합산하면 체험적 방법의 점수가 됩니다.

가. 즐거운 상상하기 = 9번+23번+38번+62번 (　점)

나. 타인에게 공감이나 위안 얻기 = 4번+15번+41번+54번 (　점)

다. 감정 수용하기 = 8번+40번+44번+65번 (　점)

라. 타인에게 부정적 가정 분출하기 = 6번+24번+56번 (　점)

마. 안전한 상황에서 부정적 감정 분출하기 = 17번+31번+48번 (　점)

B. 행동적 방법 = 가 + 나 + 다 + 라 + 마 + 바

행동적 방법에 해당하는 세부 정서 조절 방법은 다음과 같이 여섯 가지입니다. 여섯 가지 방법의 점수를 먼저 구한 다음, 그 점수를 다시 합산하면 행동적 방법의 점수가 됩니다.

가. 문제해결 행동 취하기 = 14번+30번+49번+58번 (　점)

나. 조언이나 도움 구하기 = 2번+20번+47번+66번 (　점)

다. 친밀한 사람 만나기 = 25번+43번+67번 (　점)

라. 기분전환 활동하기 = 16번+36번+46번+60번 (　점)

마. 폭식하기 = 21번+33번+69번 (　점)

바. 탐닉 활동하기 = 29번+32번+55번+59번 (　점)

② 각 정서 조절 방법의 환산 점수를 구한다.

①에서 구한 정서 조절 방법들의 원점수를 서로 비교할 수 있도록 백분위 환산점수로 변환합니다. 계산 방법은 ①에서 구한 해당 정서 조절 방법의 원점수를 다음의(　)에 넣어서 계산하면 됩니다.

A. 인지적 방법 = $100 \bowtie \frac{[\text{인지적 방법의 원점수: \_\_\_\_}]}{174}$ = (　점)

가. 능동적으로 생각하기 = $100 \bowtie \frac{[\quad]}{48}$ = (　점)

나. 수동적으로 생각하기 =$100 \bowtie \frac{[\quad]}{36}$ = (　점)

다. 인지적으로 수용하기 = $100 \bowtie \frac{[\quad]}{18}$ = (　점)

라. 부정적으로 생각하기 = 100 ⋈ $\frac{[\qquad]}{48}$ = (점)

마. 타인 비난하기 = 100 ⋈ $\frac{[\qquad]}{24}$ = (점)

B. 체험적 방법 = 100 ⋈ $\frac{[\qquad]}{108}$ = (점)

가. 즐거운 상상하기 = 100 ⋈ $\frac{[\qquad]}{24}$ = (점)

나. 타인에게 공감이나 위안 얻기 = 100 ⋈ $\frac{[\qquad]}{24}$ = (점)

다. 감정 수용하기 = 100 ⋈ $\frac{[\qquad]}{24}$ = (점)

라. 타인에게 부정적 가정 분출하기 = 100 ⋈ $\frac{[\qquad]}{18}$ = (점)

마. 안전한 상황에서 부정적 감정 분출하기 = 100 ⋈ $\frac{[\qquad]}{18}$ = (점)

B. 행동적 방법 = 100 ⋈ $\frac{[\qquad]}{132}$ = (점)

가. 문제해결 행동 취하기 = 100 ⋈ $\frac{[\qquad]}{24}$ = (점)

나. 조언이나 도움 구하기 = 100 ⋈ $\frac{[\qquad]}{24}$ = (점)

다. 친밀한 사람 만나기 = 100 ⋈ $\frac{[\qquad]}{18}$ = (점)

라. 기분전환 활동하기 = 100 ⋈ $\frac{[\qquad]}{24}$ = (점)

마. 폭식하기 = 100 ⋈ $\frac{[\qquad]}{18}$ = (점)

바. 탐닉 활동하기 = 100 ⋈ $\frac{[\qquad]}{24}$ = (점)

정서 조절 방략 검사 해석

정서 조절 방법의 환산점수의 의미는 무엇인가?

점수는 여러분이 불쾌한 감정을 조절하기 위해 평소에 해당 방법을 사용하는 빈도를 의미한다. 만약 100이 나왔다면 여러분은 해당 정서 조절 방법을 불쾌한 감정을 경험할 때마다 사용한다는 것이고, 70이 나왔다면 그 방법을 100의 70 정도로 자주 사용하고 있다고 보면 된다.

일부 소수 방법에 치우쳐 사용하기보다는 인지적, 체험적, 행동적 방법을 골고루 사용하는 것이 불쾌한 감정을 효과적으로 조절하여 궁극적으로 해소하는 데 도움이 된다.

각 정서 조절 방법은 무엇을 말하는가?

인지적 방법(cognitive strategy)

정서적 자극이나 상황에 대한 인지적 측면, 즉 사고에 접근하여 정서적 변화를 유발하는 방법이다.

능동적으로 생각하기

첫째, 불쾌한 감정의 원인과 유발되는 과정을 파악하고 이해하려는 방법이다.

"불쾌한 감정이 유발된 원인은 무엇인가?"

"그 사건이나 상황을 어떻게 해석해서 그런 감정이 유발되었는가?"

둘째, 불쾌한 감정을 유발한 부정적인 생각을 좀 더 긍정적이고 대안적인 생각으로 바꾸는 방법이다.

"달리 해석해 볼 수는 없는가?"

"처한 상황이나 문제를 합리적으로 생각한다면?"

"처한 상황이나 문제를 긍정적인 방식으로 생각한다면?"

셋째, 처한 상황이나 문제를 변화시킬 수 있는 방법을 구체적으로 계획하는 것이다.

"어떻게 하면 불편한 상황을 바꿀 수 있는가?"

"나는 앞으로 어떻게 할 것인가?"

수동적으로 생각하기

능동적으로 생각하기가 감정을 유발한 자극이나 상황에 접근하여 생각을 변화시켰다면, 수동적으로 생각하기는 정서 유발 자극에 접근하지 않은 채 생각에 접근하여 정서를 변화시키는 방법이다. 정서를 유발한 자극이나 대상에 접근하여 다루는 것이 아니므로 궁극적으로 정서를 해소할 수는 없지만, 일시적으로 불쾌한 감정들을 완화할 수 있다. 따라서 추후에는 반드시 궁극적인 정서 조절 방법들을 사용할 필요가 있다.

첫째, 불쾌한 생각을 회피하는 방법이다.

(1) 부정적인 생각을 하지 않으려 하거나, (2) 불쾌한 자극이나 사건을 잊으려 한다거나, (3) 불쾌한 감정을 유발한 자극이나 상황과 전혀 관련 없는 다른 일을 생각한다거나, (4) 좀 더 유쾌하고 즐거운 생각을 함으로써 회피할 수 있다.

"부정적인 생각을 잊어버리려 한다."

"불쾌한 감정을 유발한 상황이나 문제와 관련 없는 다른 일을 생각한다."

둘째, 자신에게 위안이 되는 말을 함으로써 좀 더 나은 기분을 유도한다.

'잘 안 될 거야. 뭔가 잘못될 거야.'라고 생각하면 불안해지지만, '괜찮을 거야. 잘될 거야.'라고 반복적으로 생각하면 정말 괜찮아질 것 같고 잘될 것만 같아서 기분이 나아진다. 사람마다 위안이 되는 말이 조금씩 다르기 때문에 자신에게 좀 더 효과가 있는 말들을 찾아서 레퍼토리로 가지고 있는 것이 좋다. 쉽게 눈에 띄는 곳인 컴퓨터 바탕화면이나 책상 위의 벽면, 또는 가지고 다니는 수첩이나 다이어리 등에 써 놓고 불쾌한 감정이 들 때마다 수시로 찾아봄으로써 불쾌한 감정을 완화시킬 수 있다.

'불쾌한 상황은 금방 지나갈 거야.'

'괜찮아. 별 일 아니야.'

인지적으로 수용하기

'왜 이런 일이 나에게 일어난 거야.'

'그렇게 되면 안 되는데 어쩌지?'

'어떻게 그 사람이 그럴 수 있어?'

이렇듯 일어난 일을 받아들이지 못하겠다는 식의 생각이 떠오르면 불쾌해지지만, 반대로 처한 상황이나 경험을 받아들이면 불쾌한 감정은 누그러진다. '그래, 그럴 수 있지.'라고 생각하면 용서되고 마음이 편안해진다. 따라서 인지적으로 수용하기는 불쾌한 감정을 조절하는 데 가장 즉각적인 효과가 있는 방법이다. 하지만 그만큼 우리에게 일어난 일을 그대로 수용하기란 그리 쉽지 않다.

'이미 일어났고 어떻게 달라질 수 없어.'

'어쩔 수 없는 일이야. 받아들이자.'

'괜찮아. 그럴 수 있어.'

부정적으로 생각하기

이 방법의 시작은 분명히 정서를 조절하기 위한 시도였으나 효과적이고 적응적인 방식으로 진행하지 못한 채 부정적인 생각만을 반복하게 되는 것이다.

첫째, 불쾌한 감정과 관련된 자극이나 사건에 대한 부정적인 측면을 반복해서 떠올리는 반추이다.

그 시작은 불쾌한 감정을 유발한 사건이나 상황에 대해 계속 생각하다 보면 해결방법이 나올 수 있을 것이라는 기대에서 유래한다. 그러나 거기에서 나아가 원인과 결과를 살피는 숙고의 다음 단계로 진전하지 못하고, 마치 늪에 빠진 것처럼 부정적인 측면에 계속 생각이 붙들린다. 마치 고장 난 카세트처럼 부정적인 생각을 반복해서 계속 떠올림으로써 오히려 불쾌한 감정은 더욱 증폭된다.

"처한 상황이나 문제의 부정적인 측면에 대해 반복적으로 생각한다."

"상황이 다르게 전개되었더라면, 이런 감정은 들지 않았을 텐데."

둘째, 걱정하는 것과 파국적으로 생각하는 것이다. 걱정을 많이 하는 사람은 파국화하는 경향이 있는데, 일이 잘 안 되었을 때 나타날 수 있는 끔찍한 결과를 예상한다. 걱정하는 사람들은 처한 상황을 해결하기 위해 노력하고 있다고 착각하지만, 실제로는 걱정만을 반복할 뿐 불안을 해소하는 데 필요한 작업이나 행위를 하지 않음으로써 불안한 감정은 더욱 증폭되기만 한다. '그렇게 되면 어떡하지?'라며 부정적인 미래를 떠올리며 걱정을 반복하는 것이다.

"안 좋은 일이 일어나면 어떡하지?"

"내게 이런 일이 일어나다니… 정말 끔찍해. 모든 게 망가질 거야."

셋째, 자신의 행동을 후회하고 자신을 비난하는 생각을 하는 것이다.

어떤 사람은 자신에게 일어난 부정적인 일에 대해 자신에게 탓을 돌린다. 이것은 그 원인이 자신의 잘못에 있다면 그것을 찾아 고쳐서 변화시킬 수 있다고 생각하는 데서 시작한다. 그러나 문제는 좀 더 나은 미래를 위하여 원인을 찾아 바꾸는 반성으로 발전하는 것이 아니라 자신의 행동과 자신을 비난하고 후회하는 데에 머무르면서 자기 비난을 반복하는 것이다. 그러다 보면 먼저 느꼈던 불쾌한 감정 이외에 자기책망에서 비롯된 자책감이 커지고 위축되어 자신감이 없어져서, 정작 불쾌한 감정을 변화시키는 데 필요한 궁극적인 정서 조절 방법은 시도할 생각조차 하지 못하게 된다.

타인을 비난하는 생각하기

불쾌한 감정이나 상황의 원인을 타인에게 돌리는 생각을 함으로써 좀 더 나은 감정을 유도하려는 방법이다. 다른 사람에게 탓을 돌리면 자신에 대한 책임을 벗음으로써 자책감은 줄 수 있지만, 타인이나 주변 환경에 대한 분노감정을 유발함으로써 오히려 분노와 같은 불쾌감은 커질 수 있다. 또한 불쾌한 감정을 유발한 실질적인 원인을 보지 못하고 필요한 행동을 취하지 못함으로써 궁극적으로 해소할 기회를 가지지 못한다. 즉 불쾌한 감정의 완화 효과는 어디까지나 일시적일 뿐, 점차 원망감과 분노감이 증폭되어 정서 조절과 정신건강에 부정적인 영향을 끼친다.

'이렇게 된 것은 모두 다른 사람 때문이야.'

체험적 방법(experiential strategy)

안전한 상황에서 부정적 감정 분출하기는 통계적 분석방법을 통해 부적응적인 방법으로 분류되었지만, 그 속성과 통계적 원리 등의 측면을 고려할 때 어떻게 사용하느냐에 따라서 정서 조절에 효과적일 수도 있다.

즐거운 상상하기

행복하고 즐거운 장면을 떠올림으로써 불쾌한 감정을 감소시킬 수 있다. 예를 들어, 푸른 바다나 산을 떠올리면 마음이 이완되고 편안해진다.

'지난여름에 휴가 가서 즐거웠던 일'

'푸른 바다와 산'

'울창한 나뭇잎과 그 사이로 날아다니는 새들의 풍경'

감정을 표현하고 공감 얻기

주변 사람들에게 자신의 감정이 어떠한지 표현하고 공감이나 위안을 얻음으로써 불쾌한 감정을 완화할 수 있다. 누군가에게 자신이 겪은 불편한 감정을 표현하여 공감이나 위안을 얻을 때, 불편함은 감소하고 마음은 진정될 수 있다.

감정 수용하기

불안할 때 '불안하면 안 되는데.'라며 불안을 억누르면 더욱 불안해지는 것을 경험해 보았을 것이다. 불안뿐 아니라 모든 감정은 느끼기를 요구하고, 느끼고 나면 자연스럽게 사라지기 마련이다. 따라서 불안한 감정을 그대로 느끼다 보면 일시적으로 불안한 감정이 커질 수 있지만, 시간이 지나면 자연스럽게 감소한다.

타인에게 부정적 감정을 분출하기

불쾌한 감정을 타인에게 분출하는 것은 일시적으로 해소되는 느낌을 주지만, 상대방에게 상처를 줌으로써 인간관계의 갈등을 촉발하고 그로 인한 죄책감과 불안감 등의 불쾌한 감정들을 증폭시킨다. 따라서 이 방법은 정서 조절과 정신건강에 매우 좋지 않은 영향을 주는 대표적인 부적응적인 정서 조절 방법이다.

안전한 상황에서 부정적 감정을 분출하기

상대방이나 주변 사람들에게 화를 내거나 신경질을 냄으로써 부정적인 감정을 분출한다면, 또 다른 갈등을 유발할 수 있기 때문에 오히려 부정적인 감정이 증폭된다. 그러나 누군가에게 영향을 끼치지 않을 수 있는 안전한 상황, 예를 들어 혼자 집에 있을 때, 공터에 있을 때, 자신이 어떤 행동을 해도 받아줄 수 있는 친한 친구와 함께 있을 때 속에 쌓인 불쾌한 감정을 표현하고 발산하며 분출하는 방법을 사용할 수 있다.

행동적 방법(behavioral strategy)

문제 해결 행동 취하기

불쾌한 감정을 느끼게 되었을 때 그 감정을 유발한 대상이나 상황을 개선하거나 해결할 수 있는 구체적인 방법을 행동으로 취함으로써 조절하는 방법이다. 불쾌한 감정을 유발한 대상이나 상황에 직접 개입하여 문제를 해결한다면, 불쾌한 감정을 일으키는 대상이 사라지는 것이니 불쾌한 감정 또한 비교적 쉽게 감소시킬 수 있을 것이다. 따라서 전통적으로 가장 효과적인 정서 조절 방법으로 분류되며, 정서 조절 능력과 정신 건강에 매우 긍정적인 영향을 끼친다.

생각을 할 수는 있지만 행동을 하는 것은 쉽지 않다. 생각은 어디까지나 생각일 뿐이며, 행동을 했을 때 그것이 현실에 영향을 끼쳐서 변화를 초래할 수 있는 것이다. 따라서 그 어떠한 방법보다도 정서 조절에 직접적인 영향을 끼칠 수 있는 적응적인 방법일 것이다.

조언이나 도움 구하기

처한 상황이나 문제를 변화시키거나 해결하기 위해 주변 사람들에게 조언을 구하거나 직접 도움을 요청하는 방법이다. 이러한 방법은 부수적으로는 조언과 도움을 청하는 과정을 통해 다른 사람과 상호작용하는 기회를 가짐으로써 타인과 유대감을 형성하고 친밀한 관계로 진전될 수 있는 효과가 있다.

친밀한 사람 만나기

친구나 가족과 같은 친밀한 사람과의 만남은 위안과 안정감을 줌으로써 불안이나 슬픔과 같은 불쾌한 감정을 밀어내는 일시적인 효과가 있다.

기분전환 활동하기

불쾌한 기분에서 벗어날 수 있도록 즐겁고 유쾌한 활동을 하는 것이다. 영화를 보러 가고 음악을 들으며 산책을 한다. 기분을 전환하기 위해 미용실에 가서 헤어스타일을 바꿀 수도 있고, 친구들과 쇼핑을 할 수도 있다. 근사한 레스토랑에서 맛있는 식사를 할 수도 있다. 이처럼 기분을 전환할 수 있는 활동을 하는 것은 일시적으로 불쾌한 감정과 그 감정을 유발한 상황을 주의로부터 벗어나도록 함으로써 불쾌한 감정을 완화시킨다. 하지만 어디까지나 기분을 전환하는 활동은 일시적인 정서 조절 효과를 줄 뿐, 궁극적으로 정서를 해소하지는 못한다.

폭식하기

폭식은 일시적으로 포만감을 줌으로써 무엇인가 채워진 느낌을 주어 불쾌한 감정에 대한 완충작용을 하는 듯 보이지만, 그 순간이 지나면 지나치게 배가 부른 탓에 심한 불편함을 느끼고, 자신의 행동에 대한 수치심과 혐오감을 느끼며, 체중의 증가와 외모에 대한 걱정이 시작되어 불안해진다. 따라서 폭식은 정서 조절에 전혀 효과적이지 않을 뿐 아니라, 정신 건강에 해로운 부적응적인 방법에 해당한다.

탐닉활동하기

탐닉활동은 기분을 좋게 해주거나 쾌감을 주는 일에 몰두하게 함으로써 일시적으로 불쾌감으로부터 벗어나게 해준다. 그러나 계속 반복할 경우 중독될 수 있는 활동들로서 나중에는 그럴 필요가 없는 상황에서도 이런 대상에 계속 빠져들어, 현실적인 활동을 방해하고 어려움을 초래하여 불쾌한 감정을 유발하고 증폭시킬 수 있다. 또한 정서를 조절하는 현실적이고 궁극적인 방법들을 시도하지 않게 됨으로써, 스스로 불쾌한 감정을 조절하는 능력을 훼손한다.

아침마다 룸메이트는 늘 자기 이불을 놔두고 몸만 빠져나간다. 어제도 그렇게 이야기했건만, 자기가 벗은 옷은 뱀허물처럼 바닥에 떨어트려 놓고. 그걸 보면서 아침을 시작하는 내 기분은 벌써 엉망이다. '자기 혼자만 사는 집인가. 쯧, 이것도 하루 이틀이지, 진짜.' 이럴 바에는 그냥 혼자 사는 것이 낫겠다. 같이 낸 방 보증금만 아니면 그냥 콱.

학교로 오는 전철은 여전히 붐빈다. 저기 셔틀버스가 서있다. 종종 걸음으로 계단을 내려오는데 중심을 잃고 그만 계단에서 넘어졌다. 아, 아프다. 에이, 창피해. 되는 일이 없군.

그 사이 셔틀버스는 지나갔다.

전철역 앞 택시 줄은 엄청 밀려있고 부슬부슬 비까지 내리기 시작한다. 으이그. 짜증이 밀려온다. 허겁지겁 들어온 강의실, 교수가 벌써 출석을 부른다. 뭐야. 내 이름 벌써 지났잖아. 수업 마치고 현금인출기에서 돈을 뽑기 위해 기다린다. 어라, 갑자기 한 여학생이 새치기를 한다.

아침부터 쌓여온 내 짜증은 폭발직전이다. "이봐요. 여기 줄 서 있는 거 안보여요?" 냅다 소리 지르고 째려봐준다. 휙 돌아보는 그녀. 아뿔사! 우리과 조교다. 좀 참을 걸.

화는 모든 불행의 근원이다.
화를 안고 사는 것은 독을 품고 사는 것과 같다.
화는 나와 타인과의 관계를 고통스럽게 하며, 인생의 많은 문을 닫히게 한다.
화를 다스릴 때 진정한 행복을 얻을 수 있다. －틱낫한－

미래학자들은 앞으로의 사회가 이성보다는 감성의 역할이 커지게 될 것이라고 예견한다. 그래서 새롭게 EQ(Emotion Quotient)라는 말이 생기고 또 그만큼 강조되기도 한다. 정서의 중요성은 이런 이야기를 빌리지 않더라도 우리가 일상생활을 하면서 늘 경험하는 바처럼 우리를 기쁘게도 슬프게도 하는 중요한 삶의 요소이다. 동기와 마찬가지로 정서 또한 인간의 행동을 이끈다. 슬프면 무엇인가 이를 해소할 만한 꺼리를 찾고, 공포를 경험하면 사람들은 그 자리에서 도망가거나 대항하려 할 것이고, 화를 경험하면 누구나 사물에 공격을 가하려 할 것이다. 이 모든 것이 정서가 가지는 인간행동의 동인이 된다.

또 정서는 일종의 대화이기도 하다. 우리는 정서를 표현하고 또 다른 사람의 정서를 비언어적이든 언어적이든 파악하면서 서로 관계를 해나간다. 말하지 않아도 그 자체가 하나의 대화일 수 있다. 그런 의미에서 정서는 적응과 밀접한 관련을 맺는다. 즉 정서를 잘 표현하고 이를 읽는 것이 인간관계와 사회생활에 필수불가결한 부분이라 할 것이다.

그렇다면 정서란 무엇일까? 1884년 미국심리학의 창시자인 Wiliam James는

'정서란 무엇인가?'라는 제목의 중요한 논문을 썼다. 그러나 100여 년이 지난 후에도 여전히 심리학자들은 동일한 질문을 하고 있다. Carlson과 Hatfield(1991)는 정서(emotion)란 내적 또는 외적 자극변인에 대해서 인지적·생리적·행동적으로 반응하려는 유전적이거나 학습된 동기적 경향성이라고 말한다.

정서(emotion)는 문자 그대로 일종의 운동, 밖으로 향한 운동을 나타낸다. 어원적으로 보면 정서란 'e'와 'movere'의 합성어로 '밖으로 움직이다'는 뜻을 가지고 있다. 천둥을 대기의 'emotion'이라고 일컫는다. 즉, 주위를 둘러싼 사건이나 사람 혹은 상황을 자극으로 지각하게 될 때 내적인 목표를 가지고 행위충동을 일으켜 환경과의 특정한 만남을 이룬다는 것이다. 이 장에서는 정서의 종류와 차원, 정서표현 및 자각에 대해서 알아보고 정서 가운데 부적응적으로 표출될 때 문제가 되는 분노조절에 대해 살펴볼 것이다.

1. 정서 종류

정서의 종류는 매우 다양한데 Tomkins(1962)는 여덟 가지 기본 정서를 구분한다. 여기에는 기쁨, 슬픔, 분노, 놀람, 공포, 혐오, 흥미 및 수치심이 포함된다. 이러한 정서는 보통 기본 정서라고 불리고 범문화적으로, 보편적으로 표현된다.

그런데 흔히들 우리는 정서 상태를 다시 두 가지 차원으로 구분하려고 한다. 즉 긍정성과 각성의 정도가 그것이다. 긍정성은 말 그대로 경험하는 정서가 긍정적이냐 부정적이냐 하는 것이고 또 각성의 정도는 정서상태가 얼마나 각성의 수준이 높은가 낮은가를 말한다. 예를 들어, 분노는 부정적 정서이고 높은 각성을 포함하지만, 슬픔은 마찬가지로 부정적이지만, 보다 낮은 수준의 흥분이 수반되는 것이다. 기쁨은 일반적으로 긍정적이면서 높은 각성 수준을 수반하는데 흡족함은 긍정적이지만, 낮은 각성 상태인 것이다.

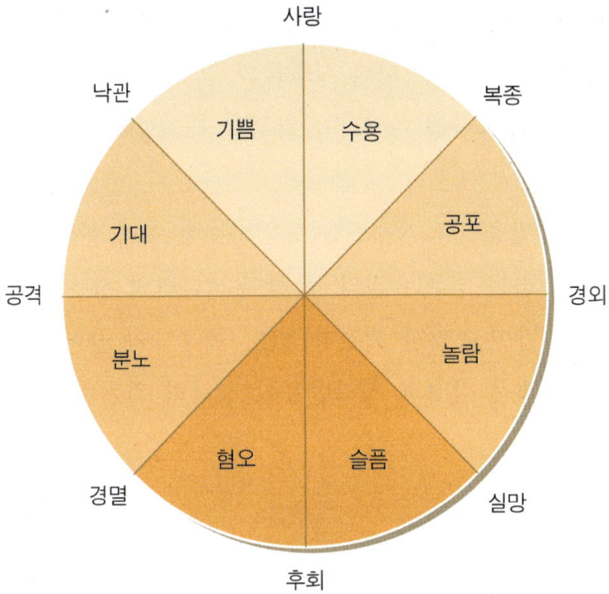

그림 7-1 Plutchik의 정서의 바퀴

기본 정서의 수는 학자마다 달리 주장하는데 대표적으로 Plutchik(1980)의 경우는 여덟 개의 기본 정서를 주장한다. 여기에는 공포(fear), 분노(anger), 기쁨(joy), 슬픔(sadnes), 수용(acceptance), 혐오(disgust), 기대(expectancy), 놀람(surprise)이 있다. 또 물감이 혼합되어 다른 색채가 되는 것처럼 기본 정서들이 혼합되어 복합정서가 나타나는데, 예를 들어 놀람+슬픔=실망, 기대+기쁨=낙관, 기쁨+수용=사랑 등이 그 예이다. 이를 Plutchik의 정서의 바퀴(emotion wheel)라 일컫는데 이 여덟 개의 기본 정서는 상호 인접성의 정도에 따라 상호 유사성의 정도가 결정되며, 바퀴양극은 서로 상반되는 정서가 표시된다.

한편 정서는 강도 또는 흥분 수준에 따라 연속선상에 놓일 수 있는데 예를 들어, 분노는 격노-분노-짜증으로 약화되다가 수면으로 끝난다(민경환, 1995).

그럼 한국 사람들에게 특별히 나타나는 정서표현이 있을까? 우리나라 사람들의 정서체험을 피험자들에게 영화를 본 후 감정 평가하도록 하여 분석한 결과, 14개의 정서 요인들이 나타났다(안신호, 이승혜, 권오식, 1994). 이 요인들은 분노, 쾌,

권태, 놀람, 수치, 고독, 애태움, 연민, 공포, 설렘, 허무, 질투, 감격, 상심이었다. 이중 특히 연민의 정서는 다른 나라 사람들의 정서차원에서는 잘 찾아볼 수 없는 한국인에게 보다 중요하게 나타나는 감정일 가능성이 있다고 연구자들이 제안하고 있다.

흔히 정서는 신체반응이나 각성들을 동반하는데 여러 문화에서 정서와 신체반응을 연결해 표현하는 경우가 많다. 특히 우리나라의 경우 '사돈이 땅을 사면 배가 아프다'(질투), '간이 콩알만 해졌다'(놀람), '애(창자)가 끊어질 듯하다'(슬픔) 등의 표현을 통해 신체적 각성과 정서반응이 상당히 관련이 됨을 잘 보여주고 있다.

2. 정서와 대인행동

사람들과 만나면서 우리는 여러 가지 정서를 경험한다. 어떨 때는 기쁘고 편안하고 즐거운 기분이 들기도 하고, 또 때로는 슬프고 짜증나고 싫은 감정이 들기도 한다. 이런 정서들은 우리가 대인관계를 하는데 여러 가지 영향을 주는 심리적 요인이다.

대인관계에서 우리가 기쁨, 즐거움, 설렘 등을 경험한다면 그런 관계를 더 유지하고 싶어 하고, 또 살아가면서 힘을 얻겠지만, 반면에 슬프고 고통스럽고 짜증나는 정서를 더 많이 경험하는 관계라면 개인의 정신건강에도 좋지 않은 영향을 줄 것이다. 우리는 관계 속에서 이런 정서를 경험하고 타인에 대한 것뿐 아니라 자신에 대한 정서도 경험하게 된다.

여기서 대표적인 긍정적 정서와 부정적 정서 두 가지를 살펴보고자 한다.

1) 사랑과 애정

이는 다른 사람에 대해 가지는 긍정적 정서이다. 이는 강도와 대상 및 맥락에 따라 호감, 친밀감, 좋아함, 우정, 애정, 사랑 등의 다양한 용어로 기술된다(권석만, 1997).

우리가 어떤 사람에게 사랑을 느끼면 그 사람에게 좋은 감정을 경험하게 되고 더 알고 싶어 하고 관심을 보인다. 상대방에 대해 긍정적 호감을 보이고 더 다가가고 도움을 요구할 때 더 호의적으로 반응하게 된다.

자꾸 생각이 나고 책을 펴도 떠오르고, 그 사람과 함께 있을 때는 다른 것들은 모두 배경으로 물러나고 그 사람이 오롯이 전경으로 지각된다. 처음에는 좋아하고 친밀함으로 시작되었다가 점차 열정이나 애정을 경험하게 되고 다양한 신체적 경험을 동반하기도 한다. 가슴이 떨린다든지, 심장이 두근거린다든지, 얼굴이 붉어진다든지 하게 되는 것이다. 우리말에 눈에 콩깍지가 씐다는 말도 사랑에 빠질 때 다른 것에 대한 지각이 흐려진다는 말이기도 하다.

2) 분노

기본적으로 분노는 개인의 가치를 떨어뜨리는 공격적 행동에 대한 반응적 감정이다(권석만, 1997). 여기에는 다양한 공격적 행동이 유발되는데 권석만(1997)은 이를 세 가지 정도로 분류했다.

첫째, 개인의 신체나 소유물을 손상하는 행동으로 이런 물리적 행동이 분노를 유발한다.

둘째, 비난, 무시, 모욕, 비하, 경멸, 푸대접 등과 같은 개인의 인격을 손상시키는 비하적 공격행동이다.

셋째, 개인이 추구하는 목표 달성을 방해하고 좌절시키는 행동이다. 분노의 강도는 공격행동의 손상 정도에 비례하고 공격행동이 의도적이고 악의적일 때 더 강한 분노를 경험한다. 여기에 '눈에는 눈, 이에는 이' 같은 탈리오 법칙(lex talionis)이 적용된다. 사람의 경우 분노를 느끼면 자율신경이 활성화되어서 눈매가 사나와지고 이를 꽉 깨물고, 주먹을 불끈 쥐는 등 공격행위와 관련되는 행동이 나타난다.

이럴 때 대처하는 방식은 직접적 맞공격 외에 여러 가지가 있다.

우선, 대치(displacement) 행동으로 분노를 일으킨 대상이 아닌 제3의 대상에게 공격을 가하는 것인데 우리 속담에 '종로에서 뺨맞고 한강에서 눈 흘긴다'는 말이 이에 해당된다. 예를 들어 부모에게 야단맞은 아이가 동생에게 화풀이를 하는 경우로 우회적인 분노 표출에 해당하는 방법이다.

둘째, 수동 공격(pasive aggresion)이다. 이는 겉으로는 공격적 의미가 드러나지 않지만, 상대를 우회적으로 괴롭히는데, 예를 들어 약속을 해놓고 약속을 빈번히 깨뜨린다거나, 기일 내 프로젝트를 마치지 않거나 하면서 상대에게 피해를 주는 행동을 우연을 가장해서 하는 것이다.

셋째, 분노를 내향화하는 방법이다. 이는 자기를 자책하고 스스로를 공격해서 우울을 가져오기도 한다. 즉 상대가 공격할만하다고 생각하거나, 자신도 상대의 공격처럼 스스로를 공격하고 자기 비난하는 것이다.

넷째, 승화이다. 이는 사회적으로 용인된 건강하고 건설적인 방식으로 분노를 해결하는 것이다. 예를 들어 운동이나 악기 연주 등 다른 생산적이고 건설적인 작업에 매진함으로써 분노 감정을 해소하는 것이다. 이는 성숙한 방식으로 여겨진다.

다섯째, 회피이다. 분노 감정이나 처리하기 힘든 부정적 감정이 들면 잠을 청한다거나 음식을 먹는다거나 술을 마시는 등, 정서를 느끼거나 경험하지 않고 이를 피하는 것이다. 그때 당시에는 분노 감정이 없어지는 것처럼 느껴지지만, 이 패턴이 반복되면 결국 폭발하는 경우가 많다.

마지막 방법은 용서이다. 용서는 가장 성숙한 방식으로 종교 혹은 철학적 가치에 근거해서 상대에 대한 분노와 공격 충동을 해소하는 방식이다. 분노는 공격을 낳고 또 공격은 상대로 하여금 다시 분노를 유발함으로써 서로를 파괴한다. 이러한 파괴성을 인식하고 복수의 순환 과정을 끊는 방법이다.

그 외 다양한 분노조절 방법은 본 장의 후반에 소개하려 한다.

3. 정서 자각

우리는 우리 자신이 느끼는 정서에 대해 매우 잘 알고 있다고 생각한다. 그리고 필요에 따라 자신의 정서를 상대방에게 잘 속일 수 있다고 믿는다. 더 나아가서는 자신의 정서를 잘 조절할 수 있다고 생각하기까지 한다.

하지만 사실은 그렇지 않은 경우가 많다. 분명히 화가 나거나 서운할 것 같은 상황인데도 우리가 "화났니?" 혹은 "서운했지?"라고 물어보면 절대로 화나지 않았다고, 또 서운하지 않다고 부인하는 사람들이 있다. 이런 양상은 여러 가지 이유에서 나타나는데, 우선 자신이 스스로 자기 감정을 잘 인식하지 못하기 때문이다. 우리는 부정적인 감정을 그대로 내놓는 것에 대한 불안이 있다. 특히 그것이 부정적인 정서일 경우에 더 그렇다. 부정적인 정서를 내놓고 표출하는 것이 미성숙하다고 믿기 때문이고 또 그런 정서처리가 자기에게 미치는 안 좋은 영향을 어려서부터 보고 자란 탓도 있다. 그래서 마음속에서 부정적인 감정이 생기더라도 이것을 무의식적으로 억압하거나, 인식하지 못하는 경우가 있다. 또한, 그 정서를 표현했을 때 사람들로부터 거부를 당하거나 평가를 받는 것이 두렵기 때문이기도 하다. 우리는 부정적인 정서를 표현하면서도 관계를 망치지 않는 방법에 대해 잘 알지 못한다. 그래서 자신의 정서를 부인함으로써 관계를 유지하려고 한다.

덧붙여, 정서를 직면하고 느끼는 것이 혹시 억압하고 부인할 때 경험하지 못한 강렬한 정서를 만나서 자기가 스스로에 대한 통제력을 상실하지 않을까 하는 두려움이 작용하기 때문이다.

이것은 자신의 정서에 대한 평가가 작용하기 때문이기도 하다. 자신이 어떤 정서를 갖는 것에 대한 감정을 가지는 데 이것을 메타정서(meta-emotion)라고 한다(Gottman, 1998).

사람도 하나의 유기체이고, 모든 유기체란 본능적으로 자신을 보호하기 위해 자신에게 나쁘게 대하는 사람에게 공격심이 생기기 마련이다. 그것을 이성의 힘으로 심하게 내리 누를 때 자신의 솔직한 정서를 깨닫지 못하는 것이다. 이런 사람들은 엉뚱한 다른 사건이나 사람들에 대해 예민한 반응을 보이거나 여러가지 질병에 걸릴 가능성이 높다.

자신의 정서 상태에 늘 관심을 가지고 그것을 제대로 인식할 수 있어야 그 정서가 무엇인지 알고, 그것을 해결하기 위한 방안을 찾을 수 있다. 자신의 정서를 인식하려면 어떻게 해야 할까? 일단 자신의 신체에 주의를 기울이는 방법이 있다.

화가 나면 신체언어(body language)로 표출되는데 시선은 노려보고, 입술은 꽉 다물고, 이를 아래위로 꽉 깨물고 있고, 이마는 세로로 주름이 잡힐 수 있다. 또 맥박수가 증가하고 혈압도 증가하며 호흡도 증가된다. 주먹에 힘이 들어가고 어깨가 굳어진다면 내가 지금 흥분하고 있다는 것을 자각할 수 있다.

우리가 살면서 일상에서 화, 분노, 시샘 등을 당연히 가질 수 있는데, 이것을 어떻게 자각하고 어떻게 받아들여야 할지 잘 모르기 때문에 무작정 정서를 부정하거나 억압하는 경우가 많다는 것이다. 자신의 부정적 정서를 표출하는 것을 '자기중심적'이라고 생각하거나 심지어 '죄악'이라고 생각하기 때문에 정서를 자연스럽게 억압하는 것이다. 그러다 나타나는 부작용은 더 이상 참을 수 없는 상태까지 다다르는 심리적 녹초 상태가 되거나 이성을 잃고 화를 폭발하는 것이다.

우리는 정서를 자각할 때 그것이 일어날 수 있다는 사실을 자연스럽게 받아들이고, 또 그 정서가 무엇인지 살피고, 적절하게 표현하면서 또 다스릴 수 있어야 한다.

그리고 정서란 인간이 살아있다면 자연스럽게 경험되는 현상이고, 화를 내거나 슬프거나 두려움을 느끼는 것이 당연하다는 인식을 가지며, 중요한 것은 다른 사람과의 관계를 망치지 않으면서 이것을 잘 표현하고 다루는 것이다.

우리가 타인과의 관계, 특히 의미 있는 사람과의 관계에서 화를 경험할 때, 화를 표현하는 것은 그가 나에게 중요한 의미가 있는 사람이라는 것을 전달하는 것이고, 또 한 인격체로 존중하면서 대화하면 상대에게 애정과 진지함을 보여주는 중요한 도구가 될 수 있다는 것이다.

그러나 여기서 주의할 것이 있다. 즉, 화가 났지만, 이성적으로 대화할 수 있고, 그래서 어느 정도 이해되는 상황이 지속된다면, 상대와 대화를 계속해도 된다. 상대에게 자신이 무슨 생각을 하는지 이야기하고, 상대의 반응을 귀담아 듣고 계속 대화할 수 있다. 하지만, 이와 반대로 너무 화가 나서 사고가 흐려진다고 생각하면 그 상황에서 잠시 물러나 감정이 어느 정도 가라앉은 다음 대화를 시도해야 한다. 또 상대에게 손찌검을 하거나 모욕적인 말을 퍼부을 거 같으면 한발 물러서야 한다. 때리거나 빈정거리거나, 위협적이거나 경멸적인 말을 하거나 모욕감을 주는 행동은 절대로 피해야 한다.

4. 분노를 다루는 방법

분노와 유사한 단어로는 '화'가 있는데 화는 몹시 언짢거나 못마땅하여 내는 성을 말하며 분노는 분하여 몹시 성을 내는 것을 말한다. 우리는 흔히 일상생활에서 신경질 난다, 짜증난다, 화난다, 성난다 등의 약한 강도의 말을 하거나 분노나 격노 등의 강한 강도의 감정을 말한다. 특히 만성적 분노를 가지고 있는 사람은 가정과 직장, 사회에서 인간관계 등의 문제로 오랫동안 고통을 받고 있다. 사람들은 분노를 표현하지 못하거나 잘못 표현함으로써 인간관계의 손상을 가져오고 불행함을 느끼게 된다. 따라서 인간의 행복 정도는 자기 자신의 분노를 어느 정도 통제할 수 있느냐에 달려있다(박애선 역, 2004).

1) 분노의 기능적 측면과 역기능적 측면

'질투는 나의 힘'과 같은 영화 제목처럼 분노가 가지고 있는 기능적이고 긍정적인 측면은 자기 주장적이 될 수 있는 신호가 된다. 그 외에 어떤 행동의 동인이 될 수 있다. 의로운 일도 정의로운 분노에서 출발하는 경우가 많다. 그리고 분노는 때로 창조적으로 될 수 있고 에너지로 가득 차게 해준다. 그 외 어떤 점들이 좋은 점이 될 수 있을까?

한편 부정적 측면들은 과도한 분노를 갖고 있을 때, 화병, 관상동맥질환, 고혈압과 같은 신체적 문제들이나 질병을 초래할 뿐 아니라 나아가 조기사망에 이르게 한다. 그리고 분노와 같은 부정적 감정은 그 사람의 자존감을 낮춘다. 또 찡그린 얼굴과 부적절한 언행들이 동반되면 학업이나 대인관계상에서의 문제나 관계를 악화시키는 상황을 초래한다. 사람들 사이에 벽을 만들고 방어적이 되게 만들고, 적을 만들기도 한다. 나아가 실제 행동상의 문제, 물리적 폭력을 초래하기도 한다. 뿐만 아니라 다른 감정들도 마비시키고, 무력감과 냉소적 태도를 낳는다. 이런 상황은 사람들과의 관계에서 고립과 고독으로 이끈다.

그 외 어떤 부정적인 측면들이 있을까?

52년 동안의 오랜 연구 끝에 심리학자들은 분노의 문제에 관한 몇 가지 결론을 이끌어냈다.

- 대부분의 사람들에게 있어 만성적인 분노는 엄청난 고통을 수반한다. 분노는 순간적인 해소감을 느끼게 하지만 저변에 깔려있는 분노를 악화시킨다.
- 아동기에 엄청난 피해의식으로 고통을 받았던 사람들은 분노에 대한 반복적인 표출로 인해 상처를 받았다. 만성적으로 분노를 나타내는 대부분의 사람들은 아이들처럼 화를 냄으로써 손해를 입는다.
- 만성적인 분노로 고통을 받는 사람들은 인간관계에서 장기적으로 고통을 받는다. 그들은 인간관계에 관심을 두지 않고 삶 속에서 실망하고 외로움을 느낀다.
- 결혼생활만족여부의 지표는 분노를 얼마나 조절할 수 있느냐에 달려있다.
- 분노는 반응에 의한 학습이며 분노 반응은 연습과 노력에 의해 조절될 수 있다.

분노는 사소한 시비에서 후회, 상실, 상처, 두려움 등 다양한 방식으로 상처를 남긴다.

분노를 이기는 방법은 힘이 드는 훈련이다. 단순히 책을 읽거나 변화하고 싶다고 생각만 하는 것으로는 부족하다. 본 장에서 제시하는 다양한 학습 방식과 활동지를 가지고 노력으로 옮기는 것이 필요하다.

2) 분노일지

우선 분노가 일어날 때의 상황을 구체적으로 적어보는 것이 한 가지 방법이 된다. 다음은 분노가 일어났을 때를 기억하고 그때 상황에 대한 내용을 기록함으로써 자각을 높이는 데 도움을 주는 분노일지의 한 양식이다.

3) 분노일지의 구성요소

- 고통/스트레스: 분노 이전에 존재한 정서적·신체적 고통을 기록한다.
- 분노에 영향을 미친 스트레스 경험이나 고통스런 경험을 기록한다.
- 분노유발상황: 분노를 유발한 사건을 간단히 기록한다.
- 촉발사고: 분노가 생길 때 어떤 생각을 했는지 적는다.
- 분노지수: 0은 분노가 없음. 100은 상상할 수 있는 가장 높은 분노의 정도를 나타낸다.
- 행동: 분노에 반응해 실제 한 행동을 적는다.
- 결과: 분노가 자기와 다른 사람에게 미친 영향을 적는다. −10에서 +10까지 그 영향에 대해 점수를 매긴다.

●●● 표 7-1 분노일지

고통/스트레스	분노유발상황	촉발사고	분노지수 0~100	행동	결과(-10에서 +10)	
					나	타인
두통, 좌절감	인터넷으로 옷을 신청했는데 사이즈가 다른 옷으로 잘못 배달 옴	멍청하고 부주의한 사람들. 일을 이따위로 하다니	60	주문을 접수하는 점원에게 소리를 지름. 이따위로 해서 뭐하냐고 욕함	-2 당시에는 기분이 좋았지만, 너무 내가 쉽게 자제력을 잃은 것 같아 우울함	?
좌절감, 불쾌감	룸메이트가 침대에 과자 부스러기를 다 흘려놓고 치우지도 않고 데이트하러 나감	걔는 나를 무시하고 화나게 함. 맨날 걔의 게으름을 참아주고 있다.	85	소리를 지르며 룸메이트 휴대폰(핸드폰)에다 대고 화를 퍼부음	-7 화를 내는 나 자신이 혐오스러움	-7 하루 종일 삐져 있음
(나의 예를 기록해보자)						

4) 분노감을 줄이는 방법(인지적 재구성법)

여러분은 쉽게 화를 내는 편인가 아닌가? 주변에 쉽게 화를 내는 사람들이 있다면 그들의 특징적인 사고 형태에는 어떤 것들이 있을까? 스트레스나 공격을 받으면 우리는 마음속으로 여러 가지 생각들이 일어난다. '날 너무 만만하게 본다', '일부러 나를 골탕 먹인다'에서 시작해서 '이 인간 다시는 안 볼 거야', '한 방 날려줘야지' 등으로 발전한다.

Elis(1995)를 비롯한 많은 연구결과들에 따르면 쉽게 화를 내는 사람들은 네 가지의 비합리적 신념들을 가지기 쉽다고 한다. 이는 일종의 촉발적 사고인데 우리는 스트레스나 고통에 부딪히면 촉발적 사고가 자연스럽게 일어난다. 이는 일종의 무의식적 사고 습관이다. 이런 비합리적인 신념을 나타내는 진술문은 다음과 같다.

- "네가 나에게 그 같은 부당한 행동을 하다니, 얼마나 터무니없는가!"
- "너의 무책임하고 부당한 태도를 나는 참을 수 없다."
- "너는 나에게 절대로 그렇게 해서는 안 된다."
- "네가 나에게 그렇게 행동한 것을 보면, 너란 사람은 아무런 가치도 없고 벌을 받아 마땅한 엉터리 같은 사람이다."

이 네 가지 문장은 서로 연결되어 있다. 각 문장은 모두 부정적인 의미가 강하며 또한 다음과 같은 공통적인 요소를 지니고 있다. 즉, 행동을 사람과 동일시하는 것, 혹은 그 사람의 부정적인 행동에 대한 평가를 그 사람 전체에 대한 것으로 확대하는 것이 공통점이다. 또 shoulds(당위적 사고)와 Blamers(책망하기)가 많다. 당위적 사고는 "반드시 그렇게 하지 말고 이렇게 해야만 한다."와 같은 굳은 사고이다. 책망하기의 이면에는 "고의적으로 나에게 이런 피해를 주었다."와 같은 내용을 포함한다. 이를 좀 더 구체적으로 제시한 사람이 Beck(1976)이다.

- 흑백논리적 또는 이분법적 오류 : 생활사건의 의미를 이분법적인 범주 중

의 하나로 해석한다. 성공 아니면 실패, 내편 아니면 적, 좋아함 아니면 싫어함으로 나누고 부정적인 것을 더 인식한다. 그래서 '저 사람이 나에게 저렇게 행동하는 것은 나를 무시(공격)하는 것이 틀림없다', '절대로 내 편이라면 이런 일을 할 수 없다' 등의 사고를 한다.

- 과잉일반화의 오류: 한두 번의 사건에 근거하여 일반적인 결론을 낸다. 다른 사람으로부터 한두 번 부당한 일을 당했을 때, "저 사람은 항상 나에게 부당하다."라고 생각한다.
- 정신적 여과 또는 선택적 추상화의 오류: 여러 가지 일중 일부만 뽑아내어 상황 전체를 판단하는 경우가 여기에 해당된다. 두 사람이 같이 여러 가지 이야기를 나누면서 주된 대화 내용이 긍적적이었으나 몇 마디 부정적인 내용에 근거하여 '그 녀석은 나를 좋아하지 않는다'로 확대해석하고 분노하는 경우이다.
- 의미확대 및 의미축소의 오류: 사건의 의미나 중요성을 실제보다 지나치게 확대/축소하는 것이다. 부정적인 일의 의미는 확대하고 긍정적인 일의 의미는 축소하는 잘못을 범하는 경향이다. 자신을 평가할 때와 타인을 평가할 때 적용하는 기준을 달리하는 이중기준의 오류를 범한다. 예로 공격한 점은 매우 중요한 것으로 생각하고, 자신을 존중해 준 것은 별거 아닌 것으로 과소평가한다.
- 감정적 축소의 오류: 잠정적 추리. 충분한 근거 없이 막연히 느껴지는 감정에 근거하여 결론 내리는 잘못을 일컫는다. 예를 들어 자꾸 눈을 피하는 것을 보니 저 사람이 뭔가 내게 잘못했음에 틀림없다. 그 녀석을 만나면 맘이 편치 않은 걸 보니 그 녀석이 나를 싫어하는 것 같다고 생각한다.
- 개인화의 오류: 자신과 무관한 사건을 자신과 관련된 것으로 잘못 해석한다. 예를 들면 저 멀리 오던 친구가 갑자기 방향을 바꾸어 돌아가 버렸을 때 자기를 피한다고 해석하고 나를 무시하는 것으로 해석해서 화를 낸다.

- 잘못된 명명의 오류: 사람의 특성이나 행위를 기술할 때 과장되거나 부적절한 명칭을 사용하여 기술한다. 타인을 험담꾼, 비판자, 평가자 등으로 이름 붙인다.
- 독심술적 오류: 충분한 근거 없이 다른 사람의 마음을 마음대로 추측하고 단정하는 것을 말한다. 이런 사람들은 자신이 타인의 마음을 정확히 꿰뚫어 볼 수 있는 능력을 지녔다고 믿는 경우가 많다. 많은 경우 상대방의 마음을 확인할 방법이 없기 때문에 자신의 판단이 옳았다고 생각한다. 또 그러한 판단하에서 상대방이 행동하기 때문에 상대방의 행동을 통해 자신의 판단이 옳았다고 확신한다. 예를 들어 "나는 우리 교수가 나를 싫어하는 걸 알고 있어. 왜냐하면 출석부를 때 쳐다보지 않거든", "개가 나한테 관심이 없어졌어. 왜냐하면 문자를 씹거든"
- 예언자적 오류: 충분한 근거 없이 미래에 일어날 일을 단정하고 확신하는 오류이다. 예를 들어, 이번 회의에 나가면 보나 마나 나를 또 공격하거나 비난할 것이라고 생각하거나 나에게 호감을 느끼지 않을 것이라고 생각하고, 스스로 거리를 두는 것이다.

이와 같은 논리는 흑백논리적인 판단이나 과잉일반화라고 볼 수 있다. 이처럼 "사람"과 그가 한 "행동"을 구별하지 못하는 것은 마치 "어떠어떠한 행동을 한 사람은 반드시 이런 사람이고, 또 그런 행동은 반드시 그러한 부류의 사람에 의해서 저질러지게 마련이다"라고 단정 짓는 것과도 같다. 이 말을 좀 더 구체화시켜 보면, "누군가가 좋지 않은 행동을 한다면, 그는 틀림없이 나쁜 사람이다"라고 보는 것이다. 또한, "어떤 이가 좋은 행동을 한 번 하게 되면, 그는 결코 나쁜 행동을 할 수 없다"고 보는 것과 같다. 왜냐하면, 그는 '오직 좋은 행동만을 할 수 있는 좋은 사람'이기 때문이다. 역으로, 어떤 이가 나쁜 행동을 한 번 하게 되면 그는 결코 좋은 행동을 할 수 없다고 본다. 왜냐하면, 그는 '오직 나쁜 행동만을 할 수 있는 사람'이기 때문이다. 어떤 행동에 대한 평가를 그 사람에 대한 평가로 확대하지 않는 한, 그 신념은 합리적이다.

좀 더 부연설명하자면, 당신이 상대방의 행동을 한정시켜서(당신이 경험한 결과에 한하여) 볼 수 있다면, 당신은 합리적이다.

한 사람에 대한 완전한 평가는 그가 전 생애 동안에 보인 모든 행동을 검토한 이후에야 정확하게 내려질 수 있을 것이다. 따라서 화가 나는 것을 줄이려면 자신이 하는 사고가 인지적 왜곡을 갖고 있지는 않은지, 비합리적이지는 않은 지를 검토해보는 것이 필요하다.

그리고 다음과 같은 대처사고들도 있다.

(1) 침착한 사고

신체 이완을 하면서 침착하게 대응할 수 있도록 돕는 사고이다.

'침착해. 화를 내는 것은 도움이 안 돼.'

'그럴 만한 가치가 없어. 심호흡을 하고 냉정히 대하자.'

'그냥 지나갈 일이다. 미쳐 날뛰지 않아도 이런 시시한 것을 다룰 수 있는 방법이 있다.'

(2) 문제해결을 위한 사고

문제에 대한 대안적 해결을 생각하도록 한다.

'세상이 끝장나는 것은 아니다. 이건 그저 해결할 문제일 뿐이다.'

'화를 느끼는 것은 당연하다. 하지만 이 문제를 다룰 노력도 해야 한다.'

'좌절을 박차고 일어나라. 나는 이 문제를 잘 다뤄나갈 수 있다.'

(3) 벗어나기

화가 나는 상황에서 피하거나 뭔가 단계적으로 확대되기 전에 그 상황을 벗어나는 것이다.

'바보처럼 소리 지르기보다 잠시 여기서 벗어나 있는 것이 좋다.'

'이성을 완전히 잃어버리기 전에 잠시 이곳에서 나올 수 있다.'

(4) 자신 있는 사고

분노를 유발하는 상황에서 내가 분노를 조절할 수 있는 능력이 있다는 것을 생각하는 것이다.

'나는 견딜 수 있다. 나는 대처할 수 있다.'

'나는 이런 시시한 분노 따위는 더 잘 조절할 수 있다.'

'이번에는 더 잘 버틸 수 있다. 이전에 이런 상황을 다뤄본 적이 있다.'

(5) 새로운 설명

문제를 불러일으키고 화를 불러일으키는 사람들의 행동에 대해 다른 방식으로 사고할 수 있도록 도와준다. 나 자신에 대해 책망하기보다 상대에 대한 객관적인 평가가 도움이 된다.

'내가 바보야. 나는 늘 무시당해.' 이렇게 생각하지 말고, '저 사람은 단지(두려워하고, 당황하고, 이해하지 못하고, 상처주려고, 개입하지 않으려고) 하는 것뿐이다.'

라고 생각하는 것이다.

(6) 전체 그림 보기

과잉일반화하지 말고 균형 잡힌 시각으로 사건을 보면 상대를 덜 부정적인 시각으로 보게 돕는다.

'예외도 있다. 예를 들면…….'

'반드시 나쁘지만 않다. 장점도 생각해 보면…….'

(7) 사실에 집중하기

사건이나 사실을 확대하거나 과장하지 말고 그 상황의 사실(fact)에만 집중하고 머물 수 있는 것이다. 사실에 입각한 관찰만 하고 판단하거나 탓하지 않는다.

'운전을 이 따위로 하다니 정말 몰지각하군.'이 아니라 '신호를 무시하고 급출발을 했군.'

●●● 표 7-2 인지적 재구성법

날짜 20 . . . 시간

상황	감정	자동적 사고	(인지적 재구성)	결과
기분이 나쁘거나 화가 난 상황, 장면, 사람에 대해 간략히 쓰십시오.	위 상황에서 발생한 자신의 느낌, 신체적 반응이 무엇인지 그 강도는 어느 정도인지 쓰십시오. 예를 들어 0(아주 없다)-100(매우 높다)	어떤 생각이나 장면이 마음속에 스쳐 갔습니까? 그 생각을 어느 정도 믿습니까? 예를 들어 0(아주 없다)-100(매우 높다)	위 생각을 지지하는 증거는 무엇인지 또 생각에 반하는 증거는 없나요? 또 다른 설명이 가능한가? 무엇을 할 수 있는가?	자동적 사고에 대한 논박을 통해 경험하는 결과
예시) 조별 과제를 수행하는데 ○○이는 늘 늦는다. 자기가 해야 할 분량을 제대로 끝내지도 않고, 나타나지도 않을 때가 많고, 기껏 자기 것까지 해서 가면 매번 내가 하는 일은 꼬투리를 잡아서 '이건 아니지' 하고 말한다.	기분 더럽다. 뒷목이 뻣뻣해진다. 내가 모자란 사람처럼 여겨진다. 80	내 수고를 전혀 존중도 인정도 해주지 않는군. 나를 무시하는 게 틀림없어. 빌어먹을… 나를 자기 아랫사람쯤으로 생각하는군. 난 늘 무시당해. 60	정말 바쁜 일이 있었을지 모른다. 확인해보지 않았다. 내가 할 수 있는 것만 하자. ○○것까지 해주면서 내가 잔소리를 들을 필요는 없다. 내가 ○○것까지 하는 것은 그에게 기회를 주지 않는 것일 수 있다.	○○가 일하는 방식으로 내가 지나치게 나 자신을 자책하고 평가할 필요는 없다. 나를 통제하고 냉정을 유지할 수 있다. ○○에게 말을 하고 이야기를 들어 본 다음 일을 분배해 보겠다.
(나의 예를 기록해 보자.)				

(8) 자기비난의 목소리 멈추기

분노 때문에 힘들어하는 사람들은 타인을 가혹하고 심하게 비난을 하거나 판단을 한다. 이것이 자신에게도 적용되어서 스스로를 가혹하게 판단하고 비난하기 마련이다. 자기를 비난하는 이런 내적 목소리를 병리적 비난(pathological critic)이라고 한다. 부모가 계속 되풀이해서 들려준 것들을 무거운 짐으로 내재화하고 있다. 즉, 부모가 해온 목소리에서 어리석고 게으르고 이기적이고 가치없다는 메시지를 내면에서 그대로 되풀이하고 있을 수 있다.

이제 그 목소리는 부모나 비난하는 사람이 없다 하더라도 내면에서 똑같이 혹은 더 가혹하게 당신을 겨냥하고 몰아붙인다. 이 과정이 계속되면 자기 경멸이나 수치를 경험하게 되고 나아가 스스로 괴로워져서 다른 사람들의 작은 비난이나 상처조차도 참을 수 없을 지경이 된다.

자기에 대해 스스로 나쁘게 생각하고 판단하면 할수록 우리는 더 많은 수치감과 열등감, 그리고 부적절감을 경험한다. 이것에 대해 대처하는 것은 우리가 분노를 극복하는 것과 연관된다. 이런 비판의 영향을 극복하기 위해 취할 수 있는 방식에는 세 가지가 있다.

① 여러분이 가치 있게 생각하는 자신의 강점 혹은 좋은 자질(quality)을 찾아 낸다.

② 그것을 수용하도록 연습한다.

③ 건강하고 긍정적인 생각을 강화한다.

자신의 강점 혹은 자질 찾기

1. 다른 사람들이 칭찬하고 알아주는 좋은 특성
2. 사랑하는 사람들이 내게서 가장 알아주는 좋은 특성
3. 삶의 고통 속에서도 살아가도록 돕는 좋은 특성
4. 인생의 목표를 향해 나아가도록 돕는 좋은 점
5. 다른 사람을 돕거나 행복하도록 하게 해주는 좋은 점
6. 자신에 대해 행복하거나 자랑스럽거나 기분 좋게 느끼게 해주는 좋은 면

7. 이상에서 당신이 발견한 개인적 자질을 세심히 살펴보고 다음 칸에 가장 잘하고 스스로 가장 좋게 느끼는 것 세 가지를 적어라.

용어해설

- **EQ** : 미국 예일대학교 심리학 교수 피터 샐로베이(Peter Salovey)와 뉴햄프셔대학교 심리학 교수 존 메이어(John D. Mayer)가 이론화한 개념. 자신과 타인의 감정을 이해하는 능력과 삶을 풍요롭게 하는 방향으로 감정을 통제할 줄 아는 능력
- **정서(emotion)** : 내적 또는 외적 자극변인에 대해서 인지적, 생리적, 행동적으로 반응하려는 유전적이거나 학습된 동기적 경향성
- **메타정서(meta-emotion)** : 자신이 어떤 정서를 갖는 것에 대한 감정을 가지는 것
- **대치(displacement)** : 어떤 감정을 불러일으킨 대상이 아닌 제3의 대상에게 감정의 영향을 돌리는 것
- **승화(sublimation)** : 사회적으로 용인된 건강하고 건설적인 방식으로 분노를 해결하는 것

탐구문제

1. 내가 사용하는 정서조절 방략은 무엇인가?
2. 화가 날 때 내 안에서 일어나는 비합리적 신념은 어떤 것이 있는지 찾아보자.
3. 내가 주로 사용하는 공격행동에는 어떤 것이 있는지 살펴보자.
4. 인지적 재구성법을 활용해서 화나는 상황을 조절해보자.

참고문헌

권석만(1997). 인간관계심리학. 학지사.

민경환(1995). 성격, 정서 및 동기, 권석만 외. 심리학 개론. 박영사.

안신호 · 이승혜 · 권오식(1994). 한국어 정서단어의 분석: 정서단어의 유사성 구조와 정서체험의 구조, 한국심리학회지: 사회, 8(1), 151-175.

Beck, A. T.(1976). *Cognitive therapy and emotional disorders.* NY: International Universities Press.

Carlson, J. G. & Hatfield, E.(1991). *The psychology of emotion.* Holt, Rinehart and winston, Inc.

Ellis, A.(1995). *Better, deeper, and more enduring brief therapy: The rational emotive behavior therapy approach*. NY: Brunner/Mazel.

Gottman, J. M.(1998). *Raising an emotionally intelligent child*. NJ: Fireside.

Plutchik, R.(1980). *Emotion: A psychoevolutionary synthesis.* NY: Harper & Row.

Tomkins, S. S. (1962). *Affect, imaginery, consciousness: Vol.1 the positive affects.* NY: Springer.

박애선 역(2004). 자신의 분노를 이기는 방법. M. Mckay. *The Anger Control Workbook.* 시그마프레스.

Chapter 08

사회적 능력으로서의 리더십

1. 리더십의 개념과 의의
2. 리더십의 과제
3. 리더의 자질
4. 리더십의 유형
5. 리더십의 배양

사례

2014년 여름 극장가를 가장 뜨겁게 달구고 있는 영화가 "명량"이다. 이 영화에서처럼 이순신 제독은 세계 해전사에 빛나는 승리를 일구어냈고, 그 승리는 조선 수군이 칠전량에서 괴멸된 후 남은 13척의 배로 300척이 넘는 일본 수군과 맞서 싸워 이긴 이순신 제독의 리더십의 승리였다. 명량대첩 후 이순신 제독은 명나라 수군의 참전으로 조-명 연합작전을 전개할 수 있었지만, 제독에겐 또 다른 어려운 과제가 생겼다. 그것은 원군으로 온 명나라 군사와 명의 수군 도독 진린의 횡포를 다스려 효과적으로 공동작전을 수행하는 일이었다. 다음은 당시의 상황에 대한 기술인데, 이것은 이순신 제독의 리더십과 용인술을 보여주는 하나의 좋은 사례이다.

명나라 수군 도독 진린은 성품이 사납고 다른 사람과 화합하지 못해서, 그가 이순신 제독의 권한을 빼앗고 조선의 군사들을 학대해 조선 수군이 전쟁에서 패하지 않을까 하고 조선 대신들은 진린이 서울을 떠날 때부터 걱정했다. 이순신 제독은 진린이 온다는 소식을 듣고 멀리 나가 그를 영접하고 성대한 잔치를 베풀어 환대했다. 진린은 오기 전부터 이순신 제독의 명성을 들어 경외하는 생각을 품었지만, 이 환대에 탄복했다.

조-명 연합군의 첫 번째 전투에서 이순신 제독은 진린에게 "도독은 명나라 대장으로 왔으니 우리 조-명 진중의 승리가 곧 도독의 승리입니다. 우리가 베어온 적의 수급을 모두 제독에게 드릴 터이니, 전장에 온지 얼마 안 되어 황제에게 공을 알리면 좋지 않겠습니까?" 하고 높은 곳에서 관전하게 하였다. 전투는 조선 수군이 선봉에 서고 명나라 수군은 후미에 피해 있었으므로, 전투 후 명나라 수군은 왜군 수급을 하나도 노획하지 못해, 진린은 부하들을 꾸짖었다. 이순신 제독은 노획한 수급을 진린과 그의 부하 장수에게 보내 언약을 지켰다. 진린은 "내가 일찍이 본국에서부터 공의 이름을 들었는데, 과연 허명이 아니었소."라고 심중을 고백했다.

이후에 진린은 이름 대신 이야(李爺)라는 존칭을 쓸 정도로 이순신 제독을 경외했으나, 명나라 병사들의 민간 약탈과 횡포는 그치지 아니했다. 이와 같은 명나라 수군의 행태를 내버려둘 수 없었으므로 이순신 제독은 백성들의 민가를 헐고 자신의 침구와 의복을 선적하여 진을 다른 곳으로 옮기는 조치를 개시한 후, 진린에게 명군의 행패로 백성들이 떠나려 하므로 대장인 자신도 떠나려 한다고 통지했다. 이 소식에 놀라 만류하는 진린에게, 이순신 제독은 진을 옮기는 것을 중지하는 대신 명군의 행패를 막을 수 있는 권한을 달라는 조건을 제시하였다. 진린이 이 조건을 승인함으로서 이순신 제독은 명군의 행패를 근절시킬 수 있었고, 이로써 조선과 명나라 수군이 원활하게 연합작전을 전개할 수 있는 여건을 마련했다.

이것은 이순신 제독의 리더십을 잘 보여주는 사례 중 하나이다. 권력은 설득과 강제를 수단으로 이용해 다른 사람의 반대를 무릅쓰고 자기 의사를 관철시키는 힘으로, 일차적으로 설득보다 강제에 기반한다. 반면 리더십은 설득 또는 리더 자신의 모범(본보기)을 통해 타인의 행동을 변화시켜 공동의 목표를 달성한다. 그러므로 권력은 동급자나 상위자에게 작용하기 어려우나, 리더십은 동급자나 상위자에게도 작용하며 또한 상대방을 감복시켜 자발적 참여를 이끌어 목표를 달성하도록 하므로, 리더십이 권력의 행사보다 효과적이라 할 수 있다. 그 리더십의 기본 내용을 잘 이해하고 익혀서, 사회에서 제 몫 이상을 하는 리더로서의 자질을 기르도록 하자.

1. 리더십의 개념과 의의

인간은 사회생활을 하는 가운데 그 사회를 이끌어갈 리더를 필요로 하며, 이런 필요성은 동서고금을 막론하고 거의 모든 종류의 조직에 있다. 특히 어떤 사회가 역경에 처해있을 때 사회구성원들은 역경에서 그들을 구해줄 리더를 갈망한다. 한 한국계 러시아인이 전한 체제붕괴 직후 경제적 어려움을 겪던 러시아에 유행했던 농담은 리더에 대한 사람들의 갈망을 대표한다. "우리네 러시아는 국토도 넓고, 자원도 풍부하며, 인구도 충분하고, 기술도 훌륭한데, 딱 한 가지가 없다. 그것은 러시아를 이끌어갈 리더이다. 정말 대통령을 수입해 와야 하나?" 2002년 월드컵에서 한국 축구 대표 팀이 4강에 오르도록 팀을 훈련시킨 히딩크 감독은 한국은 물론 세계적으로 유명인사가 된 바 있다. 2002년 월드컵에서 한국 축구 대표 팀이 4강에 오르는 데 기여한 히딩크 감독의 계약이 만료되자, 많은 사람들은 그에 걸맞는 유능한 감독을 목말라했다. 이런 리더에 대한 갈망은 바로 좋은 리더십에 대한 갈망이다.

최근 국내외적으로 그리고 대학 안팎에서 리더십에 대한 학습 욕구가 증대되고 있다. 그 증거로, 요즈음 한국의 많은 대학에서 "글로벌 리더"란 이름의 프로그램이 유행하고 있고, 서점마다 한 곁에는 온갖 리더십 관련 서적이 꽉 차 있다. 민주사회에서 그리고 전문지식이 무기가 되는 지식기반사회에서 리더십에 대한 갈망은 역설적인 듯하지만, 리더가 발휘하는 리더십에 따라 한 사회나 조직의 생존과 발전이 크게 영향을 받기 때문에 그것을 역설이라고 할 수 없을 것이다. 첫째, 민주사회에서는 강제보다 동의, 강제적 동원보다 자발적 참여가 중요하기 때문에 강제하는 권력자와 다른 설득하고 감화를 시키는 사람을 요구한다. 둘째, 이 시대가 지식기반 시대라 해도 일을 하는 사람들의 조직이 공동으로 목표를 달성하도록 하는데 리더십이 유용하다. 그러므로 전문지식은 기본이고 리더십은 플러스 알파로서, 리더십은 각 분야의 전문가를 차별화하고, 리더십은 한 사회와 다른 사회를 다르게 만든다. 이 때문에 전문화된 이 시대에서도 우리는 리더십의 중요성을 무시할 수 없다. 셋째, 한국사회는 "신바람"이란 말이 있는 것처럼 유별나게 분위기를 타는 사회로, 사람들은 자기가 좋아할 때는 열기를 가지고 일해 무엇이든 놀랄만한 성과를 내나, 내키지 않는 지시로 강요받을 때는 움직이려 하지 않고, 심지어 "난 못하겠으니, 배째라!"는 식으로 불복한다. 그러므로 한국사회에서는 다른 사회에서 보다 강제보다 설득이 유효하기 때문에 리더십이 중요하다. 넷째, 현대사회는 시스템에 의해 작동하는 사회라고 하지만 그 시스템이 결코 만능이 아니고, 또한 시스템에 참여하는 것도 결국 사람이기 때문에 리더십이 중요하다.

그러면, 리더십이란 무엇인가? 리더십에 대한 정의는 정치, 행정, 군사, 경영

등 영역에 따라 뉘앙스를 달리 하기 때문에 리더십에 대한 정의는 아마도 성공한 리더와 리더십이론을 펴는 학자 수만큼 다양하겠지만, 다음과 같은 정의가 유용하다고 본다.

① 리더십이란 한 개인(또는 리더십 팀)이 리더가 가지고 있거나 리더와 추종자가 공유하고 있는 목표를 달성하도록 해주는 설득 또는 본보기 과정이다(Gardner, John W., 1990: 1).

② 리더십은 지도자들이 지도들과 추종자들 모두의 가치와 동기-욕구와 필요, 열망과 기대-를 반영한 일정한 목표들을 위해 추종자의 행동을 유도하는 것이다(제임스 맥그리그 번스, 한국리더십연구회 역, 2000: 53).

③ 리더십이란 상호의 목적을 반영하는 실질적 변화를 의도하는 리더와 추종자 사이의 영향력 관계이다(Rost, Joseph C., 1993: 102).

이처럼 관계로 파악되는 리더십은 권력의 한 형태이기는 하지만 권력과 구별된다. 막스 베버가 권력을 사회적 관계 내에서 한 행위자가 저항을 무릅쓰고 자신의 의지를 관철할 수 있는 개연성이라고 보았던 것처럼, 권력은 권력행사자가 자신의 특정한 목표를 성취하기 위한 동기로 권력토대의 자원을 동원하고 활용하여 행사된다. 이와는 달리, 리더십은 리더와 추종자가 상호 수용한 목적을 현실화시키려 할 때 발휘된다. 로스트는 리더십에서 다음 4가지가 필수적이라고 한다. 첫째, 관계는 영향력에 기초해 있으며, 영향력관계는 양방향적이고 비강제적이다. 둘째, 리더와 추종자는 관계로 맺어진 사람들로, 추종자도 능동적이지만, 양자 관계가 동등하지는 않다. 셋째, 리더와 추종자는 확실히 일어날 중요한 변화를 의도한다. 리더와 추종자는 공동의 상호 목적을 개발한다(Rost, Joseph C., 1993: 101-128). 이런 리더십 개념을 취할 때 우리는 리더에 대한 엘리트적 접근의 위험을 피하면서 리더십의 과제를 이해한 후 리더십을 기르는 노력을 시작할 수 있다.

리더십문제는 인류역사만큼 오랫동안 관심을 불러일으킨 주제지만, 과학적 연구는 20세기에 들어서서 본격화되어, 리더의 특성에 관한 연구, 리더의 행동

연구, 상황부합적 연구의 순서로 계기적으로 발전해 왔다(신응섭 외, 1998: 12–48). 이 글은 수많은 리더십이론의 검토보다 리더십의 핵심내용을 소개해 리더십을 배양하도록 하는 데 목적을 두고 있으므로, 리더십의 과제, 리더의 자질, 리더십의 유형, 리더십의 배양의 순서로 살피기로 한다.

2. 리더십의 과제

1) 목표의 설정

가드너는 리더십의 과제를 ① 목표의 설계, ② 가치관의 확립, ③ 가치의 재생산, ④ 동기부여, ⑤ 관리, ⑥ 통합의 확보, ⑦ 신뢰, ⑧ 설명, ⑨ 상징으로서의 복무, ⑩ 집단의 대표, ⑪ 쇄신으로 지적했다(Gardner, John W., 1990: 11–22). 논자에 따라 다른 목록을 추가하거나 뺄 수 있을 것이다. 필자는 목표의 설정, 위임과 경영, 동기부여, 신뢰의 확보, 집단의 상징적 존재와 대표로서의 역할을 리더십의 주요과제로 삼고 싶다.

먼저 목표의 설정을 보기로 한다.

겨울이 오면 북에서 남으로, 봄이 오면 다시 남에서 북으로 이동하는 철새 떼를 본다. 철새 떼들의 운명은 리더가 가고자 하는 목표를 제대로 잡아 어떻게 그들을 이끌고 가느냐에 달려있음을 우리는 안다. 동물의 세계도 그럴진대, 하물며 인간사회에는 더 말할 나위가 있겠는가. 잠베지강 탐사에 실패한 리빙스턴 『제국』(닐 퍼거슨, 김종원 역, 2003: 174–231)처럼 목표의 방향을 잘못 잡은 탐험대가 실패하듯, 어떤 조직이든 올바른 목표를 설정해서 그 목표를 향해 나아가지 아니하면 위험에 처할 수밖에 없다. 그러므로 나아갈 목표의 설정은 인간 개개인은 물론, 모든 조직에 가장 중요한 리더십의 과제 중 하나이다. "목표에 도달하려면 가장 먼저 목표가 있어야 한다"(그레그 S. 레이드, 안진환 역, 2004: 31).

여기서 목표는 어떤 사회가 향후 이룩할 미래상인 비전과 그 비전을 실천하기 위한 장기목표, 중기목표, 단기목표 등을 포함해 말하는 것이다. 리더는 성장과정에서 기른 역사적 안목과 통찰력으로 집단이 나아갈 비전을 제시하고, 그 비전을 실현할 전략과 전술을 마련해야 한다. 리더가 제시하는 비전의 적실성 여부는 리더의 능력의 문제이다. 조선조 정치체제를 설계한 정도전, 세계대전 후 새로운 국제질서를 구상한 윌슨이나 루즈벨트는 위대한 비전을 제시한 정치가로 우뚝 서 있다.

우리가 목표를 설정할 때는 다음과 같은 사항을 고려할 필요가 있다. 첫째, 목표의 설정은 현재의 상황에 기초한다는 점이다. 집단이 처한 상황을 정의하고, 그 상황에 대처하는 방법을 계획하고, 진단 및 제안된 대책에 대하여 광범위한 지지를 동원하는 정치리더십의 기본 임무(터커, 1983: 145)에 따르는 것이다. 슛을 하는 운동선수는 자신의 위치로부터 거리를 재서 슛을 하며, 탐험대도 지도에 현재의 위치를 찍으며 앞으로 나아간다. 리더는 항상 집단의 현재의 위치－목표－목표달성방법의 삼각형을 그려야 할 것이다. 둘째, 목표는 리더와 추종자가 공유하도록 해야 한다. 절박한 현안의 해결을 도모하고, 단기간 안에 실현 가능성을 보이며, 가시적인 목표일수록 공유하기 쉽고, 추종자에게 설득력을 갖는다. 그러므로 박정희정부에서 목표의 공유가 쉬웠던 새마을 운동은 “잘살아 보세” 한마디로 성공한 반면, 김대중정부의 제2건국운동은 시작은 거창했으나 끝은 물거품처럼 되었다. 셋째, 민주주의 사회에서 목표는 의사결정과정을 통해 수립되지만, 목표설정은 때때로 리더의 결단을 요구하며, 리더는 때로는 위험을 무릅쓰고 결단을 내려야 한다는 점이다. 아마도 과감한 결단의 대표적인 좋은 본보기는 “삼국지”에 나오는 적벽대전의 개전 결정 장면으로, 손권의 개전 결의는 전통시대 군주의 단호한 결단사례로 인용되기도 했다. 끝으로 리더와 추종자 간에 의사결정과정을 통해 수립된 목표라 하더라도 장기적 목표는 그 성과가 나올 때까지 시간과 희생을 요구하므로 리더와 추종자 간 이해관계를 달리하고, 그 간극은 리더의 지위를 위태롭게 할 수도 있다는 점이다.

2) 위임과 경영

리더는 목표를 달성하기 위해, 경합하는 목표는 우선순위를 정하고, 목표를 달성하는 수단을 계획하여, 제도를 통해 과업을 추진한다. 리더는 이 과정에서 많은 일을 추종자에게 위임한다. 조직의 규모에 따라 다를 수 있겠으나, 리더가 모든 일을 직접 수행하는 것은 불가능히고, 일마다 직접 나서는 것은 추종자의 역할을 위축시켜 조직의 활력을 떨어뜨리기 때문에, 위임은 권장될 사항으로 보인다. 조선 왕조 정치체제의 설계자였던 정도전은 군주의 임무는 훌륭한 재상을 선발하고 정사를 재상과 의론하는 것이고, "재상은 만기총람하되 구체적인 업무는 한 직책만을 담당하는 백관에게 위임하도록 했다". 반면에, 촉한의 제갈량은 승상으로 있으면서 출정해 군사를 지휘하고, 내정에 조언하고, 외교를 관장하며, 군중의 사소한 재판도 담당하는 등 과중한 업무를 담당하다가 병사했다. 이는 리더가 직접 모든 일을 관장하는 것은 신체적으로도 한계가 있음을 보여주는 좋은 실례이다.

3) 동기부여

리더가 과업을 위임한 후 집단을 경영하면서 할 중요한 일 중 하나는 추종자들이 목표달성을 위해 움직이도록 동기를 부여하는 일이다. 동기부여는 중요성을 고려해 다른 장에서 별도로 다루게 되므로, 11장으로 미룬다.

4) 신뢰의 확보

리더는 조직의 추종자와의 관계 유지와 조직이 추구해야 할 일의 성취 사이에서 선택의 딜레마에 봉착하기 쉽다. 그러나 구성원으로부터 신뢰받는 리더는 조직을 통합시키고 안정시키며, 추종자의 열정을 불러일으켜 과업 수행의 질을 향상시킨다. 이 때문에 리더십에서 신뢰는 리더의 가장 중요한 자산 중 하나이다.

그러면 우리는 언제 리더에게 신뢰를 보낼 수 있을까? 리더가 예측 가능한 일관적인 행동을 하거나, 일을 수행하는 방식이 공정한 경우, 리더가 우리를 돕고 있다고 생각할 때이다(John W. Garder, 1990: 33). 또는 우리가 조직이 올바른 일을 하고 있다는 믿고, 일을 하는 과정과 의사결정방식이 옳다고 믿으며, 리더가 추종자를 믿고 추종자도 리더를 믿을 때이다(로버트 갈포드 · 앤 세이볼드 드레이포, 김언조 역, 2007: 18-20).

신뢰는 신용, 믿음직함, 친근감에 비례하고 이기심엔 반비례한다. 여기서 신용은 전문성으로, 다른 사람의 신뢰를 얻을 수 있을 정도로 하고 있는 일이나 말에 대해 충분히 알고 있는 것이 바람직하지만, 아는 게 별로 없어도 어디서 필요한 정보를 찾을 수 있는지는 정확히 알고 있으면 될 정도의 전문성이다. 이런 전문성과 과거의 행적, 그동안 이룬 업적과 특히 이 모든 것이 조직 내에서 알려져 있는 인지도가 어떤 사람을 조직 안에서 신용 있는 사람으로 만들어준다는 것이다.

믿음직함이란 일관적이어서 남이 의존할 수 있는 특징으로, 상대방을 편안하게 만들 정도로 일관되고 남이 믿을 수 있게 행동하는가를 말한다. 리더에 대한 믿음은 위기가 닥치면 리더는 사람들을 위로하고 안정시키고 기운을 북돋아야 하기 때문에 위기의 순간에 절대적으로 필요하다.

친근감은 개인적 동기, 상황, 민감성에 대한 이해로, 일을 하면서 리더가 구성원이 직면하는 이슈에 대해 감정적으로 친해지는 것을 말한다. 리더가 사생활을 남과 공유하거나 남에게 요구해야 한다는 의미가 아니라, 리더는 비즈니스 이슈로 매일 영향을 받는 사람들의 눈 앞의 개인적인 업무 즉 보상, 승진, 직원 고용과 해고와 같은 문제를 진지하게 고민해 주어야 한다는 것이다. 이를 공식으로 하면 다음과 같다(로버트 갈포드 · 앤 세이볼드 드레이포, 김언조 역, 2007: 52-58).

$$\text{신뢰도(trustworthness)} = \frac{\text{신용(credibility)} + \text{믿음직함(reliability)} + \text{친근감(intimacy)}}{\text{이기심(self-orientation)}}$$

신뢰도를 측정하는 기준은 신뢰도의 측정 그 자체도 중요하지만, 리더십 훈련 과정에서 리더로서 신뢰를 증진시킬 수 있는 방안을 시시해준다. 그러므로 위의 요소를 염두에 두고, 신뢰를 증진시키는 노력을 기울여보자. 매일매일의 만남은 한편으로는 잘못을 범할 경우엔 신뢰를 손상시키는 위기가 되겠지만, 반대로 올바르게 처신하면 신뢰를 구축할 좋은 기회이다. 신뢰받는 비결은 단순한 말이나 꾸밈이 아니라, 솔직하게 행동하고 상대를 배려해주면서, 일한 결과를 보여주는 데 있다.

5) 집단의 상징적 존재와 대표로서의 역할

리더는 집단의 상징적 존재이자 대표이다. 리더는 상징적 존재로서 품위를 유지해야 하고, 외부로 자신의 집단을 대표해야 한다. 일제강점기 단신으로도 한국의 독립을 위해 미국에서 투쟁한 이승만, 본토의 일부는 독일군에게 점령당하고 나머지는 독일 괴뢰정권이 들어섰음에도 불구하고 영-미 연합국 사이에 위축되지 않고 자유프랑스의 대표로 행세한 드골은 대표 역할을 한 대표적인 대표이다.

3. 리더의 자질

1) 건강

독일의 정치사회학자인 베버는 정치지도자의 자질을 열정, 책임감, 규형감각 있는 판단력으로 지적한 바 있다. 반면 미국인 가드너는 리더의 자질을 ① 육체적 활력과 정력, ② 기꺼이 책임을 지려는 자세, ③ 과업 수행의 능력, ④ 추종자/구성원 및 그들의 욕구에 대한 이해, ⑤ 사람 다루는 수완, ⑥ 성취하고자 하려는 욕구, ⑦ 동기를 부여할 수 있는 능력, ⑧ 용기, 과단성, 확고부동함, ⑨ 신뢰의 획득과 유지 능력, ⑩ 경영하고, 결정하며, 가치우선 순위를 설정하는 능력, ⑪ 자신감, ⑫ 주도, 지배, 단호함, ⑬ 방법의 적용능력과 유연성의 13가지로 지적하고 있는데(Gardner, John W., 1990: 48-54), 이는 상세한 반면 너무 세분된듯하다. 사람에 따라 중요하다고 보는 리더의 자질이 다를 수 있다는 점을 인정하고, 여럿 가운데 가장 대표적인 자질로 건강, 열정, 판단력, 책임감, 용인술과 정치력을 살펴보기로 한다.

먼저 건강을 보기로 한다.

흔히 재물을 잃으면 조금 잃는 것이고, 명예를 잃으면 많이 잃는 것이며, 건강을 잃으면 다 잃는 것이라고 한다. 또 어느 정치인은 머리는 남에게 빌릴 수 있지만 건강은 빌릴 수 없다고 했다. 이처럼 건강은 누구에게나 소중한 것이지만, 리더의 안위는 집단 안팎에 영향을 미치기 때문에 그의 건강은 주요 관심거리가 되고, 고위 리더일수록 더 큰 관심을 불러일으킨다. 만일 조선 후기의 명군 정조가 더 오래 집권을 했다면 역사는 달라졌을지 모르고, 루즈벨트가 더 건강했더라면 전후 처리를 위한 회담에서 스탈린에게 덜 양보했을지 모른다. 건강은 리더가 활발하게 일할 수 있도록 만들어 주는 신체적, 정신적 상태이기 때문에, 리더가 되려는 사람이 모두 역도선수와 같은 체력을 갖출 필요는 없겠지만, 건강을 증진하고 최적의 상태를 유지할 필요가 있다.

2) 열정

역사상 위대한 리더들은 불꽃같은 열정은 가진 사람들이어서, 무엇인가를 성취하고자 하는 욕망의 용광로로 비유될 수도 있다. 우리가 생래적으로 그런 열정을 가지고 있으면 좋겠지만, 그렇지 아니한 경우 자기 예언적 목표로 몰입할 수는 있을 것이다. 시저는 세계제국을 건설한 알렉산더대왕에 비추어 분발할 수 있었다. 우리가 왕이나 장군이 아니지만, 우리는 리더로서 부여받은 과제에 의미를 부여하는 방법으로 열기를 살릴 수 있다. 언젠가 가까이서 보기에 과중한 업무를 수행하는 교수에게 위로의 말을 했더니, “어떤 일을 맡는 것을 피할 수 없는 것이라면, 차라리 그 일을 하는 것을 즐기기로 했어요!"란 것이었다. 또 어느 교수는 한 특강에서 "우리 모두 어떤 일을 시작한 바엔 완수하도록 하고, 완수할 바엔 잘하도록 하고, 또 잘할 바엔 남다르게 하고, 남다르게 할 바엔 의미 있게 해보도록 하자."는 제안을 했었는데, 그런 열정으로 살아온 그는 그 후 고위 공직을 맡아 일을 하게 되는 영광을 안았다. 이 두 사람의 신조는 모두가 한 번쯤 되뇌어볼 만한 황금언이 아닐까?

3) 판단력

여기서 리더의 판단은 넓게 그가 속한 집단과 환경에 대한 진단과 미래에 대한 비전을 포함한 안목과 비전을 실천하기 위한 전략의 채택을 포함하는 것을 의미한다. 판단력이란 어려운 자료, 의문스런 자료 그리고 직관적 상상력을 결합하여 사태가 올바르다고 입증된 결론에 도달하는 능력이다. 행위상의 판단력은 효과적인 문제해결, 전략의 수립, 가치의 우선순위, 그리고 합리적인 판단뿐만 아니라 직관의 사용도 포함한다(Gardner, John W., 1990: 49). 판단력의 중요성을 보여주는 유명한 사례는 부지기수지만, 한국전쟁 때 오성산 공격작전에 대해 한국계 미군 김영옥 소령이 내린 판단과 그 판단과 배치된 작전의 피해를 소개하기로 한다. 이로 보면 리더의 판단이 얼마나 중요한가를 알 수 있다.

한국전쟁 3년째인 1952년 김영옥 소령은 미7사단 31연대 1대대장으로서 그의 부대는 금화에 배치되어 있었다. 그때 31연대장인 모세스 대령이 중공군이 점령하고 있는 1062m의 오성산 줄기 아래 있는 쌍둥이 고지 파이크스봉과 598고지 공격을 제안했다. 그러나 김영옥 소령은 무모한 공격이라고 판단해 반대했다. 그 판단근거는 다음과 같다.

① 두 고지를 점령해도 중공군은 고지대에 있고 미군은 저지대에 있어 은폐가 어려워 위험에 노출되어 있어 희생만 부를 뿐이다.

② 오성산의 전략적 위치상 오성산점령은 평양점령 의사와 같은 것이므로, 워싱톤의 허락 없이는 대공세가 불가능하다.

---

③ 오성산은 요새화되어 지상군 2개 사단과 공군도 동원되어야 하는 것으로, 연대급 이하의 작전은 불가능하다.

④ 연대장이 미국 남북전쟁 때 북군이 소모전을 전개해 남군의 병력을 고갈시켜 승리하게 되었다고 주장하지만, 당시 남군은 병력이 부족했고 북군은 부족하지 않았으나, 여기서는 유엔군은 병력이 부족하고 중공군은 부족하지 않다. 또 미국 남북전쟁은 남군을 완전히 패배시키는 전쟁이었지만, 현재의 한국전쟁은 유리한 협상을 하기 위한 전쟁일 뿐이다.

그리하여 김영옥 소령은 연대장 모세스 대령의 쌍둥이 고지 공격작전을 반대하고, 미군 복무규정의 본국으로 귀환할 자격을 갖고 있어 한국전선을 떠났다. 그 후 미군 7사단과 한국군 2사단이 연합작전으로 전개한 쇼우다운 작전의 저격능선전투에서 42일간 전투가 벌어져 유엔군 8000명, 중공군 12,000명의 사상자를 내었다. 그렇게 하고도 이 지역의 전선은 작전 전 그대로였다(한우성, 2006: 509-527).

〈덧붙여 말하면, 김영옥 소령은 대령까지 승진하였고 미국 역사상 최고의 전쟁 영웅 16인에 포함되었고, 그의 공적과 봉사활동을 기려 로스앤젤레스 시내 센트럴 중학교는 2009년 교명을 "영옥 킴 아카데미"로 했다.〉

4) 책임감

어느 사회이든 어떤 문제가 발생했을 때 문제의 해결을 위해 누군가 어떤 결정을 내려야 하는 상황이 존재한다. 아무도 나서지 않을 때 리더는 문제의 해결을 위해 주도적으로 나서야 하며, 또 스스로가 주도권을 행사하고 결정을 내린 부담을 져야 한다. 리더는 일반 구성원이 갖는 법적 책임을 넘어서는 정치적 책임을 진다. 베버는 정치지도자는 심정윤리가 아닌 책임윤리를 가져야 한다고 했지만, 책임윤리는 비단 정치지도자에게만 해당되는 것이 아니라 리더 모두에게 해당되는 의무이다.

리더는 스스로 책임을 져야 하지, 남에게 특히 추종자에 전가해서는 안 된다. 미국의 트루먼 대통령은 재임 중 "모든 책임은 여기서 끝난다."라는 글을 책상위에 써 두었다고 하는데, 책임감 있는 리더의 면모를 잘 보여주는 일화가 아닐 수 없다.

5) 용인술과 정치력

리더는 집단이 지향하는 공동의 목표를 달성하기 위해 일할 사람을 다루고 다른 사람의 협력을 끌어내기 위해 용인술과 정치력이란 기술이 있어야 한다. 여기서 용인술은 집단 내 인재를 활용하는 기술을, 정치력은 외부 집단과의 협력을 끌어내는 기술을 의미한다.

리더는 함께 일하는 구성원의 자질을 알고 그들의 욕구를 제대로 이해하고 있어야, 집단 내 갈등을 줄이고 통합을 이룩할 수 있으며, 구성원에게 동기를 부여하여 업무를 효율적으로 수행할 수 있다. 임진왜란 때 이순신 제독은 조선의 원병 요청에 따라, 자국의 안보를 위하여 그리고 자소사대(字小事大)의 규범에 따라 파병된 명나라 군사 중 수군과 연합작전을 전개한 바 있다. 이때 명나라 수군 도독은 진린(陳璘)이었는데, 그는 거만하고 탐욕스런 인물이었다. 그러나 이순신은 그의 성격을 파악한 후 자존심은 충족시켜주되 조선 수군의 전투 능력을 보여주는 전략을 써서 그의 협력을 받아 조-명 연합작전을 수행하였다(정혜영, 2006: 209-218). 한국 여자양궁 선수들은 단순한 세계 1위의 금메달 기록이 아니라 활을 쏴 과녁의 정중앙을 맞추어 그곳에 부착되어 있는 텔레비전 중계용 카메라를 깬 신화를 기록한 적이 있다. 이는 한국선수들이 그만큼 훈련을 잘 받았고 최상의 실력을 보유한 결과라 할 수 있는데, 대표팀 감독들은 선수들의 생리주기조차 파악할 정도였다고 한다.

오늘날 사회는 각종 네트워크로 상호 연결되어 있어 관련 기관의 협력 없이 일을 추진할 수가 없다. 이 때문에 리더는 정치력 또한 소홀히 될 수 없다는 점을 추가하지 않을 수 없다.

4. 리더십의 유형

리더십은 리더의 성격, 상황, 목표 등에 의해 다양하게 분류될 수 있다. 수많은 유형 가운데 고전적 유형 중 하나는 르윈의 분류로, 그는 리더십을 전제적 리더십, 민주적 리더십, 자유방임적 리더십으로 구분하였다(金明勳, 1980: 109-114). 또 다른 하나의 유형은 번즈의 구분으로 거래적 리더십과 변혁적 리더십이 있다. 거래적 리더십은 지도자와 추종자들의 관계가 거래적인 것으로, 지도자가 추종자의 이기적 욕구를 자극하여 동기를 부여하는 유형이다. 반면 변혁적 리더십은 추종자의 도덕성을 자극하여 동기를 부여하는 유형이다(제임스 맥그리그 번스, 한국리더십연구회 역, 2000: 28-29).

그러나 최근 신완선 교수가 유형화한 컬러 리더십은 흥미롭고 유용해 보인다. 컬러 리더십은 우리는 누구나 자신이 갖고 있는 리더십 요소 중 "스타리더십요소"를 키워 색깔 있는 리더가 되어야 한다는 문제의식에서 출발해, 자신의 리더십을 진단할 수 있도록 하고 있다. 7가지 유형은 서번트 리더십, 브랜드 리더십, 사이드 리더십, 파워 리더십, 슈퍼 리더십, 비전 리더십, 변혁적 리더십으로, 그 특징은 다음과 같다(신완선, 2002).

표 8-1 컬러 리더십

리더십 컬러	키워드 (접근방식)	영어 한마디로 표현한다면?	컬러 리더십이 돋보이는 경영 환경
서번트 리더십	사랑(Affiliative)	People com first.	복잡한 갈등이나 대립을 해소하고 싶다.
브랜드 리더십	창의(Creative)	Think different, act different.	차별화된 경쟁력을 만들고 싶다.
사이드 리더십	예방(Democratic)	What do you think?	의견 수렴을 통해서 공감대를 확립하고 싶다.
파워 리더십	성실(Pacesettinig)	Do as I do, now.	팀으로부터 즉각적인 결과를 만들고 싶다.

리더십 컬러	키워드 (접근방식)	영어 한마디로 표현한다면?	컬러 리더십이 돋보이는 경영 환경
슈퍼 리더십	지식(Delegating)	Do it yourself.	권한 위임을 통해서 책임을 명확히 하고 싶다.
비전 리더십	비전(Authoritative)	Come with me.	새로운 비전이나 방향설정이 요구되는 환경이다.
변혁적 리더십	용기(Coaching)	Try this.	업무 능력을 개선하여 장기적인 경쟁력을 만들고 싶다.

자신의 리더십 컬러를 진단하는 방법은 다음과 같다. 먼저 진단표의 진단내용에 '적극 동의한다' 10, '동의한다' 8, '보통이다' 5, '미흡하다' 2, '아주 미흡하다' 0으로 표기한다. 세로로 숫자를 더하여, 가장 높게 나온 유형이 자신의 리더십 컬러가 된다. 저자의 말처럼, "사람은 누구에게나 강점이 있다. 자신의 강점을 빛나게 하는 리더가 되어야 한다."

표 8-2 컬러 리더십 진단표

문항		진단내용	진단수준
방향설정	1. 비전	그의 비전은 우리들에게 희망을 주고 우리 스스로 열정을 갖도록 만든다.	0 2 5 8 10
	2. 창의성	독특한 발상을 중시 여기며 미래를 보는 안목이 탁월하다.	0 2 5 8 10
	3. 문제의식	어떤 상황에서도 항상 문제의식을 갖고 개선 가능성을 본다.	0 2 5 8 10
	4. 의견수렴	구성원의 요구사항을 수시로 파악해서 공감대를 이루려고 노력한다.	0 2 5 8 10
결단력	5. 신속성	모호한 행동을 취하지 않으며 한 번 결정을 하면 즉시 실행에 옮긴다.	0 2 5 8 10
	6. 책임감	성과를 높이는데 책임감을 중요시 여긴다.	0 2 5 8 10
	7. 용기	갈등과 대립의 순간에도 용기 있는 결단을 내린다.	0 2 5 8 10

문항		진단내용	진단수준
	8. 경쟁심	경쟁을 즐기며 경쟁할 수 있는 자체가 기회라고 생각한다.	0 2 5 8 10
	9. 치밀성	자신이 맡은 일은 빈틈없이 치밀하게 처리한다.	0 2 5 8 10
	10. 유연성	순발력과 융통성이 있다는 평가를 받고 있으며 급변한 상황에서도 여유 있게 대응한다.	0 2 5 8 10
추진력	11. 통솔력	원하는 방향으로 조직을 이끄는 능력이 있다.	0 2 5 8 10
	12. 신뢰	리더로서 신뢰가 있다는 평판을 가지고 있다.	0 2 5 8 10
	13. 열정	하는 일에 대부분 열정적으로 참여하고 추진한다.	0 2 5 8 10
	14. 전략적 사고	다양한 요소를 고려한 계획 수립 및 실행능력이 탁월하다.	0 2 5 8 10
	15. 지속적 개선	꾸준한 성격이며 정신적, 신체적인 인내성이 강해서 계속 발전시키는 것을 중시한다.	0 2 5 8 10
	16. 성실	리더가 되는 데 필요한 성실성을 가지고 있다.	0 2 5 8 10
대인관계	17. 커뮤니케이션	대인 커뮤니케이션 능력(연설, 발표, 혹은 설득 등)이 우수하다.	0 2 5 8 10
	18. 유머	그의 유머는 리더십에 좋은 영향을 미친다.	0 2 5 8 10
	19. 정치성	외부 활동이 활발하여 내부에서 필요한 부분을 조직 외부에서 찾아내어 해결하는 데 적극적이다.	0 2 5 8 10
	20. 쇼맨십	보다 나은 결과를 위해서 의도적으로 상황을 연출하기도 한다.	0 2 5 8 10
	21. 교섭능력	어려운 상황과 다루기 힘든 사람을 협상으로 처리하는 능력이 있다.	0 2 5 8 10
	22. 겸손	언행에 있어서 겸손한 사람이라는 평가를 받고 있다.	0 2 5 8 10
	23. 직선적	마음에 있는 생각은 솔직히 털어놓는 성격이다.	0 2 5 8 10
가치관	24. 도덕성	리더는 도덕/윤리적으로 깨끗해야만 한다고 믿고 실천하는 사람이다.	0 2 5 8 10
	25. 인간중심	상호 인격을 존중하며 다른 사람의 실수도 사랑으로 포용한다.	0 2 5 8 10

'적극 동의한다'는 10 / '동의한다'는 8 / '보통이다'는 5 / '미흡하다'는 2 / '아주 미흡하다'는 0에 동그라미 표시함.

●●● 표 8-3 컬러 리더십 분석표

진단문항		빨간색 서번트	주황색 브랜드	노란색 사이드	초록색 파워	파란색 슈퍼	남색 비전	보라색 변혁적
방향 설정	1. 비전(예시용)			(8)	(8)		(8)	
	1. 비전							
	2. 창의성							
	3. 문제의식							
	4. 의견 수렴							
결단력	5. 신속성							
	6. 책임감							
	7. 용기							
	8. 경쟁심							
	9. 치밀성							
	10. 유연성							
추진력	11. 통솔력							
	12. 신뢰							
	13. 열정							
	14. 전략적 사고							
	15. 지속적 개선							
	16. 성실							
대인 관계	17. 커뮤니케이션							
	18. 유머							
	19. 정치성							
	20. 쇼맨십							
	21. 교섭 능력							
	22. 겸손							
	23. 직선적							
가치관	24. 도덕성							
	25. 인간 중시							
합산 점수								

5. 리더십의 배양

지금까지 개념과 의의, 리더십의 과제와 리더의 자질, 그리고 리더십의 유형을 살펴보았다. 리더십의 중요성을 이야기하면, 사람들은 흔히 그것은 자기와는 상관없는 일이라고 생각하기 쉽다. 나이든 사람은 대개 "내 나이 몇인데, 그것 무엇하러 공부하나?" 할 수 있다. 그러나 일본어를 배우기 위해 학원에 등록한 68세가 된 어느 할머니가 지금 그 연세에 공부할 수 있겠느냐는 질문을 받자, "내년부터 시작할까 했는데 그땐 너무 늦을까 봐 올해부터 시작하기로 했다우." 란 말의 메시지처럼, 우리는 종종 무엇을 하기 전에 너무 늦은 때란 없다고 듣는다. 젊은이들 또한 리더십 공부에 대해 잘못 생각하기 쉽다. "다른 공부하기도 벅찬데, 내가 당장 필요도 없는 리더십을 왜 공부해야 하나?", "내가 리더도 아닌데, 리더나 알아야 할 리더십을 공부해야 하나?"

맥스웰은 중간 리더는 다음과 같은 리더십에 대한 오해에 직면한다고 지적하고 그 오해에 대해 반박을 했다(존 맥스웰, 강혜정 역, 2007: 17-47). 그 오해는 다음과 같은 것이다.

① 지위에 대한 오해 : "톱 리더가 아니면, 리더십을 발휘할 수 없다."
② 목적지 도달에 대한 오해 : "톱 리더가 되고 나면, 리더십을 배울 것이다."
③ 영향력에 대한 오해 : "내가 톱 리더라면 사람들이 나를 따를 것이다."
④ 무경험에서 오는 오해 : "톱 리더가 되면 조직을 통제할 수 있을 것이다."
⑤ 자유에 대한 오해 : "톱 리더가 되면 제한 없이 마음대로 할 수 있을 것이다."
⑥ 잠재력에 대한 오해 : "톱 리더가 아니면, 잠재력을 다 펼칠 수 없다."
⑦ 전부 아니면 전무라는 오해 : "톱 리더가 될 수 없다면, 아예 리더가 되지 않겠다."

우리가 조금 깊이 생각하고 관찰해 보면 이것은 잘못된 것임이 쉽게 드러난다. 리더십 훈련은 사람이 태어나서 죽을 때까지 평생 지속되는 사회화와 마찬가지로, 늘 요구되는 과정이다. 사소해 보이지만 다음의 방법은 리더십의 배양을 위해 평소에 실천해볼 만한 방법이다.

① 독서를 통해 간접경험을 하라 : 역사적으로 위대한 지도자들은 그들이 군사지도자였든 정치지도자였든 경영자였든 간접적이었지만 독서를 통해 많은 경험을 했던 사람들이었고, 그들은 대체로 역사서를 좋아했다. 동서고금의 역사서나, 역사적 인물의 전기는 훌륭한 리더십 교재이다. 남과 다른 창의성 개발을 위해 한 분야에서 일가를 이룬 어떤 이는 남들이 잘 읽지 않는 오래된 고전을 읽으라고 권하고, 다른 어떤 이는 시를 읽어보라고 권한다. 모든 경험을 직접 할 수 없는 것이 현실인 만큼 리더십의 배양에 관심이 있는 사람에게 독서는 강력한 훈련방법이다.

② 좋아하는 훌륭한 리더를 마음속의 거울로 삼아보라 : 우리가 잘 알고 있듯이 우리가 잘 아는 호오도온의 『큰 바위 얼굴』은 훌륭한 인물을 고대하던 어린이가 성장해 자기가 바로 그 기대하던 인물이 된다는 내용의 소설이다. 역사상 훌륭한 지도자는 자신이 숭배하는 사람에 버금가는 지도자가 되었다. 한때 한국의 정치지도자 중 많은 사람이 유력한 정치인을 모델로 삼아 정치에 입문해 지도자로 성장해 갔다. 이런 사례는 비정치적 분야에도 해당된다.

③ 마음속으로 리허설을 하라 : 우리는 흔히 일상생활 속에 가까운 시간 안에 할 일에 대해서는 곧잘 마음의 준비를 한다. 일종의 마음속으로 예행연습을 하는 셈이다. 이것을 조금 확장하면 우리는 더 많은 마음속의 예행연습을 할 수 있다. 우리는 크든 작든 일상생활을 통해 다양한 리더와 직·간접적으로 대면한다. 학과 대표, 학생회장, 동아리 대표, 동문회장, 입학식에서 만나는 총장, 시의 중요한 정책을 집행하는 시장, 대외정책에서 양자택일을 요구받는 대통령, 선수 교체의 순간을 고민하는 감독, 새로운 업종 진출의 결단을 내려야 하는 경영자, 등산코스를 선택해야 하는 등반대장 등등이 그들이다. 이들이 어떤 역할을 수행하는 상황에서, 다행히도 우리가 그 곁에 있게 된다면, "내가 그 자리에 있다면 나는 무엇을 어떻게 할까?" 하고 스스로에게 던지는 물음과 대답은 훌륭한 리더십 훈련이 된다.

④ 문서로 표현해보라 : 화가는 머릿속으로 구상하고도 스케치를 한다. 건축설계사는 머릿속으로 구상한 것을 그려서 구체화한다. 리더는 조직의 비전과 목표, 추진전략을 문서로 구체화할 필요가 있다. 훈련을 위해 머릿속으로만 생각하지 말고 종이에다 써보고, 그려보고, 표도 만들어 계획서를 구체화하는 것은 목표설정과 실천전략과 전술을 구체화하는 것이다. 일하면서 유념할 사항은 계획과 실천전략은 살아있는 현장에 토대를 둔 계획과 전략이어야 한다는 것이다. "나는 탁상 위의 전략을 믿지 않는다"(크리스터 요르젠센, 오태경 역, 2007)는 것은 전쟁터에서만 해당되는 것이 아니다.

⑤ 작은 일이더라도 능동적으로 실천해보라 : 리더십은 살아가면서 어떤 일을 수행하면서 익히는 것이다. 이론으로 배웠다 해도 수영은 물에 들어가야 익힐 수 있고, 낙하산 타는 법은 공중으로 뛰어내리면서 익힌다. 리더십 또한 마찬가지이다. 비록 현재의 위치가 낮은 하위리더이거나 추종자의 위치에 있다 해도 수행하는 작은 일이라 하더라도 최선을 다함으로써, 차츰 리더로서의 자질이 연마되어, 보다 높은 단계로 나아갈 수 있다.

사다리는 맨 아래 계단부터 오르는 것이지, 단번에 맨 윗 계단으로 오르지는 못한다.

탐구문제

1. 자신이 좋아하는 리더 중 한 사람을 선정해 그는 어떤 성격의 리더이었고, 그가 가진 장점은 무엇이었으며, 성격상 자신과 어떤 점에서 공통점과 차이점이 있는지 알아보자.
2. 자신의 인생을 비전, 10년 후, 4년 후, 1년간의 목표로 나누어 설계하고 실천 전략을 수립해 보자.
3. 우리 인간은 사회적 동물로 외딴 곳에서 홀로 자기 일만 하며 살 수도 없고 설사 그렇게 산다고 하더라도 성공할 수 없다. 우리가 어떤 직업을 갖고 일에 대해 일정한 능력을 갖게 되지만, 그 정도의 능력은 다른 사람도 갖게 마련이기 때문에 우리와 그들을 차별화하지는 못한다. 흔히 성공은 정치력에 달려 있고 정치력은 내공에 비례한다고도 한다. 과연 성공하는데, 정치력은 불가결한 것인가? 그리고 우리가 접할 수 있는 성공한 사람들이 보여주는 정치력은 무엇이고 우리는 그것을 어떻게 기를 수 있는가?

참고문헌

김명훈(1980). 리이더쉽론. 대왕사.

김종대(2008). 여해 이순신. 예담.

김태훈(2004). 이순신의 두 얼굴. 창해.

신완선(1999). CEO 27인의 리더십을 배우자. 물푸레.

신완선(2002). 컬러리더십. 더난출판.

신응섭 외(1998). 리더십의 이론과 실제. 학지사.

윤명철(2007). 광개토대왕. 마젤란.

정영현(2007). 리더와 리더십. 한솜미디어.

정운찬(2008). 가슴으로 생각하라. 따뜻한 손.

정윤재(2003). 정치리더십과 한국민주주의. 나남출판.

정혜영(2006). 이순신의 리더십연구. 한국학중앙연구원 한국학대학원 박사학위논문.

김필수 · 고대혁 · 장승구 · 신창호 역(2006). 관자. 소나무.

조이제 · 카터 에커트 편저(2005). 한국근대화 기적의 과정. 월간조선사.
최기억(2004). 세종대왕 경영리더십. 이지북.
한국정치학회관훈클럽 편(2007). 한국의 대통령리더십과 국가발전. 인간사랑.
한우성(2006). 영웅 김영옥. 북스토리.

Gardner, J. W.(1990). *On Leadership*. NY: The Free Press.
Rost, J. C.(1993). *Leadership for the twenry-first century*. C: Prager Publishers

그레그 S. 레이드 지음, 안진환 옮김(2004). 10년 후. 해바라기.
닐 퍼거슨 지음, 김종원 옮김(2003). 제국. 민음사.
둥예쥔 편저, 송하진 옮김(2008). 건륭 평천하. 아이템북스.
로버트 갈포드 · 앤 세이볼드 드레이포 지음, 김언조 옮김(2007). 신뢰받는 리더. 물푸레.
로버트 그린 · 주스트 엘퍼스 지음, 정영목 옮김(2007). 권력의 법칙. 까치.
R. 터커 지음, 안천시 · 손봉숙 옮김(1983). 리더쉽과 정치. 까치.
쟈오커야오 · 쉰다오신 지음, 김정희 옮김(2011). 당태종 평전. 민음사.
제임스 맥그리그 번스 지음, 한국리더십연구회 옮김(2000). 리더십강의. 생각의 나무.
제임스 맥그리그 번스 지음, 조중빈 옮김(2006). 역사를 바꾸는 리더십. 지식의 날개.
존 맥스웰 지음, 강강준 옮김(2007). 리더십의 법칙. 비전과 리더십.
존 맥스웰 지음, 강혜정 옮김(2007). 366도 리더. 넥서스 BIZ.
존 K. 클레멘스 D. F. 메이어 지음, 김민홍 편역(2004). 고전에서 배우는 리더십. 매일경제신문사.
케서린 K, 리어돈 지음, 조영희 옮김(2005). 정치력 101. 에코의 서재.
크리스터 요르젠센 지음, 오태경 옮김(2007). 나는 탁상위의 전략을 믿지 않는다. 플래닛미디어.

Chapter 09

리더십으로서의 의사결정 능력

사례

당신은 사공이 많으면 배가 산으로 간다는 속담처럼 반대 의견이 많으면 의사결정이 엉망이 된다는 의견에 동감하는가? 아니면 시간은 오래 걸리더라도 여럿이 함께 결정할 때가 혼자 결정할 때보다는 현명한 결과가 나온다고 생각하는가? 후자가 옳다고 믿기 때문에 우리는 회의를 하고 토론을 하는 것이다. 존 F. 케네디 대통령 시절 쿠바 미사일 사건은 여럿이 함께 의사를 결정할 때 흔히 일어나는 집단사고(group think)의 전형적인 사례로 꼽힌다. 즉 분위기상으로 반대 의견이 묵살당하는 위험한 상황이 벌어져서 회의나 토론이 오히려 위험해지는 상황이다.

1961년 케네디 대통령이 집권하자마자 미국은 쿠바의 공산정부를 무너뜨리기 위해 쿠바 침공을 계획한다. 당시 수뇌회의에는 최고의 재능을 가진 고위공직자들이 참여하였지만 "쿠바를 침공해야 하는가?"에 대한 결정을 내리게 되었다. 그러나 사실은 그 결정이 잘못된 것임에도 불구하고 분위기가 침공하자는 쪽으로 몰리면서 반대자들이 의견조차 내기 어려운 상황이 되었다. 결국 회의는 CIA에게 쿠바 침공을 명령하게 되고 CIA는 쿠바 남쪽의 피그만(Bay of Pig)으로 진격하였다. 그러나 함정과 공군기가 쿠바의 공군에 의해서 격퇴당하고 미군 1,400명 중 200명이 전사하고 나머지는 포로로 잡히는 참패를 겪게 된다.

1962년 10월 쿠바의 소련 핵미사일을 확인한 미 군부와 CIA는 다시 공중폭격과 전면침공을 주장한다. 1년 전 피그만 침공 실패의 치욕을 만회하려는 의지가 앞섰던 것이다. 그런데 그 내용은 본 장의 말미에 소개하겠지만, 케네디 대통령의 지혜에 힘입어 수뇌회의가 피그만 침공 때와는 전혀 다른 의사결정의 과정을 거치게 된다. 그 결과 쿠바의 미사일 위기를 미국의 성공으로 이끈 계기가 되었다. 당시 13일간 계속된 수뇌회의에서는 가능한 대안들이 모두 제의되었고 예상되는 결과에 대해서도 격렬한 논의가 있었다. 결국 초기에 유력했던 공중폭격보다는 해군이 쿠바의 해상을 봉쇄하는 것이 최선이라는 결론을 내리게 되었다. 소련은 해상봉쇄를 해적행위로 비난하면서도 결국은 미사일을 철수할 수밖에 없었다.

1. 의사결정의 의의와 유형

1) 리더십과 의사결정

앞의 사례에서 보듯이 케네디 대통령은 1961년 피그만 사건과 이어서 1962년 쿠바 미사일 위기사건을 겪게 되면서 의사결정과정에서 필요한 리더십의 중요성을 여실히 보여주였다. 피그만 사건은 의사결정과정의 전형적인 실패사례였고, 그것을 교훈 삼아 쿠바 미사일 위기사건에서 새로 도입되었던 의사결정과정은 성공사례로 꼽히곤 한다.

집단이든 혹은 기업이든 정부이든 사회의 모든 주체들은 어떤 행위를 하기에 앞서 의사결정을 하게 된다. 예컨대 동문회에서 모임을 개최하려 할 때, 기업에서 신제품을 출시하려 할 때, 정부가 공공문제를 해결하려 할 때는 필연적으로 의사결정을 하게 된다.[1)]

특히 조직이나 집단이 의사결정을 하는 데 있어서 리더가 차지하는 역할은 특별하다. 리더는 조직이나 집단에 큰 영향을 미칠 수 있는 중요 결정이나 최종 결정을 내려야 하는 권한과 의무를 부여받고 있다. 우리는 역사 속에서 리더의 결단이 조직에 얼마나 큰 영향을 미치는지 무수히 보아왔다. 리더의 결단을 통해 조직이 번성하거나 회생하는 경우가 있는 반면, 오판으로 인해 조직에 치명적인 손실을 입히는 경우도 있다. 통솔하는 조직이나 집단의 규모가 클수록, 그리고 조직이나 집단의 리더십에 대한 의존도가 높을수록 더욱 그러하다.

또한 의사결정의 능력은 리더 자신의 운명과도 직결되므로 더욱 중요하다. 현대적인 의미의 리더십이란, 리더가 추종자들을 끌고 가는 것일 뿐만 아니라 추종자들이 리더의 권위와 능력을 인정하고 자발적으로 추종한다는 의미이다.

1) 우리들의 일상생활 역시 크고 작은 의사결정의 연속이라 할 수 있다. 진학할 대학교를 선택하거나 배우자를 선택할 때처럼 중요한 결정도 있지만 승용차나 휴대폰을 구입할 때처럼 덜 중요한 결정도 있다. 심지어 학교에 등교할 때 걸어갈까 뛰어갈까, TV채널을 돌릴까 말까 등 아주 사소하고 순간적인 결정도 무수히 많다. 인간의 의식이 깨어있는 한, 인간의 거의 모든 행동에 앞서 의사결정은 선행된다.

과거의 군주시대처럼 왕의 잘못된 결정에도 백성이 무작정 복종해야 하는 일방적인 의미의 것이 아니라, 의사결정의 결과에 대해서 추종자들로부터 신뢰와 권위라는 형태로 보상을 받게 되는 쌍방향적인 의미의 것이다. 따라서 리더가 의사결정에서 능력을 보이지 못한다면 추종자들은 리더에 대한 신뢰를 잃게 되어 리더십을 발휘하는데 제동이 걸리게 되고 리더로서의 지위를 유지하는데 위기를 맞게 된다.

결국 리더로서 내리는 의사결정능력은 조직의 운명과 리더 자신의 운명이라는 두 가지 측면에서 그 중요성을 조명해 볼 수 있으며, 그 책임감과 부담이 클 수밖에 없다. 이러한 관점에서 리더로서 결단이 필요할 때에는 어떤 전략으로 임해야 하는지 탐색하는 것이 본 장에서 논의할 핵심적인 과제이다. 구체적인 학습목표는 다음과 같다.

첫째, 리더에게 의사결정이란 활동은 어떤 의미가 있으며, 다양한 의사결정의 유형 중에서 특히 리더에게 중요한 유형은 무엇이고 그 특징은 무엇인지 알아본다.

둘째, 현대사회에서 집단 의사결정의 중요성이 증가하는 이유는 무엇이며, 리더로서 어떠한 전략으로 집단 의사결정을 진행해야 할지 알아본다.

2) 의사결정의 정의

사전적인 의미의 의사결정이란, 장래의 행동방향을 모색하여 그에 대한 결단을 내리는 활동이라고 할 수 있다. 우리는 좀 더 학술적인 정의를 논의함으로써 의사결정의 실체를 깊이 있게 파악할 필요가 있다. 의사결정이란, 문제해결을 위해 여러 가지 해결대안들을 탐색하고, 각 대안별로 그 결과에 대해서 미리 생각해본 후, 그 중에 대안을 선택하는 행위로 정의된다. 이를 개념적인 구성요소로 분리하자면, 의사결정은 문제해결과정이며 분석과정이자 선택과정이다(민진, 2004: 331-332; 오석홍, 1991: 602-603).

첫째, 의사결정은 궁극적인 목적이 특정한 문제를 해결하기 위한 것이라는 점에서 문제해결과정이다. 여기서 문제란, 기대하는 바와 현실과의 괴리, 혹은 목표한 바와 결과의 괴리라고 정의할 수 있다. 바꾸어 말하여 문제가 발견되지 않는다면 의사결정에 임할 필요성을 별로 느끼지 않게 된다. 주의할 점은 의사결정이 문제해결과정의 기본적인 단계임에는 틀림없으나 문제해결 자체를 의미하지는 않는다는 점이다. 문제해결을 위해서는 의사결정에 따라 행동조치까지 취해야 한다. 의사결정은 잘 되었으나 실천이 제대로 되지 않아서 문제해결에 실패하는 경우를 흔히 볼 수 있다.

둘째, 의사결정은 결단 그 자체만이 아니라 결단에 이르기까지 필요한 준비과정까지 포함한다. 이 준비과정은 보통 다양한 분석활동으로 구성된다. 우선 문제를 진단하기 위해 기대했던 바 혹은 목표했던 바는 무엇인지 파악하고 현실이나 결과는 어떤 상황인지 파악한 후, 그 괴리가 얼마나 되며 그 괴리가 발생한 원인은 무엇인지 분석해야 한다. 다음으로 그 괴리를 좁히기 위해 효과가 있을만한 다양한 해결대안을 조사하여 마련한 후, 각 대안별로 그 대안이 채택되어 실행되었을 때 나타날 수 있는 결과에 대해 분석한다. 여기서 분석의 정도나 기법은 다양하게 적용될 수 있다.

셋째, 의사결정은 최종적으로 대안을 채택하는 활동이라는 점에서 선택과정이다. 전략적인 결정과 전술적인 결정이 있는데, 전자는 거시적이고 기본적인 방향성을 제시하는 결정인 반면, 후자는 구체적이거나 일상적인 행동지침을 의미한다. 또한 가부(可否)의 결정과 방법의 결정이 있는데, 전자는 무엇인가를 할 것인가, 아니면 하지 않을 것인가를 결정하는 것인 반면, 후자는 주어진 목표와 이에 따른 수단이나 방법을 연계시킨 대안들로서 누가, 무엇을, 언제, 어떻게, 어느 정도 하겠다는 결정을 의미한다. 실제 선정된 대안의 구조는 위의 특징 중 하나만을 보일 수도 있고 복합적인 성격을 보일 수도 있다.

3) 의사결정의 유형

의사결정의 유형은 다양한 기준에 의해서 분류될 수 있으나 여기서는 리더십의 향상과 가장 관련이 깊다고 판단되는 의사결정의 방법과 주체를 기준으로 논의하고자 한다.

(1) 정형적 의사결정과 비정형적 의사결정

의사결정은 결정의 방법에 따라 정형적 결정과 비정형적 결정으로 나눌 수 있다. 정형적 결정(programmed decision)이란, 일상적인 문제, 반복적인 문제, 인과관계가 매우 확실한 문제 등 문제해결방법이나 의사결정방법이 이미 정해져 있는 경우의 결정을 말한다. 규칙이나 표준운영절차를 통해 기계적으로 의사결정을 하게 된다. 예를 들어, 객관식 시험의 점수에 따라 합격을 결정하는 경우, 공개입찰에서 최저가에 낙찰을 결정하는 경우 등이다.

반면, 비정형적 결정(non-programmed decision)이란, 문제해결방법이나 의사결정방법이 미리 정해져 있지 않고 기존과는 다른 방법이 이용되는 결정을 말한다. 비일상적인 문제, 선례가 없거나 예측하지 못했던 문제, 복잡한 문제 등에서 나타나며 이러한 문제들이 주로 직관이나 창의성 혹은 집단토의와 같은 방법으로 해결된다. 예를 들어, 자유무역협정에서 개방의 범위를 결정하는 경우, 신제품의 출시 시기를 결정하는 경우 등이다.

조직의 계층에 따라서 자주 접하게 되는 의사결정방식도 다르게 나타난다. 하위직일수록 비정형적 결정보다는 정형적 의사결정에 많이 의존하는 편이고 고위직일수록 비정형적 결정에 더욱 의존하게 된다. 따라서 리더들은 특히 비정형적 의사결정을 많이 하게 되는데, 이러한 결정은 개인의 직관에 의존하는 방법도 있고 집단의 토의를 활용하는 방법도 있다.

(2) 개인 의사결정과 집단 의사결정

의사결정은 결정의 주체가 누구인가, 즉 결정을 누가 하는가에 따라서 개인 의사결정과 집단 의사결정으로 구분할 수 있다. 개인적 결정은 결정자 개인이 최종적으로 결단을 내리는 유형인 반면, 집단적 결정은 개인들이 모인 집단에서 주로 토의나 회의를 거쳐 합의에 도달하는 유형을 말한다. 리더는 개인 의사결정과 집단 의사결정 모두에 참여할 수 있다.

리더가 개인 의사결정에 크게 의존하는 경우는 피라미드 모양의 위계적인 형태를 보이는 전통적인 조직에서 주로 나타난다. 조직계층에서 주로 중상위를 차지하고 있는 리더가 그 지위에 걸맞은 권한의 일환으로서 주요 의사결정이나 최종 의사결정에 참여하는 것은 당연하다. 따라서 개인 의사결정은 어느 조직에서나 찾아볼 수 있는 보편적인 현상이다. 특히 사회나 조직이 위계적이고 집권적인 문화를 가지고 있거나 위기상황에 처해 있는 경우에는 더욱 많이 찾아볼 수 있다. 예를 들어, 개발 연대라고 불리는 우리나라의 60·70년대에는 주로 대통령 개인의 직관이나 판단력에 크게 의존하여 의사결정이 이루어졌다.

반면, 집단 의사결정을 거치는 경우에는 개인의 독단적인 결정의 폐단을 막을 수 있다. 아무래도 개인이 혼자 결단을 내리는 것보다는 여럿이 협동하여 문제를 해결한다면 보다 나은 결정이 나올 것으로 기대할 수 있다. 참여자들이 함께 노력하여 정보나 대안을 보다 많이 마련할 수 있고 참여자들의 다각적인 시각에서 분석을 시도할 수 있다는 장점이 있다. 특히 이해관계자가 많은 경우나 전문가의 견해가 필요한 경우, 혹은 신중한 결정이 필요한 경우에는 집단적 결정의 효능이 더욱 높아질 수 있다.

2. 변화하는 사회와 집단 의사결정

1) 의사결정 환경의 변화

우리는 앞서 의사결정의 유형에는 개인 의사결정과 집단 의사결정이 있다고 학습하였다. 그러나 매우 특수한 경우를 제외하고 현대사회나 현대조직에서는 리더의 개인적 의사결정에 대한 의존도는 점점 낮아져 가고 있다. 그 이유는 리더가 접하게 되는 의사결정의 환경이 다음과 같이 그리 호의적이지 않은 방향으로 변화하고 있기 때문이다. 이미 언급했듯이 리더는 본디 정형적 의사결정보다 비정형적 의사결정을 많이 접하게 되는데, 특히 갈수록 비정형적 결정을 할 수 밖에 없는 상황이 많아지고 있다.

첫째, 사회에서든 조직에서든 해결해야 할 문제가 복잡해졌다. 인간의 욕구가 증대되고 다양화되면서 과거에는 문제로서 느끼지 못했던 부분까지 문제로 인지되기 시작하였다. 또한 과학기술이 고도로 발전하게 되면서 여러 가지 사회문제까지 함께 등장하게 되었다. 리더가 혼자서 감당할 수 없을 정도로 문제는 양적으로 증대되고 질적으로도 복잡해졌다.

둘째, 대안선택의 불확실성이 증가하고 있다. 모든 대안이 가져올 결과가 알려져 있을 때 리더는 정확하고 자신 있게 결단을 내릴 수 있으나, 갈수록 결과를 예측하기 어려워지고 있다. 변수들 간의 상호작용이 복잡하게 얽혀 있어서 원인과 결과 간의 인과관계를 예측하기 어려울 뿐만 아니라 뜻하지 않았던 결과가 돌출되기도 한다.

셋째, 위기상황의 빈도와 확산이 증가하고 있다. 예측하지 못했던 천재지변이나 인재(人災)가 빈번히 일어나면서 이들을 신속히 해결해야 하는 위기상황을 자주 겪게 되었다. 특히 하나의 문제나 사고를 단기간에 차단하지 못하면 다른 곳으로 급속히 확산되는 현상을 자주 목격하게 되었다. 이는 사회체계나 조직체계를 구성하고 있는 구성요인들이 복잡하게 얽혀 있고 상호의존성 또한 매우 높은 상태이기 때문이다.

넷째, 경쟁이 치열해지고 있다. 신자유주의가 지배하고 세계화가 확산되면서 경쟁에 장벽이 없어지게 되었다. 바야흐로 무한경쟁의 시대가 열리게 되면서 리더는 과거보다 세세한 부분까지 신경을 쓸 만한 여력과 시간이 부족하게 되었다. 또한 모든 의사결정은 경쟁상대의 상황을 비교분석하면서 이루어져야 하기 때문에 정보의 양이 급증하고 분석의 부담이 커지게 되었다.

위와 같이 의사결정을 리더 혼자 감당할 수 없을 정도로 비정형적 문제가 급증하면서 의사결정의 환경은 급변하고 있다. 리더는 의사결정에 있어서 갈수록 부하나 추종자들에 더욱 의존할 수밖에 없다.

위의 상황들이 리더가 남에게 도움을 청할 수밖에 없는 원인이라면, 이에 덧붙여 생각해볼 것은 민주적인 문화가 발전하면서 인간의 욕구도 함께 변화하고 있다는 점이다. 사람들이 자신이 속한 사회나 조직의 의사결정과정에 참여하고자 하는 욕구가 증가하고 있는 것이다. 현재의 젊은 세대는 다양한 욕구와 강한 자아의식을 가지고 있고 개성을 매우 중시한다. 이들은 사회에서든 조직에서든 민주적인 운영방식과 의사결정을 선호하며 일방적인 상의하달에 거부감을 가지고 있다. 따라서 의사결정에 적극적으로 참여했을 때 소속감 및 만족감이 증대될 것이다. 이것이 리더가 혼자 의사결정을 하기보다는 부하나 추종자들을 의사결정에 참여시켜야 하는 또 다른 이유이다.

2) 효과적인 집단 의사결정

집단 의사결정의 가장 대표적인 방법은 토의[2)]가 있는데 이에 관해서 집중적으로 논의하고자 한다.

보통 중간관리자는 30%, 최고관리자는 50%나 되는 시간을 토의나 회의에 소모한다(Seibold, 1979). 토의를 얼마나 효과적으로 진행하는가는 리더 자신에게뿐만 아니라 참석자 모두의 성과에도 큰 영향을 미친다. 잘못 유도된 토의는 리더 자신의 시간뿐만 아니라 남의 시간까지 낭비하는 것으로 "용서받기 어려운 일"이다.

시간 낭비를 막고 효과적인 토의를 진행하기 위해서는 4단계의 활동이 필요하고 각 단계별로 "4P"를 적용해야 한다. 첫째, 토의의 목적(Purpose)을 명확히 해야 한다. 둘째, 토의의 목적에 부합하여 참여자(Participants)의 적정인원과 배합을 결정해야 한다. 셋째, 토의의 목적과 참여자를 고려하면서 토의의 내용 및 형식을 계획(Plan)해야 한다. 넷째, 토의의 과정(Process)을 효과적으로 관리해야 한다

2) 토론과 토의의 개념을 보통 혼용하여 쓰지만 의사결정의 방법으로 사용되는 것은 토론이 아니라 토의이다. 토론은 어떤 문제에 대하여 서로가 상반되는 의견을 갖고 있는 사람들이 각자 옳고 그름을 이야기하지만 의견의 일치나 결정을 하지 않는 경우를 말한다. 예컨대 "100분 토론"에서 "TV가 아동교육에 어떤 영향을 미치는가?"라는 주제를 놓고 토론을 벌일 때 결코 결정안이 도출되지 않는다. 반면, 토의는 어떤 문제를 해결하기 위하여 여러 의견을 듣는 것으로 토의가 끝난 후 여러 가지 방법으로 의견을 결정짓는 것을 말한다. 따라서 의사결정으로 이어지는 것은 토의이다.

(Whetten & Cameron, 1991: 454-467).

(1) 목적(Purpose)

리더는 토의를 계획하기에 앞서 가장 먼저 두 가지 질문을 스스로 해 보아야 한다. "내가 의견을 교환하거나 의사결정을 하려는 목적이 무엇인가?"와 "토의가 그런 목적을 달성하는데 가장 적당한 방법인가?" 그 목적이 명확하고 필요성이 정당하다면 매우 유용한 방법이지만 부적절한 시간이나 부적절한 이유로 열린다면 작업환경을 오히려 해칠 것이다.[3]

토의가 필요한 경우는 다음과 같으며 토의의 장점이기도 하다.

첫째, 정보 공유나 교환을 많이 필요로 하는 복잡한 문제를 다룰 때 유리하다. 한 개인이 모든 분야의 전문 지식이나 경험을 갖출 수는 없으므로 전문성을 가진 각 개인이 함께 모여서 문제해결에 매진한다면 효과적인 의사결정에 도달할 수 있다. 좁은 시각에서 오는 개인의 과오를 인지하고 교정할 수 있는 자리이기도 하다.

둘째, 다양한 관점을 반영함으로써 신중하거나 창의적인 결정을 도모할 필요가 있을 때이다. 구성원들이 반드시 전문성을 가진 상태가 아니더라도 개인은 다양한 성장배경과 경력 및 경험을 통해 나름대로의 관점을 가지고 있다. 토의에서 다양한 견해를 접하게 되면서 조정을 거치고 타협점을 찾게 된다. 이런 과정에서 매우 신중하고 때로는 창의적인 결정을 도출해낼 가능성이 높다.

셋째, 구성원의 소속 사회나 조직에 대한 일체감을 증진할 필요가 있을 때 유익하다. 사회구성원이든 조직구성원이든 의사결정에 참여했을 때 그 결정을 자발적으로 따르고자 하는 의욕이 높아진다. 또한 참여의 기회가 많아지면 일반적으로 자아성취감이 높아져서 사기가 증진되는 효과도 있고 토의에서 구성원들끼리 대면하는 기회가 많아져서 연대감이 형성되는 효과도 있다.

---

3) 토의를 열어서는 안 되는 경우는 다음과 같다. 정보가 전화 통화나 메모로 전달될 수 있을 때, 진행자가 준비를 미처 하지 못했을 때, 주요 인사가 모두 참석할 수 없을 때, 토의에 드는 비용이 편익에 비해 많을 때, 정기적으로 열리고는 있는데 실익이 없을 때 등이다.

(2) 참여자(Participants)

토의의 목적이 확실해지면 다음으로 자신에게 던질 질문은 다음과 같다. “토의 목적에 맞추어 적정한 인원은 어느 정도이며 누가 참여자로 구성되어야 하는가?”

우선 적정인원의 참석이 필요하다. 토의에 너무 많은 인원이 참여한다고 해서 반드시 좋은 것은 아니다. 물론 가능한 한 다양한 견해를 반영한다는 점에서는 의미가 있을 수 있지만 상대적으로 발언 기회가 적어져서 자칫 이슈를 피상적으로만 논의할 수가 있다. 즉 참여인원이 많아질수록 토의에 적극적으로 참여하는 참여자의 비율은 적어지는 것이 일반적이다.[4] 또 그렇다고 인원이 너무 적으면 문제해결이나 의사결정의 능력이 떨어질 가능성이 높아진다.

가장 적정한 인원은 그 토의의 목적이 무엇인지를 재고해보면 도움이 된다. 의사결정이나 문제해결을 목적으로 한다면 최대한 5명이 적절하다. 시너지효과를 낼 수 있을 뿐만 아니라 동시에 구성원의 개별적인 기여도 가시화될 수 있다. 위원회의 의사결정에서는 최대 7명이 효과적이고 더 많으면 진행 속도가 느려질 것이다. 브레인스토밍처럼 문제를 발견하기 위한 토의에서는 최대 10명이 적절하다(3M Meeting Management Team, 1987).

또한 적정한 참여자를 적정한 비율로 구성하는 것은 토의진행을 역동적으로 만들기 위해 중요하다. 일단 의사결정에 기여할 수 있는 지식 및 경험을 가진 사람으로 구성함은 물론이다. 다음으로 동질성 및 협동을 강조해야 하는가, 아니면 이질성 및 경쟁을 더 강조해야 하는지를 판단해야 한다.

동질적인 집단은 비슷한 배경, 성격, 지식, 가치 등을 가진 부류로 구성되어 갈등이 적고 협동이 잘되어 합의에 도달하기 쉽다. 하지만 역동성이 적어서 참신한 결정이 나오기 어렵고 편협한 시각으로 인해 과오가 발견되기 어렵다. 반면, 이질적인 집단에서는 좋은 인간관계를 기대하기 상대적으로 어렵지만, 서로에 대해 비판적이고 경쟁이 촉발되면서 오히려 혁신적인 결정이 나올 가능성이

4) 3절에서 논의할 사회적 태만(social loafing)의 문제가 발생할 가능성이 높다.

높다.[5)]

(3) 계획(Plan)

토의의 리더는 토의의 필요성에 대해서 참여자들이 명확히 이해할 것이고 토의의 결과 역시 성공적일 것이라는 오판을 할 수 있다. 그러나 사실은 그렇지 않은 경우가 많다. 대다수 참여자들은 구체적인 목적이 무엇인지 확실히 이해하지도 못한 채 토의에 참석한다. 의사결정과정에서 구체적인 역할이 무엇인지, 결정이 어떻게 진행될 것인지에 대해서는 더더욱 알지 못한다. 이러한 일반적인 문제점으로 인해 토의의 세 번째 단계에서 다룰 질문은 "토의 중에 집단 활동의 효과를 극대화하기 위해서는 어떤 준비가 필요한가?"이다.

가장 기본적으로 생각해 볼 것은 토의 장소 및 필요한 시청각 장비, 그리고 시작시간 및 종료시간 등이다. 그리고 토의에 관련된 사항들을 양식으로 만들어 가능하다면 사전에 참여자들에게 배포하는 것도 좋다. 그 양식에는 시작시간 및 종료시간, 장소, 토의목적, 주요 안건 등이 명시되어야 하고 사전에 검토해야 할 자료가 있다면 첨부하거나 목록을 전달해야 한다.

그 외에 리더가 선택할 수 있는 준비 작업은 주요 참여자들을 미리 방문해서 안건에 관해 논의해 보는 것이다. 특히 논란의 여지가 커서 격론이 예상되는 안건의 경우에는 각 오피니언 리더들을 미리 만나서 논의해 보는 것이 좋다. 입장을 고수하려는 의지가 얼마나 강해서 토의가 얼마나 걸릴지를 예측해볼 수 있고 시간 배정을 어떻게 할지 계획해볼 수 있다. 운 좋게도 오피니언 리더에게 호의적인 지지를 미리 얻을 수만 있다면 실제 토의를 어렵지 않게 종결하고 시간을 절약할 수 있다.

토의의 유형에 관해서 어느 것이 효과적일지를 생각해 볼 필요도 있다. 일반적으로 토의에는 일반적 토의, 브레인스토밍(brainstorming), 명목집단기법(nominal

---

5) 서두에서 다루었던 피그만 사건은 동질적인 집단이 낳은 집단사고(group think)의 폐해를 보여 주었던 사례이고, 쿠바 미사일 위기 사건은 이 문제를 성공적으로 극복하였던 사례임을 상기 바란다. 이에 대해서는 3절에서 더 깊이 논의할 것이다.

group technique)이 있다. 표 9-1 과 같이 모두 장단점이 있어 어느 것이 더 좋은지는 말할 수 없다.

표 9-1 집단 의사결정 방식의 비교

기준	일반적 토의	브레인스토밍	명목집단법
아이디어의 수	적음	보통	많음
아이디어의 질	낮음	보통	높음
심리적 위축감	높음	낮음	보통
비용 및 시간	보통	많음	적음
업무지향성	낮음	높음	높음
대인 갈등의 가능성	높음	낮음	보통
성취감	낮음–높음	높음	높음
문제해결에 기여도	높음	해당 없음	보통
구성원 간 연대의식	높음	높음	보통

출처: Whetten & Cameron, 1991: 463.

① 일반적 토의

일반적 토의는 그야말로 우리가 보통 활용하는 토의 방식이다. 다른 방식이 특별히 채택되지 않는다면 당연히 이 방식을 쓰게 된다. 우선 의장이 문제를 언급하고 자유로운 토론을 촉구한다. 공감대에 이르게 되면 의장은 다음 안건으로 넘어가면서 위의 절차를 계속한다.

일반적으로 다음 절에서 논의될 집단 의사결정의 문제점이 가장 흔히 일어날 수 있는 방법이다. 다른 사람, 특히 상관의 눈치를 보거나 특정인이 토의를 압도하게 되어서 도출되는 대안의 수가 그리 많지 않을 수 있다. 틀에 박힌 형식이 없기 때문에 참여자들 간의 우호적인 분위기 속에서 진행되는 것이 일반적이며, 이때 의장이 토의를 어떻게 이끌어 가느냐에 따라 성패가 좌우되는 편이다.

② 브레인스토밍

브레인스토밍은 문제해결을 위한 아이디어를 효과적으로 이끌어내기 위해서 일정한 규칙을 활용하는 방법이다. 첫째, 리더는 참여자에게 가능한 한 다양한 아이디어를 내놓도록 촉구한다. 가장 좋은 아이디어를 얻을 수 있는 방법은 일단 많은 아이디어를 마련하는 것이라는 가정이다. 둘째, 현재 상황이나 일반적인 사고에서 벗어난 평범하지 않은 아이디어일수록 더 좋다. 셋째, 서로의 아이디어를 토대로 새로운 아이디어를 제시한다. 예를 들어 "아무개의 아이디어 덕에 저는 또 다른 이런 대안을 생각해 보았습니다."라고 꼬리에 꼬리를 무는 아이디어 제안이 계속된다. 마지막이며 가장 중요한 규칙은 각 제안이 나오자마자 비판이 이어져서는 안 된다는 점이다. 모든 제안이 나온 후에 평가가 이루어져야 한다.

특히 마지막 규칙에 주의해야 한다. 토의에서 신선한 제안이 나오지 않는 이유는 심리적 위축감이 발동해서이다. 만약 한 제안이 나온 후, "그것도 좋은 아이디어기는 하지만 지금 상황에는 별로 맞지 않네요." 하고 곧바로 비판이 나오게 되면, 순간 분위기가 얼어붙게 된다. 혹시 웃음거리나 되지 않을까 염려하여 평범하지 않은 아이디어는 발설하려 하지 않게 된다. 일반적으로 브레인스토밍 참여자들은 하고 싶은 말을 다 하게 되고 성취감을 느끼게 되지만, 일부 연구들은 생각만큼 신선한 제안이 많이 나오지는 못한다고 주장한다. 그 이유는 위에서 언급한 규칙이 준수되지 못하여 결국 일반적 토의 형식으로 변모해 버리는 경우가 많기 때문이다(Bouchard, 1971).

③ 명목집단기법

위와 같이 남의 눈치를 보거나 심리적 위축감을 느끼게 되는 브레인스토밍의 문제를 극복하기 위해 개발된 것이 명목집단기법이다. 브레인스토밍과 유사하지만 다음과 같은 네 단계를 거치기 때문에 보다 구조적인 형식을 따르고 있다.

a. 문제가 제기되면 참석자들은 가능한 한 많은 대안들을 종이에 적도록 한다.
b. 참석자들은 순서대로 자신의 아이디어를 발표하고 다른 한 사람이 칠판에 받아 적는다.
c. 보고된 아이디어 중에 모호한 것을 골라 간단한 토의를 함으로써 개념을

명확히 한다.

d. 참석자들이 자신이 좋아하는 대안들을 선택하도록 표결을 한다. 이 과정은 다양하게 진행될 수 있다. 예컨대, 한 사람이 10표를 가지고 대안별로 분배할 수도 있고, 2, 3표를 던질 수도 있다. 아무튼 명백히 우세한 대안이 등장하면 진행이 종료된다. 만약 그렇지 않다면 다시 토의를 거쳐 2차 투표를 실시한다. 이 과정은 공감대가 형성될 때까지 반복된다.

(4) 과정(Process)

준비과정을 거쳐 일단 토의가 시작되면 리더에게 유연하고 역동적으로 토의를 이끌어가야 할 도전이 주어진다. 네 번째 질문은 "이 토의에서 목적을 달성하기 위한 역동성이 발휘되고 있는가?"이다. 다음과 같은 7가지 단계가 토의를 효과적으로 관리하는데 도움이 될 것이다(Huber, 1980: 179–188).

a. 토의를 시작하면서 지금까지의 진행상황을 보고하고 집단이 풀어야 할 과업을 소개하라.

현재 토의가 어떤 맥락에서 열리는 것인지, 또한 지난 토의에서 어떤 일이 있었는지 진행 상태를 소개한다. 이를 통해 구성원들은 지난 토의에서 있었던 성공적인 부분에 대해서 자신감을 갖고 현재 토의에 더 적극적으로 임하는 자세를 가질 것이다. 또한 현재 토의의 목적에 관해서 공통된 이해를 나눌 수도 있을 것이다.

b. 참여자들에게 서로에 대해서 편안한 마음을 갖도록 지원하라.

참여자들이 적극적인 참여를 자제하는 이유 중 하나는 이슈에 대해서 다른 사람들이 어떤 입장인지, 그리고 그들이 어떤 경력이나 전문분야나 지위를 가지고 있는지 확실하지 않기 때문이다. 우호적인 분위기를 조성하려는 노력은 감정적인 대립이 예상되거나 참여자의 수가 많거나 일부 참여자들이 최근에 합류했을 때 특히 필요한 조치이다. 첫 만남에서 서로 자기를 소개하고 토의 전 혹은 토의 중 커피타임 등을 통해 서로 어울릴 수 있는 기회를 마련하는 것도 좋은 방법이다.

c. 토의 진행을 위한 절차상의 밑그림을 그려라.

토의가 시작되면서 생각해볼 것은 무엇을 결정해야 하는지 정확히 이해하는 것 외에도 토의가 어떤 틀과 절차를 따라서 적절히 진행될지를 고민하는 것이다. 즉 토의의 전체적인 밑그림은 어떠해야 하고, 표결이 필요하다면 그 전까지 논의가 얼마나 필요하며, 대안이 다수결로 결정되어야 할지 만장일치로 결정되어야 할지 등에 관해서 논의할 필요가 있다. 그렇지 않은 경우, "왜 이 문제에만 이렇게 시간을 허비합니까?" 혹은 "왜 이 문제는 이렇게 서둘러 표결하고 지나갑니까?" 등 절차에 관한 불만이 쏟아질 수도 있다. 긴급한 사태가 발생하는 경우에는 즉시 참여자들에게 보고를 받아서 애초의 밑그림을 수정해야 한다.

d. 시각적 수단을 활용하여 토의의 맥이 끊이지 않게 하라.

특히 길고 복잡한 사안을 다루는 경우 참여자들은 집중력이 떨어지는 경우가 많다. 참석자들이 효과적으로 집중할 수 있도록 하는 방법은 시각적 효과를 노리는 것이다. 예를 들어 브레인스토밍 토의에서 발언되는 제안들의 목록을 칠판에 기록한다. 발표를 위해 유인물이나 프레젠테이션 도구를 활용할 수도 있다.

e. 참여 기회를 동등하게 제공하라.

토의 성과나 참석자의 만족도는 참여 기회가 골고루 돌아갔을 때 극대화된다. 특정 개인이 지나치게 지배적인 경우를 막기 위해 리더는 공정성의 원칙을 강조해야 한다. 단 그 사람의 행태를 비판하거나 다른 쪽 편을 거드는 듯한 발언은 피해야 한다. 예를 들어, "아무개 씨, 그 사안에 관해서는 귀하의 견해를 잘 들었습니다. 공정하게 다른 사람의 의견도 들어볼까요?" 하고 유도할 수 있다. 공정한 기회는 개인뿐만 아니라 한 쪽의 견해가 압도적일 때에도 필요하다. 예를 들어, "그 제안에 대해서는 충분히 들어 보았으니 다른 쪽은 어떤지 들어볼까요?" 하고 제안할 수 있다. 혹은 참석자가 워낙 많아서 소외된 사람이 있을 때에는 좀 더 강력하게 "아무개 씨, 아직 귀하의 견해를 못 들어 보았는데 어떻게 생각하시는지요?" 하고 질문할 수도 있다. 만약 이렇게 해도 모자라다면 결국 명목집단기법과 같이 토의의 구조 자체를 변경할 필요도 있다.

f. 토의를 마치면서 그 토의에서 달성한 성과를 요약하고 과제에 대해 확인하라. 리더의 입장에서 토의 후 성취감을 느끼게 해주는 것은 대단히 중요하다. 토의 결과를 실행에 옮기고 다음 토의에 참석하고 싶은 마음이 들도록 동기를 부여할 수 있다. 따라서 아무리 토의 성과가 분명하지 않다고 하더라도 작은 것에라도 의미를 부여할 필요도 있다. 다음 토의를 위해서 각자에게 주어진 과제가 무엇인지 확인함과 동시에 그 과제가 할 만한 것인지, 혹 시간은 촉박하지 않는지 등 책임자의 의견을 묻는 것도 좋다. 또 참석자가 떠나기 전 마지막으로 다음 토의는 언제 어디서 열릴지 논의하여 결정해야 한다.

3. 집단 의사결정의 장애요인과 극복방안

집단 의사결정의 장애요인과 극복방안에 관해서는 효과적인 집단 의사결정을 위한 4P를 논의하면서 이미 알아보았다. 따라서 여기서는 집단사고, 사회적 태만, 집단이론이라는 세 가지 유형의 역기능 현상으로 구분하여 논의하고자 한다.

1) 집단사고(group think)

응집력이 높은 소규모 의사결정 집단에서 대안의 분석 및 이의제기를 억제하고 합의를 쉽게 이루려고 하는 심리적 경향을 말한다. 즉 집단구성원들이 대안에 대한 충분한 분석 및 토론이 없이 쉽게 합의하고 그 대안이 최선이라고 믿고 합리화하려고 하는 현상을 말한다. 집단사고는 의사결정과정에 나타나는 "집단 착각 현상"이다. 집단사고에 빠지게 되면 조직구성원들은 새로운 정보나 변화에 민감하게 반응하지 못해 상황적응 능력이 떨어지게 된다(Janis, 1972).

집단사고를 방지하기 위해서 리더가 할 일은 토의를 역동적으로 만드는 것이다. 첫째, 비판을 유도해야 한다. 일단 구성원이 지나치게 동질적이지 않은지 점검해야 한다. 참여자는 동시에 서로에 대한 비평가임을 주지시키고, "악의 변론인(devil's advocate)" 즉, 기존 주장의 검증을 위해 반대 입장을 고수하는 인물도 필요하다면 투입할 수 있다. 둘째, 토의 구조의 분산 효과를 기대해 볼 수 있다. 참여자들을 소집단으로 나누어 분임토론을 시키면 독립적인 아이디어가 나올 가능성이 높아진다. 또 일단 잠정적인 결론을 내리고 다음 토의까지 생각할 기회를 주면 다음 토의에서는 의문이나 불만이 쏟아질 것이다. 셋째, 외부 인사를 초청하여 토의에 대한 평가를 의뢰하는 방법이다. 위와 같은 방법을 활용하면서도 유의할 점은 리더는 조타수의 역할에 머물러야만 하고, 리더가 원하는 방향으로 적극적으로 끌고 나아가는 사공의 역할은 자제해야 한다는 것이다.

집단사고 방지의 사례

서두에서 소개되었듯이 케네디 대통령은 피그만 사건에서 발생했던 집단사고의 문제를 막기 위해 쿠바 미사일 위기사건을 논의하는 수뇌회의에서는 다음과 같은 조치를 사용했다.

분위기 쇄신 : 회의는 솔직하고 자유스런 토론으로 이루어져야 한다는 원칙에 따라 일반적 관례는 물론 공식적 의사일정조차 폐지했다. 각 부서의 대표와 외부 전문가도 초대되어 자유롭게 견해를 표명하게 하였다.

리더 없는 회의 : 케네디 대통령은 가끔 의도적으로 정책결정 모임에서 빠졌다. 그의 참모들이 케네디의 눈치를 보면서 적극적인 의견개진이나 서로에 대한 비판을 회피하는 것을 막기 위함이었다.

악의 변론인: 대통령이 가장 믿을 수 있는 두 사람인 로버트 케네디와 소렌슨에게 "악의 변론인"이 되어줄 것을 부탁하였다. 일부 동료들에게는 인기가 떨어지는 희생도 감수하면서도 다른 주장을 날카롭게 지적하고 어떤 때는 예의를 갖추지 않은 질문을 퍼붓기도 하였다.

소집단 회의: 수뇌회의를 가끔 두 개의 소집단으로 나누어 독립적으로 일을 하고 난 후 다시 전체회의에 모여 검토하였다. 백악관 참모들도 수뇌회의에 참석한 후 대통령을 따로따로 만났다.

2) 사회적 태만(social loafing)

참여자들이 혼자 일을 처리할 때보다 집단으로 처리할 때 노력을 덜 하게 되는 경우이다. 구체적으로 첫째, 노력의 하향평준화("아무도 최선을 안 하는데 내가 왜?"), 둘째, 책임성의 상실("많은 사람들 중에 난 아무 것도 아닌데 누가 뭐래?"), 셋째, 보상의 공유로 인한 동기부여의 상실("어쨌든 보상은 똑같이 돌아가는데 내가 왜 남보다 더 열심히 해야 하지?"), 넷째, 조정의 부족("어떻게 돌아가는지 누가 신경이나 쓰나?")으로 구분될 수 있다(Latane, Williams & Harkins, 1972).

사회적 태만을 완화하기 위해서 참여자라면 누구든지 특정한 역할을 부여하고, 특히 되도록 자신이 원하는 역할을 부여하는 것이 좋다. 또한 의사결정에서 자신의 역할이 중요하고 의미가 있음을 인식시키며 열심히만 한다면 성과를 보일 수 있고 보상도 개별적으로 주어질 수 있음을 주지시킨다.

3) 집단이동(group shift)

토의가 진행되면서 참여자가 애초에 자신이 주장했던 입장보다 점점 더 극단적인 대안으로 이동하는 경향을 말한다. 즉 애초에 보수적이었다면 점점 더 보수적인 발언을 하고, 애초에 급진적이었다면 점점 더 급진적인 발언을 하는 행태이다. 이런 문제의 원인으로는 개인의 주장에 대한 동조자를 만나 자신감을 갖게 되면서도, 반면 사회적 태만에서처럼 책임감은 분산되기 때문이라는 주장이 가장 유력하다. 자유로운 토의 분위기가 무르익으면서 자제력이 적어지는 현상이라고도 볼 수 있다(Clark, 1971).

이에 대해 참관자를 참석시켜 진행 과정을 감독하고 피드백도 하도록 해서 집단이동 현상을 제어하는 것이 바람직하다. 명목집단기법처럼 의사결정과정을 아예 구조화시킴으로써 더 이상의 토론을 차단하고 본격적인 의사결정과정으로 돌입하는 방법도 있다. 혹은 서로 대립하는 입장들끼리 자신들의 주장을 문서화하고 최종 의사결정자 앞에서 발표하는 "법정판결방식"도 가능하다.

탐구문제

1. 인류 역사를 살펴보면, 리더의 결단을 통해 조직이 번성하거나 회생하는 경우가 있는 반면, 오판으로 인해 조직에 치명적인 손실을 입히는 경우도 있다. 성공담과 실패담을 하나씩 찾아서 그 원인을 분석하고 본인의 경우라면 어떻게 할지 논의해 보자. 특히 개인 의사결정과 집단 의사결정을 어떻게 적절히 배합할지도 논의해 보자.
2. 토의를 진행하다 보면 방해가 되거나 부적절한 행태를 보이는 사람들이 있다. 다음 11개의 경우로 구분하여 각각 어떤 말이나 행태를 보일지 예측해 보고, 그에 대해 리더로서 어떤 말이나 조치로 대응할지를 구체적으로 논의해보자. 적대적인 사람, 잘난 체 하는 사람, 토의를 지배하려는 사람, 끼어드는 사람, 남 말을 해석하려는 사람, 뒷담화를 즐기는 사람, 잡담하는 사람, 조용히 딴전 피우는 사람, 분주하게 다른 업무 보는 사람, 지각해서 방해하는 사람, 미리 떠나는 사람으로 구분해 보자.
3. 각자가 어떤 집단에서든 토의를 위한 의장 역할을 실제 맡아보도록 하자. 교재에서 학습했던 전략들이 제대로 들어맞는지 검증하고 수정 혹은 보완할 점을 찾아보자.
4. 회의나 토의를 통해 결정을 하는 문화는 세계의 각 국가별로 모습이 다양할 수 있다. 동양과 서양은 어떻게 다를까, 그리고 동양 내에서도 국가별로 서로 어떻게 다를까 조사하여 논의해보자.

참고문헌

민진(2004). 조직관리론(제2판). 대영문화사.

오석홍(1991). 조직이론. 박영사.

Bouchard, T. J.(1971). Whatever Happened to Brainstorming? *Journal of Creative Behavior*, 5: 182-189.

Clark, R. D., III.(1971). Group-induced Shift toward Risk: A Critical Appraisal. *Psychological Bulletin*, October: 251-270.

Huber, G.(1980). *Managerial Decision Making*. Glenview, Ill: Scott Foreman.

Janis, I.(1972). *Victims of Groupthink*. Boston: Houghton Mifflin.

Latane, B., Williams, K. & Harkins, S.(1979). Many Hands Make Light of the Work: The Causes and Consequences of Social Loafing. *Journal of Personality and Social Psychology*, June: 822-832.

Seibold, D. R.(1979). Making Meetings More Successful: Plans, Formats, and Procedures for Group Problems Solving. *Journal of Business Communication*, 16: 3-20.

3M Meeting Management Team.(1987). *How to Run Better Business Meetings*. NY: McGraw-Hill.

Whetten, D. A. & Cameron, K. S.(1991). *Developing Management Skills*, 2nd ed. NY: HarperCollins.

Chapter 10

리더십으로서의 문제해결 능력

1. 문제의 의의
2. 새로운 리더십과 문제에 대한 인식의 전환
3. 집단적 문제해결의 구성요소
4. 문제해결과정의 이해와 리더의 역할
5. 집단적 문제해결 사례

〈문제해결 사례1〉 제퍼슨 기념관의 보수비용 절감

미국의 제퍼슨 기념관은 잦은 청소로 기념관의 벽이 망가지는 문제를 안고 있었다. 기념관장은 이 문제를 해결하기 위한 방안을 찾기 시작하였다. 왜 잦은 청소를 해야 했는가? 다름 아닌 비둘기 배설물 때문에 잦은 청소를 해야 했고 그 근본 원인이 무엇인지 규명하기 시작했다. 비둘기가 모이는 것은 먹이거리인 거미가 많아서였다. 거미가 많은 것은 나방이 많이 몰려들어서 그런 것이었고, 나방이 많이 모이는 이유는 조명 때문이었다. 기념관장은 나방이 모여드는 조명을 줄이기로 결정을 하고 조명을 늦게 켜거나 줄이는 방안을 통해 보수비용을 줄일 수 있었다.

〈문제해결 사례2〉 빅데이터를 활용한 뉴욕의 나무 사고 줄이기

"수년 전, 뉴욕 시에서는 도시 수목을 좀 더 잘 관리하기 위해 프로그램을 구성한 적이 있다"고 데일산드로는 말했다. 이 프로그램은 정기적인 가지치기 및 관리 스케줄을 통해 폭풍우나 강풍으로 인한 피해를 줄이는 것이 목표였다. 수년간, 관련 부처에서는 어느 구역 나무들이 가지치기를 했고, 가지치기한 나뭇가지를 제거하기 위해 몇 번이나 직원을 보내야 했는지 등에 대한 기록을 보관해왔다. 이들은 이 모든 데이터로 완전무장하고 데이터카인드를 찾아와 다음과 같이 물었다. "이번 해에 나무를 가지치기 해주면, 다음 해에는 나무로 인해 입는 피해 횟수가 줄어들까요?"

뉴욕에서는 빌딩 숲 사이에 녹색공간이 그립다. 그러나 문제는 나뭇가지가 부러지고 부러진 나뭇가지에 사람이 다치는 등, 나무로 인한 사고가 빈번하게 일어난다. 이러한 문제를 나무 가지치기 등 관련 정보의 빅데이터를 통해 해결하고자 했다. 그렇다. 문제해결은 정교하고 치밀한 정보의 관리를 통해 완전하지는 못해도 상당 부분 해결될 수 있을 것이다.

〈문제해결 사례3〉 기지로 문제를 해결한 디자인사 직원

모 대기업에서 몇 달에 걸친 웹디자인 작업을 한 디자인 회사의 사원 양모 씨의 이야기입니다. 우여곡절 끝에 웹디자인을 마친 양 씨는 최종 confirm 회의를 가지게 되었다. 모든 요구사항이 반영된 상태라 전체적으로 분위기가 좋은 상태였다. 그러나 최종 마무리를 하면서 고객사 팀장님의 답변은 의외였다. "잘 만들었네요. 맘에 듭니다. 마지막으로 전체적으로 색감만 좀 밝게 바꿔주세요. 분위기가 좀 어둡게 느껴지니까요." 그간의 노력을 수포로 만드는 청천벽력과 같은 반응이었다. 이게 무엇을 의미하는가? 비유를 하자면 화가가 인물화를 완성해서 주니까, '잘 그려졌네요. 그런데 마지막으로 고개만 약간 옆으로 돌려주세요'라고 하는 격이었다. 처음부터 다시 작업을 해야 하는 상황에 빠진 것이다. 고객은(사소한 요청이니까) 낼모래 오픈하는 데 문제가 없을 것이라 생각하고 화기애애한데, 디자인팀은 완전 사색이 되는 순간이었다. 양 씨는 이 상황을 어떻게 해결했을까? 다시 처음부터 작업을 했을까? 아니다. 양 씨는 고객사 팀장의 PC로 가더니 "팀장님의 모니터가 좀 어둡게 설정되어있군요." 그리고, 모니터의 bright와 contrast를 조정했다. 고객사 팀장의 반응은 바로 "아! 이제 훨씬 낫군. OK. 수고하셨습니다."였다.

1. 문제의 의의

우리는 살면서 끊임없이 작고 큰 문제에 부딪히게 된다. 문제가 없이 산다면 얼마나 좋을까 생각할 수도 있지만 아무런 문제없이 잘 지내는 사람인 것처럼 보이는 경우에도 실제 내면에서나 보이지 않는 어떤 문제를 지니고 있다는 것을 곧 알게 된다.

문제란 자신이 기대하고 도달하고자 하는 상황이나 달성하고자 하는 수준과 실제 자신이 처해 있는 상황 혹은 달성하고 있는 수준 사이의 차이를 말한다. 자신이 기대하는 가치나 욕구와 현실 간의 괴리현상에서 사람은 문제를 느끼게

된다. 이러한 문제가 있다는 생각을 갖고 이를 해결하려는 의지를 문제의식이라고 한다.

사회생활에서 겪게 되는 문제상황이나 이러한 문제상황을 헤쳐 나가려는 노력을 기울이기에 앞서 먼저 생각해볼 점은 사람이 문제의식을 갖고 문제해결에 나서려는 노력을 기울이게 되는 본질적인 원인은 개인이나 집단 혹은 더 나아가 사회전체가 문제를 인식할 수 있는 가치체계를 갖고 있어야 한다는 점이다. 특히 개인의 차원에서는 개인의 가치와 욕구체계가 중요하며 집단의 경우 집단이 추구하는 목표가 전제되고 있다는 점이다.

따라서 문제해결에 나서기 앞서 그 사회, 집단 혹은 개인이 어떠한 가치체계와 가치수준을 가지고 있으며 목표로 삼고 있는 상황이 어떠한지에 대한 검토가 있어야 한다. 이런 점에서 문제의식이나 문제의 나열을 통해 우리는 개인이나 집단 혹은 사회의 가치체계를 역으로 추적할 수 있으며 문제의 본질을 보다 명확히 할 수 있다.

문제의식을 통해 개인과 사회가 가진 가치체계를 알 수 있다는 예는 최근에 일어난 숭례문 방화사건에서 찾아 볼 수 있다. 방화범인 최모 씨는 '인명 피해가 없다는 점과 문화재는 복원하면 된다.'는 생각에서 자신의 사회적 불만을 국보 방화로 표출한 것이다. 최 씨가 가진 가치체계는 국보유실은 인명 손상보다 중요하지 않다는 지극히 단순한 가치판단에 의한 것이지만 가치체계의 차이로 인한 문제인식은 도처에서 발견될 수 있다. 기업이나 병원의 경영과 사회적 가치와 의료인의 사명 간에 갈등도 있고 사소하게는 가족의 평온과 개인의 사회적 성취 간에도 나타날 수 있다.

이와 같이 문제와 문제의식은 사회와 집단 및 개인의 가치를 판단하는 잣대가 될 수 있으며 이러한 사실에서 유추해볼 때 문제의 해결에 있어서도 문제를 둘러싼 상황이나 그 저변에 깔려있는 가치나 목표를 분석하고 명확히 해야 한다. 이러한 문제와 리더십, 그리고 사회적 업적 간의 관계는 그림 10-1 리더의 성과에 미치는 영향요인에 잘 나타나 있다.

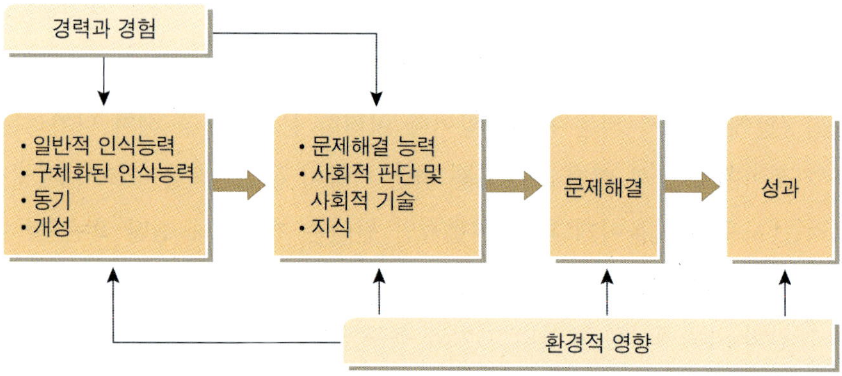

그림 10-1 리더의 성과에 미치는 영향 요인
출처: Mumford M. D., 2000: 23

문제해결을 위해서는 일반적인 인식능력, 곧 가치체계와 이에 근거한 사회적 인식능력과 구체적인 문제 상황에 대한 인식능력이 전제되어 있으며, 문제를 해결하겠다는 동기와 개인의 특성이 작용한다. 일반적인 인식능력이나 문제 인식 능력 같은 것도 중요한 요인이겠지만 여기에서는 논외로 하고 다만 문제해결 능력에 초점을 맞추어 보겠다.

2. 새로운 리더십과 문제에 대한 인식의 전환

끊임없이 부딪히는 문제에 대처하기 위해 우리는 일상화된 문제의 유형과 경험으로부터 나온 해결 방안을 사회적으로 습득한다. 조직과 사회 상황에서는 조직이나 사회의 역사와 경험에서 축적된 문제해결 방법을 구성원에게 학습시키고 이를 구성원은 아무런 저항 없이 받아들이게 된다.

그러나 사회나 조직은 더욱 복잡해지고 더욱 어려운 문제에 처하게 되고 이에 대한 해답을 찾는데 온 힘을 기울인다. 그럼에도 불구하고 문제해결에 대한 사회적 관심이 더해가고 새로운 기법이 나오면 나올수록 문제해결은 더 어려워지는 것 같다. 그 이유는 선진 모형이 존재하고 이를 수용하고 받아들이던 산업

사회가 지나가고 사회적 가치와 사회적 상황이 급변하고 새로운 문제를 겪게 되는 정보화 사회, 지식사회가 도래했기 때문이다.

따라서 자신이 배우고 겪고 경험했던 지식과 기술을 가지고 문제를 주도적으로 해결해 왔던 리더는 이제 더 이상 존재하지 않게 되었다. 모든 리더는 새로운 상황에서 새로운 문제를 새로운 방식으로, 그리고 다른 사람과의 협력을 통해 해결해야만 한다. 이러한 사회적 상황을 팀조직이 필요한 사회, 팀 리더십이 필요한 사회라고 할 수 있다. 문제해결도 탁월한 개인의 지식이나 능력에 의존하기보다 문제를 공유하는 사람들의 협력을 이끌어내고 창의적으로 해결해야 할 상황에 처한 것이다. 이헌 점에서 학습방법도 달라지고 있다. 기존의 지식을 습득하고 적용하는 평면적이고 과거지향적인 것이 아니라 예측하기 어려운 상황에서 새로운 문제를 해결할 수 있는 학습을 위한 학습의 방향으로 전개되고 있는 것도 이러한 이유에서다.

혼자의 힘으로 문제를 인식하고 해결하는 것이 아니라 여러 사람과 문제와 목표를 공유하고 협력적으로 해결해야 한다는 점에서 새로운 사회운영 방식이자 조직 원리인 팀제와 팀 리더십이 요구된다.

팀이란 단순한 집단(group)과 구별될 뿐 아니라 팀은 단순한 개인의 합 이상이다. 왜냐하면 탐은 각각의 개인들과 그들은 함께 묶는 집단역학을 포함하고 있기 때문이다. 따라서 팀은 구성원 개인 간의 상호작용으로부터 오는 시너지효과를 가지고 있다. 팀제는 이러한 팀, 특히 자율성이 부여된 팀을 중심으로 형성되는 조직이기 때문에 갖는 이점이 있다. 즉, 단순한 개인의 집합체가 아닌 팀을 중심으로 업무수행을 하는 이점은 다음과 같다(양준용, 1993: 27-28).

첫째 팀은 개인이 가지고 있는 기술이나 경험보다는 훨씬 월등한 상호보완적인 기술과 경험을 동원할 수 있다. 따라서 복합적인 기술, 경험, 판단의 종합을 필요로 하는 상황에서 복잡하고 다면적인 문제에 효과적으로 대응할 수 있고 훨씬 더 높은 성과를 이끌어낼 수 있다.

둘째 팀은 명확한 목표와 접근방법을 공동으로 개발함으로써 문제를 해결하고 주도권을 갖게 하는 정보전달방법을 수립하여 수시로 변화하는 환경에 잘 적응하며 수요의 변화에 민감하게 반응한다. 따라서 팀은 빠르고 정확하게 새로운 정보와 도전에 대응할 수 있다.

셋째 팀은 구성원들이 팀으로 일함으로써 동료들로부터 더 많은 지원을 받고 집단적인 업무 수행 시 나타나는 대인관계적 장애를 극복함으로써 상호신뢰와 자신감을 구축할 수 있는 기회를 제공한다.

넷째 팀을 구성원들 간의 상호작용을 통해 즐거움을 제공한다. 즉, 팀은 구성원들의 참여를 높이고 이를 통해 구성원들이 만족감과 즐거움을 갖도록 해준다. 특히 팀빌딩을 통해 다양한 구성원들이 상호 간 교류 및 작용과정을 거쳐 집단역학적 효과를 누리게 된다(Dyer, 1977).

이러한 팀 조직의 운영원리가 갖는 장점을 활용해서 문제해결에 응용한 것이 팀 리더십과 팀 리더십에 근거한 집단 의사결정 방식이다. 팀을 통한 협력과 창의적인 문제해결에 나서는 리더십이 우리가 요구하는 변혁적인 리더십이다. 변혁적 리더십은 부하가 조직의 이익을 위해서 개인적인 이해관계를 초월하여 자신들의 욕구수준을 높이고, 기대 이상의 성과를 달성하도록 부하에게 비전을 제시하며 동기를 부여하는 과정이라고 할 수 있다(Bass, 1985). 이러한 변혁적 리더십이 집단의 효능감을 고양시키는 맥락은 다음 두 가지로 살펴볼 수 있다.

먼저, 변혁적 리더는 카리스마를 가지고 팀 구성원이 자신이나 조직의 목표에 대한 열정, 신념, 충성심, 자신감, 그리고 신뢰감을 상기하도록 만들어 리더와 자신을 동일시하려는 감정적 유대를 만든다(Bass, 1985). 이러한 감정적 유대는 개인의 정체성을 집단적 정체성과 연결시키고 구성원 개인의 이익과 집단의 이익을 연계시켜서 집단적 성취와 다른 구성원의 기여를 인식하게 함으로써 집단적 정체성과 효능감을 갖도록 만든다는 것이다(Kark & Shamir, 2002).

다음으로는 임파워먼트과정을 들 수 있다. 여기서 임파워먼트란 다른 사람의 자기 효능감을 불러일으키는 과정으로(Conger & Kanango, 1998) 거래적 리더십과 구별되는 변혁적 리더십의 중요한 특징이라고 할 수 있다. 변혁적 리더는 지시보다는 집단적 과업을 수행하는데 협동의 중요성을 강조하고 공유된 경험으로부터 학습할 수 있는 기회를 제공하며 효과적인 성과를 달성하는 데 필요한 행동을 취할 수 있도록 권한을 위임하는 등의 행동을 통하여 부하들이 집단의 업무에 참여하도록 만들기 위해 노력한다(Bass, 1985). 변혁적 리더십은 부하의 집단적인 동기를 고양하는 것을 두드러진 특징으로 하는데, 이로 인해 팀 구성원은 협동과 집단 시너지(group senergy)의 중요성을 인식하게 되어 집단 구성원의 능력에 대한 믿음이 높아지게 된다. 결국 변혁적 리더십은 집단 효능감을 높여주게 된다(Shamir, 1990).

따라서 우리는 변혁적인 팀 리더로서 가치를 공유한 다수의 사람들과 문제를 함께 해결해 나가는 능력을 습득하는 것이 필요하다. 혼자의 능력과 지식으로, 아니 기존의 지식과 능력으로 새로운 사회적 문제를 해결하는 것은 더욱 어려워질 것이다. 이제 문제는 단순히 없어져야 할 사회적 장애물이 아니라 사회적 변화의 반영일 수도 있으며, 사회가 발전하고 변화되어 가는 과정 그 자체일 수도 있다.

3. 집단적 문제해결의 구성요소

위에서 논한 바와 같이 이제 사회적 문제의 해결은 탁월한 리더 한 사람에 의해 이루어지기 어려울 뿐 아니라 과거의 지식과 경험에 의존할 수만도 없다. 다수의 사람이 협력해서 새로운 문제해결의 방안을 찾아내야 한다. 이러한 집단적 문제해결의 기본은 팀과 팀 리더십에 있음은 재론할 필요가 없다. 이제 문제의 구성요소와 집단을 통한 창의적 문제해결이 성공적으로 이루어지기 위해 무엇이 필요한지 살펴보자.

1) 문제의 구성요소

문제의 유형과는 관계없이 대개 문제는 세 가지의 중요한 구성요소로 이루어지고 있으며, 문제를 해결하기 위해서 문제해결자는 이러한 요소를 명확히 이해할 필요가 있다(Coleman, 1996). 이 세 가지 구성요소는 다음과 같다.

- 문제 상황(Problem Givens): 상황이나 조건, 대상 그리고 문제해결자가 문제해결에 나서기 전에 존재하는 정보의 흐름을 포함한 '최초의 상태(initial state)'를 말한다.
- 문제의 목적(Problem Goals): 기대되고 마지막으로 이루어야 하는 목표상황.
- 문제의 방해요인(Problem Obstacles): 목표상황에 도달하는데 장애가 되는 것.

이러한 문제의 구성요소와 더불어 함께 분석해야 할 것들은 다음과 같다.

- 문제해결자(Problem Solver): 의사결정을 해야만 하는 사람은 누구인가.
- 통제가능변인(Controllable Variables): 문제해결자가 영향을 주거나 통제할 수 있는 문제상황의 측면들로 문제담당자가 의사결정과정에서 통제할 수 있는 변인들을 말한다.
- 비통제변인(Uncontrollable Variables): 문제해결자가 통제할 수 없는 문제상황의 측면들로 비용담당자가 적시한 조건 요인들을 말한다.
- 제약요인(Constraints): 통제가능변인 혹은 비통제변인에 부여된 한계를 말하는 것으로 수익 수준이나 비용, 가능한 협력 제공자, 기술 및 실험적 과정이 여기에 속한다.
- 가능한 결과(The Possible Outcomes): 문제해결자의 통제 여부에 관계없이 문제해결자의 선택이 가져온 결과.

한 마디로 문제의 객관적인 현재 상황과 통제가 가능한 변인과 통제가 불가능한 변인 및 문제해결의 결과로서의 목표와 같은 문제의 다양한 속성을 명확히 분석하고 이를 기반으로 문제해결에 나아가야 한다. 문제의 이해가 전제되지 않은 문제해결과정은 결코 좋은 결과를 가져올 수 없다. 이러한 예는 그림 10-2와 같이 숙련된 디자이너와 초보자 간의 업무 방식의 차이에서 잘 나타나고 있다(Mathias, J. R., 1993).

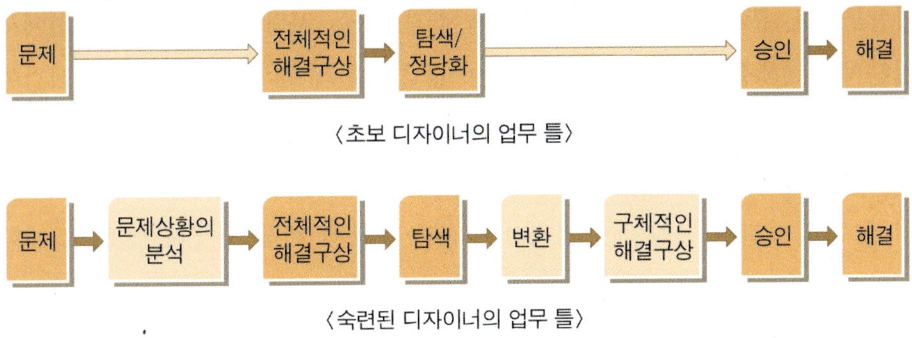

그림 10-2 숙련된 디자이너와 초보자 간의 업무방식의 차이
출처: Mathias, J. R., 1993

숙련된 디자이너와 초보자 간의 가장 큰 차이는 문제해결에 앞서 문제의 분석이 있었느냐 하는 점이다. 이후에도 탐색하고 부족한 점을 고쳐서 구체적인 해결방안을 모색한다는 점이 전문가와 초보자의 차이이다.

문제의 구성은 다양한 문제요인의 결합이 상이한 상황 속에서 전개된다는 점을 인식하고 이를 동태적으로 분석하고 이해하는 것이 중요하다. 문제해결의 절반은 문제의 인식과 문제의 분석에 달렸다는 점을 분명히 이해해야 좋은 문제해결자가 될 것이다.

2) 집단적 문제해결의 영향요인

변화하는 사회적 상황에서 접하게 되는 새로운 문제는 특정 개인이나 지도자에 전적으로 의존하기 어렵다. 따라서 집단 성원이 문제의 본질과 성격을 이해하고 함께 문제를 해결해서 공통의 목적을 달성해야 한다. 이러한 집단적 문제해결인 팀 문제해결에 영향을 미치는 요인은 다음과 같다(신응섭 외, 1999: 377-380).

(1) 집단의 구성과 크기

집단적 문제해결에서 우선적으로 고려해야 할 사항은 문제해결에 참여하는 사람들이다. 문제해결을 위한 의사결정에 참여하는 사람의 규모는 여러 면에서 집단적 문제해결에 영향을 준다. 인원이 많을수록 각 개인에게 주어지는 시간이 한정되며 상호 간의 의사소통이 어려워진다. 이런 경우 다른 나머지 성원들은 집단에의 공헌을 포기하고 존재의 위협감과 불만족을 경험하게 된다. 또한 집단이 클수록 마찰과 충돌이 빈번해지며 시간 소모에 비해 문제해결방법에 대한 동의를 얻을 가능성이 적어진다.

많은 인원으로 구성된 집단의 의사결정은 여러 가지 잠재적인 불이익이 상존하지만 집단이 클수록 더 많은 지식과 경험이 투입되고 해당 문제를 보다 다양한 시각에서 바라볼 수 있는 장점이 있다. 집단 규모가 8명 이상으로 증가할 경우, 증원되는 사람의 실제적인 공헌도는 증원으로 인하여 집단적 노력이 비효과적으로 전개될 문제점에 기초해서 평가되어야 한다. 따라서 문제해결에 필요한 정보와 경험을 가진 사람을 8명 내외에서 구성하는 것이 가장 바람직하다.

(2) 집단 구성원의 지위의 차이

집단적 문제해결 과정에서 구성원 간의 지위의 차이나 사회적 배경의 차이는 중요한 변인이 된다. 구성원 간의 명확한 지위 차이는 정보를 교환하고 아이디어를 올바르게 평가하는 것을 어렵게 만든다. 낮은 지위의 구성원들은 일반적으로 높은 지위의 사람들을 비판하거나 그들과 불일치되는 것을 꺼려한다. 더욱이 높은 지위에 있는 사람들의 생각이나 의견들은 그들의 지위가 결정문제와 무관한 경우에도 더 큰 영향력을 가지며 더 관대하게 평가된다. 집단적 문제해결과정에서는 문제에 대한 정보를 비슷하게 가진 사람들이 모인 경우 집단에서의 직위의 차이가 집단적 의사결정과 문제해결에 미치는 영향을 최소화시키는 것이 바람직하다.

(3) 집단의 응집력

집단의 응집력은 집단적 문제해결과 의사결정의 질에 영향을 미친다. 응집력은 집단 구성원들 간의 상호 애착과 집단으로의 유인 정도를 말한다. 응집력은 집단의 특성이지만 구성원들의 개별적인 특성에 종속되어 있다. 만약 구성원들이 유사한 가치관과 태도 그리고 문화적 배경을 갖고 있다면 그 집단은 매우 응집적이라고 할 수 있다. 응집력이 높은 집단은 의사결정에서 동의를 얻어 내기는 쉽지만 반면 그 구성원들이 객관적인 평가나 대안의 충분한 검토 없이 성급하게 결정을 내려 문제해결에 효과적이지 않을 수도 있다.

응집성이 높은 집단에서는 간혹 '집단사고'라 부르는 현상이 나타나기도 한다. 집단사고란 집단 구성원들이 응집성이 강한 내 집단에 깊이 관여되고, 팽배한 만장일치의 분위기가 다른 대안을 현실적으로 평가하려는 동기를 압도할 때 생기는 사고의 양식이다(Janis, 1972). 집단사고의 지배를 받는 집단은 불일치의 공개적인 표현을 회피함으로써 내적인 조화를 이루고 있다는 환상을 유지하려고 애쓴다. 이러한 집단에서는 집단이 선호하는 대안에 일치하지 않는 사실적 정보가 진지하게 다루어지지 못한다.

(4) 구성원의 성격

집단의 각 구성원들은 나름대로의 욕구, 태도, 가치관, 지식, 경험 등을 지니고 있다. 구성원들의 이러한 특성들은 집단과정에 명확한 의미를 갖는다. 구성원들의 정보나 지식이 의사결정의 질에 영향을 줄 뿐 아니라, 집단 구성원들의 목표지향성이 어떠냐에 따라 리더로 하여금 의사결정을 주도하게 하거나 심한 경우 리더에 의한 의사결정을 거부하거나 무력화시키기도 한다.

집단 구성원들의 특성과 가치관도 집단과정과 문제해결의 질에 영향을 줄 수 있다. 집단 구성원들 간에 모순이 없는 경우 특히 시간적 압박하에 동의가 필요한 경우 더 생산적인 의사결정과 문제해결이 가능한 것으로 보고되고 있다. 집단과정은 집단 구성원들의 성숙도와 정서적 안정성에도 영향을 받는다. 미성숙하고 신경질적인 구성원이 많은 집단은 선전포고식 언급이나 예의 없는 행위를 통한 주의 끌기와 다른 구성원의 지배와 같은 파괴적인 자기중심적 행동이 일어나기 쉬워 집단의 응집성과 효과를 감소시킨다. 따라서 리더는 구성원의 행동을 잘 관찰하여 억제시키거나 아니면 행동의 패턴을 변화시키도록 유도하여 이러한 행동의 역기능적 효과를 예방해야 한다.

(5) 물리적 환경

물리적 환경은 집단의 의사결정과 문제해결 노력에 구성원의 심리적 분위기를 결정하고 간접적으로 결과에 영향을 준다. 가장 명확한 물리적 요소 중의 하나는 좌석 배치이다. 어떤 배치는 리더와 다른 구성원들을 심리적으로 분리되게 만들어 경직된 분위기를 유발시킨다. 물리적 환경 중 또 중요한 것은 불필요한 방문이나 전화벨, 시끄러운 소리 등으로 인하여 주의가 산만하게 되지 않도록 배려하는 것이다. 리더는 가능한 조용한 장소에서 집단활동을 계획하고 긴요한 사항이 아닌 한 구성원들이 어떤 간섭도 받지 않도록 노력해야 한다.

(6) 리더의 문제해결 능력

리더의 수준과 문제해결 능력은 집단활동의 성공을 결정하는 가장 중요한 요소들 중 하나이다. 리더의 역할은 어느 정도까지는 분담되어질 수 있지만 의사결정 집단에 관한 연구결과들은 구성원들이 여러 가지 중요한 리더십 기능을 수행하는 책임감 있는 리더를 선호하며, 이러한 리더는 더 만족스럽고 생산적인 집단으로 만든다는 것을 보여준다. 리더의 구체적인 역할은 뒤에서 언급하겠지만 집단활동, 특히 의사결정을 통한 문제해결의 과정에서 리더의 역할은 매우 어려운 일임에 틀림없다. 리더가 집단활동을 체계적인 방식으로 진행시키기보다 논의를 장악하는 경우 아이디어의 제공과 제안들에 대한 중요한 평가가 제대로 이루어지지 못한다. 리더가 너무 수동적이거나 너무 지배적인 경우 집단활동의 효과는 떨어지게 된다. 리더의 균형적인 역할을 위해 일반적인 집단활동의 절차와 방법이 설명되겠지만 그럼에도 불구하고 리더의 기본적인 수준은 매우 중요한 요인이 된다.

4. 문제해결과정의 이해와 리더의 역할

1) 문제해결의 과정

집단활동을 통한 문제해결은 집단 구성원들의 지식과 경험을 합리적으로 모으고 보다 생산적인 결정을 내리는 일이 대부분이다. 이러한 생산적인 의사결정은 모든 집단에서 의사결정이 동일한 유형으로 이루어지는 것은 아니라고 해도 일정한 절차와 과정을 거치는 것으로 얘기된다. 집단활동을 통한 문제해결과정은 주장하는 학자에 따라 다르지만 대개 문제의 확인, 계획, 실행, 평가의 네 단계를 거치는 것으로 보인다. 문제해결과정에 대한 다양한 이론가의 주장을 정리한 것이 표 10-1 문제해결과정 모형이다(김익수, 2006: 46; 문대영, 2006: 166-167).

그러나 이러한 네 단계의 문제해결과정보다 더 단순하면서도 의미 있는 문제해결과정이 문제해결에 관한 빙상이론(iceberg theory of problem solving)이다. 빙상이론은 물위에 떠있는 빙상을 문제에 비유해서 문제를 표면적으로 보이는 것만 치유한다면 물속의 빙상이 다시 떠오르는 것처럼 문제가 지속적으로 남게 된다는 의미에서 문제해결을 문제인식과 문제해결의 두 단계로 구분하는 이론이다. 문제해결은 전적으로 문제의 본질을 인식하고 문제의 핵심이 무엇인지 파악한 뒤에 직접적인 문제해결에 나아가야 한다는 것을 말한다.

표 10-1 문제해결과정 모형

모형개발자	문제해결과정			
	문제확인	계획	실행	평가
이상봉	• 문제의 확인	• 연구와 개발	• 실현	• 평가
장수웅	• 문제의 이해	• 해결책 탐색 및 개발	• 실현	• 산출물 평가
최유현	• 문제의 확인	• 참고자료 모으기 • 해결방안 생각	• 실행(제작)	• 평가와 개선
Bransford & Stein	• 문제의 확인 • 문제의 정의	• 가능한 해결책의 탐색	• 계획의 실천	• 효과의 검토

모형개발자	문제해결과정			
	문제확인	계획	실행	평가
Dewey	• 곤란의 의식	• 곤란의 검토 • 가능한 해결안 제시	• 제언 · 추리의 전개	• 행위에 의한 가설의 검증
Edward & Martin	• 문제정의	• 아이디어 창출 및 평가 • 아이디어 판단 및 결정	• 해결책 실천	
Halfin	• 문제정의하기 • 자료 해석하기 • 모델과 원형을 구조화하기	• 설계하기 • 검사하기	• 모델링하기 • 창조하기 • 다루기	
Hennessy & McComick	• 문제인식	• 해결책 산출하기	• 해결책 실행하기	• 결과 평가하기
Hutchinson & Karlsnitz	• 문제와 기회를 확인하기 • 설계개요 만들기	• 조사와 연구하기 • 대안적인 해결책 개발하기 • 해결책 선택하기	• 개발적인 작업하기 • 모형화와 원형제작	• 시험과 평가
Johnsey	• 필요성 기획확인	• 설계 산출하기	• 제작	• 시험과 평가
Savage & Sterry	• 문제 정의 • 해결방안 모색	• 해결방안 선택	• 해결방안 적용 및 평가	• 해결방안 수정 • 해결방안의 해석과 설명
Tod & McCory	• 문제와 기회를 확인하기 • 설계개요 만들기	• 조사와 연구 • 대안적인 해결책 개발하기 • 해결책 선택하기	• 개발적인 작업하기	• 결과를 평가하기
Waetjen	• 문제 정의 • 문제 재구성하기	• 해결방안 분리하기	• 계획 적용하기 • 계획 재구조화	• 해결방법 종합하기
Welch	• 문제를 이해하기	• 가능한 해 형성하기 • 모형화 하기	• 하나의 해 만들기	• 평가하기
Altshulder (ARITZ)	• 문제 정의	• 모델 정립 • 모델 분석 • 물리적 모순제거 • 해결책 사전평가	• 해결책 개발	• 해결과제 평가

이러한 다양한 문제해결이론을 정리하면 다섯 단계로 문제해결과정을 설정할 수 있다. 첫 번째 단계는 문제를 진단하는 단계로, 이 단계에서는 회의를 통하여 결정하여야 할 문제가 명확히 상정되어야 하며 그러한 문제가 왜 발생하였는가에 대한 원인 분석이 이루어진다. 두 번째 단계는 가장 바람직한 결과, 즉 목표를 설정하는 것이다. 세 번째 단계는 가용한 여러 채널을 통하여 문제상황과 관련된 정보를 수집하여 목표 획득을 위한 대안을 발전시키는 단계이다. 네 번째 단계는 가장 좋은 해결책을 선택하는 단계이며, 다섯 번째 단계는 해결책을 이행하고 그 효과를 평가하는 단계이다(Calkins, 1959; Hoffman, 1982; 신응섭 외, 1999: 381-395)

2) 문제해결과정에서 리더의 역할

복잡하고 새로운 문제에 접하면서 이전의 해결방법이 최선이 아닌 상황을 맞이하면서 문제해결을 특정인에 의존하는 경향은 점차 위험한 것으로 인식되고 있다. 이러한 까닭에 집단적인 의사결정과 문제해결을 중시하게 되고 이때 리더의 역할은 집단구성원으로 하여금 보다 창의적이고 합리적인 문제해결 방안을 도출하고 실천하도록 하는 데 집중되고 있다.

집단적 의사결정과 문제해결과정에서 리더의 역할은 권위주의적인 지도자형도 아니고 완전한 정보를 습득해서 완벽한 결정을 내리는 것도 아니다. 주어진 상황에서 가용한 정보를 통해 제한된 합리성(limited rationality)에 근거한 시의적절한 의사결정으로 문제해결을 도모할 수밖에 없는 것이 현실이다. 이러한 집단적 의사결정과 문제해결과정에서 리더의 역할은 다음과 같아야 할 것으로 생각된다.

(1) 구성원의 공유가치 창조

집단, 특히 팀 조직을 통한 의사결정과 문제해결과정은 팀이 의미하는 바와 같이 구성원이 공통의 문제의식과 목표의식을 가져야 한다. 공유의 가치를 기반으로 구성원은 자발적이고 창의적인 의견개진과 노력을 기울일 것이기 때문에 집단적 문제해결과정에서 리더는 구성원이 문제를 인식하고 무엇을 해결하고 어떠한 결과를 가져와야 하는가를 내면적으로 받아들이게 만들어야 한다.

(2) 구성원의 자발적 참여 촉진

문제에 접한 구성원이 해결과제를 인식하고 공감한다고 해도 이를 해결하는데 적극적이라고 할 수는 없다. 리더와 의견이 다를 수도 있으며 자신의 이익이나 생각을 우선시 할 수도 있다. 따라서 리더는 구성원이 자신이 가지고 있는 의견이나 정보를 솔직하고 편하게 개진할 수 있도록 만들어주어야 한다. 구성원 간에 갈등이 있는 경우에도 양편의 의견을 충분히 개진하게 하고 이를 통해 보다 나은 결론에 도달하도록 만들어야 한다. 리더는 월등한 지식이나 능력을 가진 사람이라기보다는 구성원이 자발적으로 참여하고 일정한 과정을 거쳐 보다 좋은 결과를 얻도록 이끌어 가는 조타수의 역할을 감당해야 한다. 특히 새로운 해결방안을 고취시켜 가능한 한 창의적인 문제해결 방안이 도출될 수 있는 분위기를 조성하는 것이 필요하다.

(3) 정보의 제공자

리더는 구성원의 의견을 청취하고 좋은 아이디어를 문제해결에 활용해야 하지만 문제해결의 모든 정보와 지식을 구성원에게 전적으로 의지해서는 안 된다. 리더는 구성원이 갖지 못한 정보와 자원을 찾아내고 이를 문제해결에 연결시키는 역할을 수행해야 구성원의 이해와 지지를 받을 수 있으며, 구성원 간에 야기될 수 있는 갈등의 조정도 가능하게 된다. 일방적인 지식과 정보의 강요가 아니라 문제 상황에서의 우선권(priority)을 확보하는 것이 리더가 구성원을 이끌어 가고 주어진 업무를 수행하는데 큰 도움이 된다고 한다.

(4) 과업지향적인 태도

집단 활동에서 리더의 과업 지향적 행동은 체계적인 의사소통, 평가, 그리고 정보 및 아이디어의 평가를 촉진시키며, 문제해결과 의사결정을 돕는다. 따라서 리더는 집단적 문제해결의 과정을 구조화시키고 의사소통을 자극함은 물론 의사소통에서 나타나는 의미의 혼란을 해소시켜 주고 정리해야 한다. 이러한 과정의 구체화를 통해 최종적으로 얻은 결론을 구성원이 모두 동의하게 만드는 합의가 가능해질 것이다.

이러한 집단 중심의 리더십은 문제해결의 집단적 노력을 의미 있고 실천력 있게 만들어주며 새로운 상황의 새로운 문제를 창의적으로 해결하는 중심 가치가 된다. 미래의 리더는 문제해결에서 집단적 리더십을 육성하는 데 노력해야 할 것이다. 전통적 리더와 집단 중심적 리더의 차이는 다음 표 10-2 전통적, 집단 중심적 리더십의 비교와 같이 정리될 수 있다.

표 10-2 전통적 · 집단 중심적 리더십의 비교

비교 기준	전통적 리더십	집단 중심적 리더십
1. 집단 효과성에 대한 책임	리더가 책임	집단이 책임을 분담
2. 최종 선택의 통제	리더에 의해 통제	집단에 의해 통제
3. 기더의 영향요소로서의 지위 권력의 중요성	강조되고 신중하게 관찰됨	강조되지 않음
4. 리더는 집단을	개인의 집합체로 지각	상호 작용하는 집합체로 지각
5. 과업 중심적 기능	리더 혼자서 수행	집단이 분담
6. 집단 유지적 기능	체계적으로 수행되지 않음	매우 강조되며 집단이 분담
7. 사회 정서적 과정과 상호작용	리더에 의해 대부분 무시됨	리더에 의해 상세히 관찰됨
8. 구성원의 욕구와 감정의 표현	리더에 의해 억제됨: 객관적 분석의 강조	리더에 의해 고무되고 회의에서 논의됨

5. 집단적 문제해결 사례

다음은 긴급한 상황 조건에서 의사결정을 통한 문제해결 사례를 제시한 것이다. 다음의 사례에 대한 개인별 의사결정(문제해결)과 집단적 의사결정(문제해결)을 비교하면서 집단적 의사결정(문제해결)에 필요한 의사소통 등 문제해결과정의 문제점을 스스로 찾아내고 이에 대한 개선행동 방안을 찾아보도록 하자.

사례

여러분이 속한 팀의 구성원 전체는 중국 텐진에서 열리는 국제박람회를 참관하기 위해 이틀 전에 부산항을 출발한 여객선 무궁화호에 탑승하였습니다. 어제 아침 일기 예보에 의하면 무궁화호가 지나갈 서해 부근에 저기압이 접근하기 때문에 어젯밤부터 오늘 새벽 무렵까지 파도가 심해질 것이라고 하였습니다. 그런데 어젯밤 11시경 불행하게도 배에 큰 사고가 발생하였습니다. 배가 심하게 요동치더니 선원실 부근에 화재가 발생한 것입니다. 불은 기관실 옆 연료 탱크로 인화되어 배 전체가 불길에 휩싸였고 배는 기울기 시작했습니다. 배가 침몰할 위기에 점차 선내는 큰 혼란에 빠졌고 탑승객들은 구명보트로 몰려갔습니다. 간신히 당신의 팀원 6명은 구명보트 하나를 차지하게 되어 팀원 모두가 그 구명보트로 옮겨 타게 되었습니다. 구명보트를 내리고 바다 위에서 살펴보니 사나운 파도가 구명보트를 덮칠 정도로 심하게 치고 있었습니다. 다른 보트는 어디에 있는지 보이지 않았습니다. 아직까지도 무궁화호는 불타고 있었고 타는 불길이 바다를 밝혀주고 있었습니다. 구명보트에는 더 이상 사람이 탈 수 없었습니다.

보트에 올라탄 당신의 팀원들은 살았다는 마음에 안도를 한 후 살펴보니 보트에는 모터가 달려있지 않았고 재질은 나무로 되어 있었습니다. 그리고 보트 안에는 몇 가지 물품이 마련되어 있었습니다. 약 3일간의 음료수와 비상 식료품 외에 열 가지 종류의 물품이 완전한 상태로 갖추어져 있었습니다. 그러나 지금 이 상황에서 그 물품이 안전하게 보장된다고 볼 수는 없었습니다. 그래서 팀장은 팀원들과 함께 꼭 지켜야 할 물품의 우선순위를 정하기로 하였습니다.

한편 무궁화호를 탈출하기 전에 들은 선내에서의 긴급 방송에 의하면 무궁화호에서 발신한 조난 신호(SOS)를 인천항 무선국에서 포착하여 정확한 조난 위치를 파악하였다고 합니다. 그리하여 해경 구조선이 인천항을 출발하였다고 하며, 또한 조난 지점으로부터 동남방 약 100해리 지점을 통과하고 있던 중국 화물선이 조난 신호를 포착하여 구조하러 오겠다고 알려 왔답니다. 그리고 조난된 지점에서 동쪽으로 약 50마일 지점에 무인도가 있다고 하였으며, 구명보트에 옮겨 탄

시각은 새벽 1시경이었고, 현재 풍속은 7, 풍향은 서남풍이며, 물결 높이는 5M 정도라고 하였습니다. 그러나 파도는 아침 경에야 잦아질 것이라고 하였습니다.

여러분은 지금부터 구조될 때까지 전원이 살아남기 위하여 필수적이라고 생각되는 물품들이 무엇인지를 토의하여 그 중요도에 따라 우선순위를 매겨주십시오. 지금은 긴급 상황이므로 10분 내에 의사결정을 완료하여야 합니다. 먼저 개인별로 의사결정을 하고 팀원 간에 토의를 하여 팀의 우선순위를 결정하기 바랍니다.

위기탈출을 위한 필요 물품의 우선순위는?

필요 물품	개인 (A)	팀 (B)	정답 (C)	개인 오차 (A-C, 절대값)	팀 오차 (B-C, 절대값)
1. 해도(海圖)					
2. 노(길이 2M 짜리 4개)					
3. 화장 거울					
4. 트랜지스터 라디오(수신용)					
5. 밧줄(길이 3M 정도 4개)					
6. 양동이					
7. 나침반					
8. 석유가 든 통					
9. 방수 회중 전등					
10. 방수 사이트(가로 2M × 세로 3M)					
계					

〈팀 평가표〉

개인 최고 점수	개인 최저 점수	개인 평균 점수(A)	팀 점수 (B)	팀 향상 점수 (C=A-B)	팀 효율성 지표(C/A)
점	점	점	점	점	%

용어해설

• **제한된 합리성(Limited rationality)**

A. Simon이 인간을 합리적인 의사결정주체로 보되 현실적으로는 모든 필요한 정보와 도구를 사용하여 완벽한 의사결정을 하는 것이 아니라 주어진 상황에서 가능한 정보와 도구를 가지고 불완전하지만 합리적으로 의사결정을 내린다는 것을 '제한된 합리성'이라고 하였다.

제한된 합리성이란 경제학에서 말하는 가장 합리적인 것을 뜻하는 것도 아니며, 심리학에 있어서와 같이 인간의 감정의 논리에 치우치는 것을 뜻하는 것도 아니고, 이 양극 사이에 인간행동의 인지과정을 주입시킴으로써 합리적인 선택을 할 수 있음을 뜻하는 것이다. 이는 행정행태에 있어서 합리적, 비합리적 양면을 고려에 넣어 제한된 합리성을 고찰함으로써 인간을 적당한 선에서 만족하는 존재로 파악한다는 것을 의미한다.

탐구문제

1. 위의 사례 탐구에서 개인적 의사결정보다 집단적 의사결정이 시너지효과를 발휘하지 못했다면 개인의 어떤 점이 문제였는가를 검토하고 개인의 행동지침을 설정해 보시오.
2. 사회적 문제와 개인의 심리적 문제의 차이점은 무엇인지 특성을 비교해 보시오.
3. 문제해결에 있어 창의적인 발상은 매우 중요하다. 창의적 문제해결 방안으로 트리즈(TRIZ) 기법은 무엇인지, 적용사례를 찾아 그 특징을 살펴보시오.

참고문헌

문대영(2006). 기술과 교육에서 TRIZ(창의적 문제해결 이론)의 적용 방안 탐색, 대한공업교육학회지, 31(2).

이상호 · 박선민(2002). 팀제의 이론과 실제, 社會科學論叢, 5. 숭실대학교 사회과학연구원.

정윤길 · 이규만(2007). 변혁적 리더십과 집단효능감 및 팀 유효성 간의 관계－공기업 구성원을 중심으로－, 한국행정논집, 19(4), 1053-1073.

Coleman, J.(1996). "New Challenges Call for Rewriting the Rules for Problem Solving", *The Case Manager*, Vol. 7, Issue 2,.

Dyer, W. G.(1977). *Team Building: Issues and Alternatives*, Reading, Massachusetts, Addison-Wesley.

Janis, I. L.(1972). *Victims of Groupthink*. Boston Houghton-Miffin.

Kark, R. & Shamir, B.(2002). *The dual effect of transformational leadership: Priming relational and collective selves and further effects on followers*. In B. J.

Mathias, J. R.(1993). *A study of the problem solving strategies used by expert and novice designers*. PhD Thesis, University of Aston, Birmingham, UK.

Mumford, M. D.(2000). "Leadership skills for a changing world: solving complex social problems.", *Leadership Quarterly, 11*(1), 11-5.

Avolio & F. J. Yammarino(Eds.). *Transformational and charismatic leadership: The road ahead,* Oxford, UK: Elsevier Science.

Katzenbach, J. R. & Smith, D. K.(양준용 역).(1993). 기업혁신 팀경영. 한국경제신문사.

Chapter 11

동기유발

사례

미국 샌디에고 씨월드에 가면 범고래 쇼를 볼 수 있다. 화려한 공중점프에 조련사와 조화를 이루어 펼치는 환상의 묘기까지 그야말로 한 순간도 놓칠 수 없는 공연이 펼쳐진다. 쇼를 지켜본 사람들은 한결같이 묻는다. 바다의 포식자로 불리는 무시무시한 범고래들과 어떻게 이런 멋진 쇼를 할 수 있느냐고?

범고래의 마음을 움직이는 힘! 그것은 바로 칭찬이다. 무게 3톤이 넘는 거대한 몸집에 눈에 보이는 것은 무엇이든지 먹어치울 수 있는 범고래! 하지만 쇼를 하는 조련사들에게 범고래는 너무도 다정한 친구이다. 보기에도 어마어마한 이 범고래를 조련사들은 어떻게 훈련시키는 것일까?

무엇보다도 조련사와 범고래가 상호 신뢰를 쌓는 것이 우선이다. 조련사들은 보통 한두 달 동안 먹이를 주며 친해지는 시간을 갖는다. 범고래들에게 조련사들이 해를 끼치지 않는다는 사실을 확인시키기 위해서이다. 서로 믿고 두려워하지 않는 친구가 될 때, 둘은 관객들을 감동시킬 수 있는 멋진 쇼를 만들어 내는 것이다.

다음으로 범고래의 긍정적인 것을 강조하는 것이다. 조련사들은 범고래가 잘하는 것에 주목하고 칭찬해 주는 것이 중요하다. 잘 한 일에 관심을 갖고 주의를 기울이면 범고래는 그 일을 즐겁게 계속한다. 하지만 범고래가 무언가 잘못했을 때는 빨리 그 일을 잊도록 도와주어야 한다. 잘못했을 때는 잠시 멈추고 잘못한 행동에 대하여 약간 주의만 주고 다시 격려하여 올바른 행동을 하도록 인도한다. 잘 할 때는 등을 긁어 주거나 좋아하는 다른 것을 해준다.

범고래를 훈련하는 방법은 진심으로 관심을 기울이고 서로에 대한 믿음을 쌓는 것, 그런 긍정적인 관계 속에서 훈련을 자연스럽게 이루어가는 것이다.

생각해 볼 문제

1. 범고래의 행동을 변화시키기 위하여 왜 신뢰가 중요한가?
2. 범고래의 행동을 변화시키기 위하여 조련사들은 어떠한 행동을 하는가?
3. 범고래의 행동을 변화시키기 위하여 조련사들이 하는 행동에 비추어 보아, 다른 사람의 행동을 변화시킨다거나 다른 사람과 좋은 인간관계를 유지하기 위하여 어떠한 노력이 필요한가?

1. 동기의 개념

동기(motive)라는 용어는 사람으로 하여금 어떤 행동을 일으키게 하는 내적인 요인 또는 마음의 상태를 의미한다. 동기유발(motivation)은 이와 같은 상태로 되거나 또는 가져오게 하는 것을 의미한다. 동기는 그 자체가 행동이 아니기 때문에 직접 관찰할 수는 없지만, 관찰되는 행동을 통해서 유추해볼 수 있다.

동기는 인간이 가지고 있는 욕구에 근간을 두고 있다. 동기는 욕구와 행동을 연결시키는 매개변인이다. 욕구와 동기와 행동의 관계는 그림 11-1 과 같이 나타낼 수 있다. 행동은 개인의 욕구를 충족시키기 위한 수단이며 그 욕구가 개인에게 동기를 유발하는 것이다. 일반적으로 동기 또는 동기화는 세 가지 기본적 구성 요소들, 즉 인간 행동을 활성화시키고, 방향을 주며, 유지시키는 요소를 포함하고 있다.

그림 11-1 욕구 · 동기 · 행동 간의 관계

동기에 관련되는 이론은 크게 ① 내용이론(content theories)과 ② 과정이론(process theories)으로 구분된다. 내용이론은 동기를 유발하는 내용, 즉 '무엇'이 동기를 유발하는가에 초점을 두고 있다. 사람이 가지고 있는 욕구가 무엇이며, 그것의 우선순위가 어떤가에 관심을 둔다. 이에는 대표적으로 욕구계층 이론, 동기 2요인설(또는 동기 · 위생이론), ERG이론 등이 있다.

과정이론은 동기가 유발되는 과정, 즉 '어떻게' 동기가 유발되는가에 초점을 두고 있다. 인간이 목표를 달성하기 위하여 노력하는 행동 과정에 관계되는 요인이 무엇이며, 그들이 어떻게 상호 관계 되는가에 관심을 둔다. 이에는 대표적으로 기대이론, 목표설정이론, 공정성 이론 등이 있다.

2. 동기의 내용이론

1) Maslow의 욕구계층 이론(Need Hierarchy Theory)

동기이론으로 가장 널리 알려진 것은 Abraham Maslow의 이론이다. Maslow는 인간의 욕구는 그 중요도에 따라 낮은 수준의 욕구에서 높은 수준의 욕구로 일련의 계층을 구성한다는 욕구계층 이론을 제시하였다(Maslow, 1970). 기본적인 전제로서, ① 인간은 무엇인가를 필요로 하는 결핍의 존재로서, 충족되지 않은 욕구만이 행동을 일으킨다. ② 인간의 욕구는 충족되어야 할 순서대로 계층화되어 있어, 하위 욕구가 충족되면, 다음 단계의 욕구를 충족시키기 위해 동기화가 된다는 것이다.

즉 욕구계층 이론은 한 단계의 욕구가 충족되면 이 욕구는 더 이상 동기를 유발하지 못하고, 다음 단계의 욕구가 행동의 동기가 된다고 가정하고 있다. Maslow는 그림 11-2 에서 보는 바와 같이, 인간의 욕구를 다섯 가지 수준으로 나누었다. 생리적 욕구, 안전의 욕구, 소속과 애정의 욕구, 존중의 욕구, 자아실현의 욕구 등이다.

(1) 생리적 욕구(physiological needs)

생리적 욕구는 인간이 생존하고 살아가기 위해서 필요로 하는 음식, 물, 공기, 수면, 성, 안락, 숙소 등과 같이 가장 기초적인 욕구이다. 이것은 무엇보다 강력한 욕구인데, Maslow에 의하면 부분적으로나마 그것을 만족하기 전에는 사람들이 존중감이나 자아실현 등과 같은 높은 수준의 욕구를 가지지 않는다. 높은 수준의 욕구는 낮은 수준의 욕구가 만족됨으로써 나타난다.

(2) 안전의 욕구(safety needs)

생리적 욕구가 충족되고 나서는 안전의 욕구가 나타난다. 안전의 욕구는 신체적 안전뿐만 아니라 정신적 위협과 혼란으로부터의 자유를 의미하는 심리적 안전도 포함한다. 직업적으로 안전하거나 안정성을 원하는 욕구도 이에 포함된다.

(3) 소속과 애정의 욕구(belongingness and love needs)

안전의 욕구보다 한 단계 높은 욕구는 소속과 애정의 욕구로서 이는 사랑, 애정, 소속감 등을 두루 포함하는 사회적 욕구의 집합이다. 인간은 다른 사람들과 관계를 맺으면서 살아가는 사회적 존재이다. 사람들은 사랑을 하고 싶어 하기도 하고, 사랑을 받고 싶어 하기도 한다. 또한 친목을 다지고 집단의식을 키우기 위해서 다른 사람들과 특별한 관계를 맺는다. 그래서 사람이 속한 집단은 기본적인 욕구를 만족시킬 수 있도록 영향력을 행사할 수 있는 힘을 가진다. 이 욕구가 좌절되면 부적응을 초래한다.

(4) 존경의 욕구(esteem needs)

존경의 욕구는 다른 사람으로부터 뿐만 아니라 자신으로부터도 존경받을 만한 사람이 되고자 하는 욕구이다. 모든 사람들은 다른 사람들로부터 존경받고 인정받기를 바란다. 그리고 이러한 존경의 욕구는 자존의 욕구와도 관계가 있다. 자존의 욕구는 자신에 대하여 가치 있고, 중요하고, 자부심을 가지는 감각과 연결된다. 반면에 자존의 결핍은 무기력, 무능, 열등 등과 관계가 있다.

(5) 자아실현의 욕구(self-actualization needs)

마지막 단계인 자아실현의 욕구는 자신의 잠재능력을 최대로 발휘하여 최상의 인간으로서 자기완성을 이루려는 욕구이다. 인간은 자기에게 어울리는 존재이면서 바라는 존재가 되기 위해 노력한다. 인간은 성장하고, 능력을 발휘하며, 새로운 지식과 기술을 배우고 창조하고자 하는 욕구가 있다. 자아실현의 욕구를 만족시킨 사람은 자신이 바라는 사람이 되기 위해서 꼭 해야 할 일을 한다. 자아실현의 욕구는 다른 욕구와 달리 욕구가 충족될수록 더욱 증대된다.

첫째, 둘째 욕구는 본질적으로 분명하고 물질적인 욕구인 반면, 셋째, 넷째, 다섯째 욕구는 불분명하며 인간적 정신적인 욕구라고 볼 수 있다.

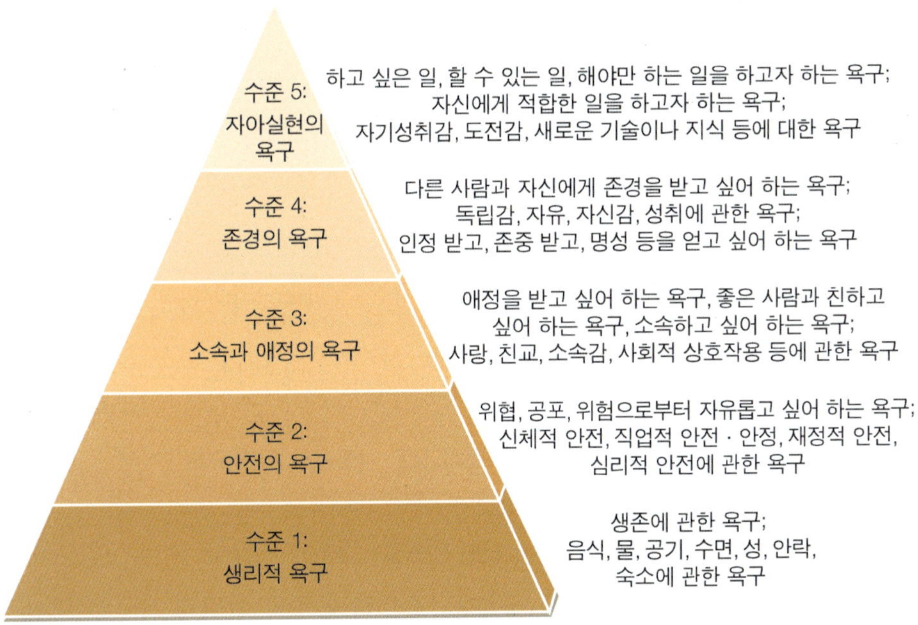

그림 11-2 Maslow의 욕구계층 이론

자료: Hoy & Miskel(2003). Educational Administration: Theory, Research, and Practice(6th ed.). New York: McGraw-Hill. 128.

Maslow가 제시한 욕구계층은 한 사회의 발전 또는 시대적 변화에 따라서 두

드러지는 욕구가 달라질 수 있음을 시사한다. Hersey와 Blanchard는 현대사회의 대부분 사람들이 각 단계의 욕구를 완전하게 만족하고 있는 것이 아니라, 부분적으로 만족도 하고 불만족도 하면서 살아가는 것이라고 한다. 아울러 소속과 애정의 욕구, 존경의 욕구, 자아실현의 욕구 단계에서보다는 생리적 욕구, 안전의 욕구 단계에서 만족이 더 잘 되는 경향이 있다. 일반적으로 궁핍한 사회의 경우, 많은 사람들의 행동이 생리적 욕구나 안전의 욕구를 충족시키기 위한 것이 사실이다.

Hersey와 Blanchard는 생활수준의 낮은 사람들과 생활수준이 높은 사람들의 욕구 구조가 다르다는 것을 그림 11-3, 그림 11-4, 그림 11-5로 보여주고 있다 (Hersey, & Blanchard, 1977: 33-34). 그림 11-3은 생활수준이 낮은 사람들의 욕구 구조가 어떤 특징을 가지고 있는가를 보여주고 있다. 생리적 욕구와 안전의 욕구 수준이 상대적으로 큰 것을 알 수 있다.

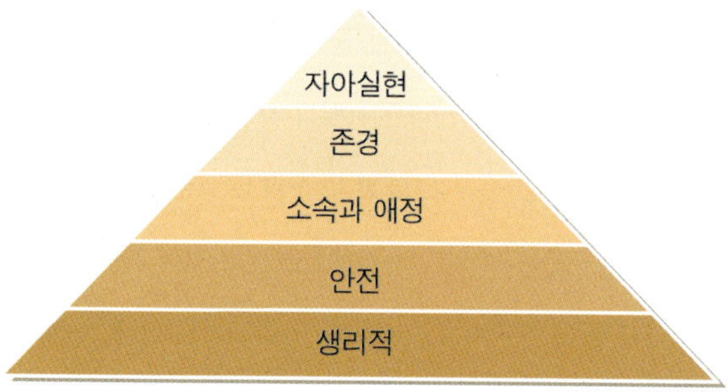

그림 11-3 생활수준이 낮은 사람들의 욕구 구조

미국 사회의 현대인들의 경우는 일반적으로 그림 11-4에서 볼 수 있는 바와 같이, 소속과 애정의 욕구가 가장 강하고, 존경의 욕구와 안전의 욕구가 다음으로 강한 반면, 자아실현의 욕구나 생리적 욕구의 경우는 비교적 그 중요도가 떨어지는 것으로 볼 수 있다.

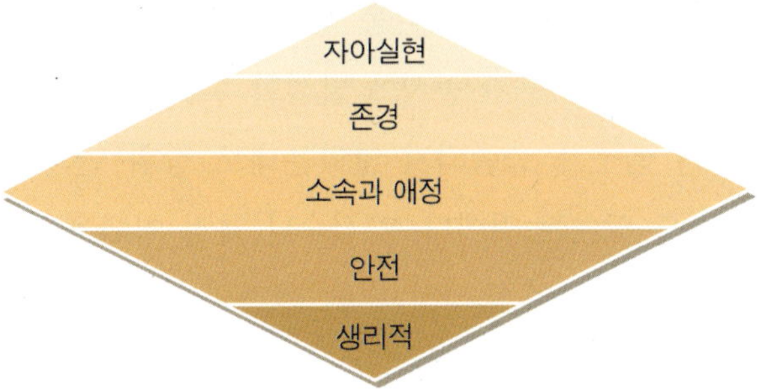

●●● **그림 11-4** 현대 미국 사람들의 일반적 욕구 구조

그러나 생활주준과 교육수준이 높은 사람들은 그림 11-5 에 나타난 바와 같이, 생리적 욕구, 안전의 욕구, 소속과 애정의 욕구는 상당한 정도로 만족되어 있다. 그들은 주로 존경의 욕구와 자아실현의 욕구를 위한 행동의 경향을 보인다고 할 수 있다.

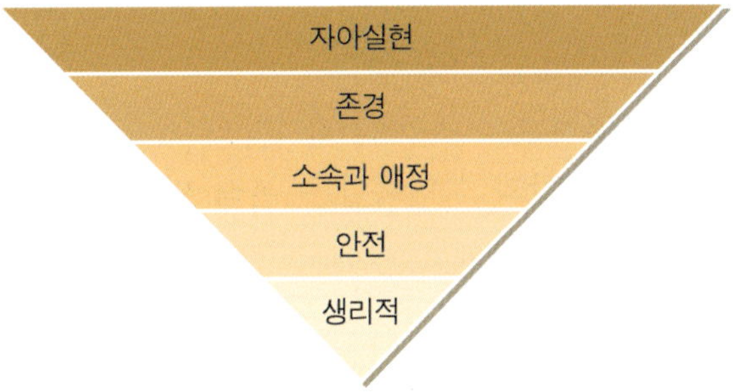

●●● **그림 11-5** 생활수준과 교육수준이 높은 사람들의 욕구 구조

Maslow의 5가지 욕구계층을 교원들을 대상으로 하여 적용해 보면, 대체로 전문성이 높은 교원들을 동기화하는 욕구는 상위의 욕구일 것이다. 소속과 애정의 욕구, 존경의 욕구, 자아실현의 욕구 등을 잘 충족시키는 방향으로 학교경영을 해나가는 것이 학교관리자의 주요 역할이 될 것이다.

Maslow의 욕구계층 이론에 대하여 다음과 같은 의문이 제기되기도 한다. 먼저 하위 단계의 욕구가 충족되어야 다음 상위 단계의 욕구가 발생한다고 전제하고 있으나, 여러 단계의 욕구가 동시에 발생할 수도 있다는 점이다. 경우에 따라서는 하위 단계의 욕구가 충족되지 않았는데도 상위 단계의 욕구가 인간의 행동을 동기화할 수도 있다는 것이다. 양심수나 특정 이데올로기 신봉자들은 자신이 옳다고 믿는 것을 위하여 생리적 욕구, 안전의 욕구, 소속과 애정의 욕구를 포기하기도 하는 것을 종종 볼 수 있다. 그러나 이러한 의문에도 불구하고 욕구계층 이론은 조직 경영에서 구성원을 어떻게 동기유발 시킬 것인가에 관한 유용한 아이디어를 제공하고 있다.

2) Herzberg의 동기 2요인설(Two Factor Theory)

Frederick Herzberg가 제안한 이론으로 동기 · 위생이론(motivation–hygiene theory)이라고도 한다(Herzberg, et al., 1959; Herzberg, 1966). 전통적으로 만족의 반대는 불만족이라고 믿어왔다. 불만족의 원인을 제거하면 직무에 대한 동기가 유발되어 만족을 느낀다고 생각해왔다. 즉 직무에 대한 만족과 불만족은 일연속선의 양극에 존재하는 것이라고 믿었다.

그러나 Herzberg는 만족감과 불만족감은 본래 다른 것이라고 주장한다. 즉 만족의 반대는 '만족이 아닌 것'(no satisfaction)이고, 불만족의 반대는 '불만족이 아닌 것'(no dissatisfaction)이라는 것이다. 만족감을 주는 직무 특성과 불만족감을 주는 직무 특성은 그 유형에서 다르다는 것이다.

Herzberg는 미국 피츠버그 지방의 산업체에서 선정한 약 200명의 기술자와 회계사들에 대하여 면접을 실시하였다. 면접에서 직무수행상 어떤 것이 그들을 불유쾌하게 하고, 불만족스럽게 하는가? 그리고 직무수행상 어떤 것이 그들을 즐겁게 하고, 만족하게 하는가? 등의 질문을 하였다.

면접을 분석한 결과, 인간에게는 상호독립된 두 종류의 서로 다른 욕구 범주가 있는데, 이들이 인간의 행동에 각각 다른 방법으로 영향을 미친다는 결론을 내리게 되었다. 사람들은 자기가 하는 일에 불만을 느끼게 되면, 자기가 일하고 있는 환경에 대한 관심을 갖게 된다는 것을 발견하게 되었다. 한편 사람이 자기가 하는 일에 만족하고 있는 경우는 그 만족이 일 자체와 관계가 있다는 것을 발견하였다.

Herzberg는 이 첫 번째 범주의 욕구가 사람의 환경에 관한 것이고, 직무불만족을 예방하는 기본적 기능을 담당하고 있기 때문에 이를 위생요인(hygiene factor)이라 불렀다. 두 번째 범주의 욕구는 사람을 보다 우수한 업무수행을 하도록 동기유발하는 데 유효한 것이기 때문에 이를 동기유발요인(motivator)라고 불렀다.

(1) 위생요인

① 회사의 정책과 행정(company policy & administration), ② 감독(supervision), ③ 보수(salary), ④ 상사와의 관계(interpersonal relations with superiors), ⑤ 하급자와의 관계(interpersonal relations with subordinates), ⑥ 동료와의 관계(interpersonal relations with peers), ⑦ 작업조건(working conditions), ⑧ 지위(status), ⑨ 직무 안정성(job security), ⑩ 개인생활에의 영향(effects on personal life) 등이 위생요인이라고 할 수 있다. 이들은 모두 업무의 본질적인 면, 즉 일 자체에 관한 것이 아니고, 업무가 수행되고 있는 작업 환경 및 작업조건과 관계된 것들이다. 위생요인은 작업자의 생산능력 증대를 가져오는 것이 아니라, 단지 작업제약 요인에 의한 작업수행상의 손실을 예방할 따름이다. 즉 위생요인은 불만족을 감소 또는 제거시킬 뿐이지 만족을 가져다주지는 않는다. 위생요인이라는 용어는 유지요인(maintenance factor)이라는 부르기도 한다.

(2) 동기요인

① 성취(achievement), ② 인정(recognition), ③ 직무 자체(work itself), ④ 책임(responsibility), ⑤ 승진(advancement), ⑥ 성장 가능성(possibility of growth) 등이 동기요인 또는 동기유발요인(motivator)이라고 한다. 이들 요인들이 직무만족에 정적인 영향을 미칠 수 있고, 그 결과 개인의 생산능력 증대를 가져오기 때문에 동기유발요인이라고 한다. 동기유발요인은 충족되지 않아도 불만은 일어나지 않

지만, 일단 충족되면 높은 만족을 가져오고 적극적인 직무태도를 가지게 한다.

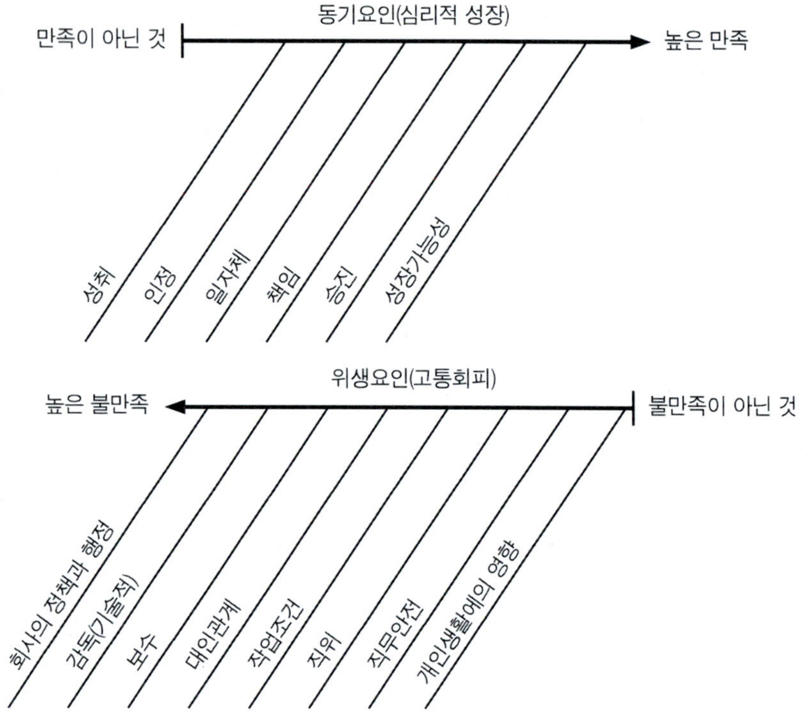

그림 11-6 직무상황 내의 동기요인과 위생요인

Herzberg의 이론은 피고용인의 감정을 새로운 접근으로 이해했다는 점과 피고용인들의 동기를 유발할 수 있는 직무설계(job design)에 대한 시사점으로 많은 주목을 받았다. 그러나 많은 관련 연구결과, 연구방법에 따라서 동기요인과 위생요인이 다르게 나타나고 있다는 점과 조직 구성원들의 개인 차이를 고려하고 있지 않다는 문제로 비판을 받기도 한다.

3) Alderfer의 ERG이론

Alderfer는 인간의 욕구를 생존의 욕구(existence needs), 관계의 욕구(relatedness needs), 성장의 욕구(growth needs) 등 3가지로 제시하였다. 3가지 욕구의 영문 앞

문자를 모아서 ERG이론이라고 한다(Alderfer, 1969). 이는 Maslow의 5가지 욕구를 3가지로 통합한 것이다. Alderfer도 Maslow와 같이 인간의 욕구는 낮은 수준의 욕구와 높은 수준의 욕구로 체계화 될 수 있으며, 욕구가 동기의 주요 요인이라고 보았다.

(1) 생존의 욕구

인간이 생존하기 위하여 기본적으로 필요로 하는 욕구이다. 이에는 신체적 생존을 위한 음식, 물, 수면 등에 관한 욕구와 조직에서의 보수, 직업 안정성, 근무조건 등에 관한 욕구가 포함된다. 생존의 욕구는 대체로 Maslow가 제시한 생리적 욕구와 안전의 욕구가 포함된다.

(2) 관계의 욕구

인간이 사회적 동물로서 다른 사람과 만족스러운 인간관계를 맺으려는 욕구이다. 상사, 동료, 부하, 친구, 가족 등과 인간관계를 맺으려는 요구이다. 관계의 욕구는 Maslow가 제시한 안전의 욕구 중 대인관계에 관련된 일부와 소속과 애정의 욕구, 그리고 자존심 등이 포함된다.

(3) 성장의 욕구

인간이 성장·발전하며, 자신의 특성이나 잠재력을 최대한 발휘하려는 욕구이다. 자기성취감이나 성장감을 느끼고자 하는 욕구, 새로운 기술이나 지식을 추구하고 개발하고자 하는 욕구이다. 성장의 욕구에는 Maslow가 제시한 존경의 욕구와 자아실현의 욕구가 포함된다.

Alderfer의 ERG이론은 Maslow의 욕구계층 이론과 욕구의 단계별 속성이 유사한 점도 있지만, 다음과 같은 근본적인 차이점도 있다.

첫째, Maslow의 욕구계층 이론에서는 일단 충족된 욕구는 더 이상 동기요인이 될 수 없다고 하였는데, Alderfer의 ERG이론에서는 어느 단계의 욕구가 충족되지 않으면 하위 단계의 욕구로 퇴행할 수도 있음을 지적하고 있다.

둘째, Maslow의 욕구계층 이론에서는 강도가 큰 우세한 욕구만이 일어난다고 하였으나, Alderfer의 ERG이론에서는 세 가지 욕구가 비록 강도에는 차이가 있을지라도 동시에 나타날 수도 있다고 한다.

셋째, Maslow의 욕구계층 이론에서는 하위 단계의 욕구가 충족되지 않으면 상위 단계의 욕구로 이동되지 않는다고 하였으나, Alderfer의 ERG이론에서는 하위 단계의 욕구가 충족되지 않아도 상위 단계의 욕구가 발생할 수 있음을 지적하고 있다.

표 11-1 는 지금까지 언급된 Maslow, Herzberg, Alderfer의 이론을 비교해 본 것이다.

표 11-1 Maslow, Herzberg, Alderfer 이론의 관련성

<table>
<tr><th>욕구의 수준</th><th>Herzberg의
동기 · 위생이론</th><th>Maslow의
욕구계층 이론</th><th>Alderfer의
ERG이론</th><th>동기의 수준</th></tr>
<tr><td rowspan="5">상위 욕구
↑
↓
하위 욕구</td><td rowspan="2">동기요인</td><td>자아실현의 욕구</td><td>G(성장의 욕구)</td><td rowspan="5">내적 동기
↑
↓
외적 동기</td></tr>
<tr><td>존경의 욕구</td><td rowspan="2">R(관계성의 욕구)</td></tr>
<tr><td rowspan="3">위생요인</td><td>소속과 애정의 욕구</td></tr>
<tr><td>안전의 욕구</td><td rowspan="2">E(실존의 욕구)</td></tr>
<tr><td>생리적 욕구</td></tr>
</table>

자료: Lunenburg, & Ornstein(1991). Educational Administration: Concepts and Practices Belmont, CA: Wadsworth Publishing Company. 100.

3. 동기의 과정이론

1) Vroom의 기대이론(Expectancy Theory)

Victor Vroom(1964)이 제시한 기대이론에서는 동기를 사람 안에 있는 힘 또는 충동으로 보았다. 이 힘은 두 가지 요인 즉, 기대와 수단성에 따라 변화한다고 한다. 즉 동기를 어떤 행동이 특정한 결과를 가져올 것이라는 기대와 그 결과가 가치 있는 다른 결과와 관련한 수단성(instrumentality)과의 결합으로 개념화하였다. 이 두 요소들 간의 관계는 그림 11-7 로서 설명될 수 있다.

그림 11-7 기대이론에서 기대와 수단성 간의 관계

기대는 행위와 그 행위가 가져올 직접적인 결과들 간의 지각된 관계이며, 수단성은 행위가 가져올 직접적 결과와 간접적 결과 간의 지각된 관계이다. 기대와 수단성은 모두 결과에 대한 유인가에 의해 영향을 받는다. Vroom이 제시한 기대이론의 주요 개념을 살펴보면 다음과 같다.

(1) 힘(force)

힘은 행위하게 하는 동기화와 같은 의미이다. 방향이 잡혀지고 초점이 맞추어진 내적 에너지가 여타의 행위와는 다른 특정 행위를 수행하는 힘이다. 힘의 방향과 강도는 행위가 가져올 직접적 결과에 대한 유인가와 그 행위가 특정의 직접적 결과를 가져올 것이라는 기대에 의해서 결정된다.

(2) 유인가(valence)

유인가는 어떤 대상에 대한 개인의 정의적 지향성, 감정 혹은 태도로서, 개인이 어떤 대상에 대해 지각하는 매력의 정도 혹은 배척의 정도를 의미한다. 즉 개인이 어떤 대상을 바라거나 거부하는 정도이다. 개인이 매력적으로 생각하거나 강하게 바라는 것은 그 개인에게 높은 '긍정적 유인가'를 갖게 한다. 반면에 개인이 거부감이나 불쾌감을 느끼는 것은 그 개인에게 높은 '부정적 유인가'를 갖게 한다. 어떤 대상에 대한 지향성은 개인에 따라 다르기 때문에 유인가는 주관적인 현상이다.

(3) 기대(expectancy)

기대는 어떤 행위가 어떤 결과를 초래할 것이라는 가능성에 대한 일시적인 믿음이다. 즉 기대는 개인이 지각하는 행위-결과 간의 관계이다. 어떤 행위가 어떤 결과를 가져올 것이라는 확실성에서부터 어떤 행위가 어떤 결과를 가져올 수 없을 것이라는 확실성에 이르기까지 그 강도가 다양할 수 있다. 기대는 주관적인 판단에 기초한다.

(4) 결과(outcome)

결과는 행위에 대한 지각된 성과 혹은 다른 성과에 대한 지각된 성과이다. 결과는 사람들이 자신들의 행위를 향하게 하거나 혹은 멀어지려는 대상이다. 결과에는 직접적 결과와 간접적 결과로 구분할 수 있다. 직접적 결과(제1수준의 결과)는 어떤 행위가 가져오는 보다 즉각적인 결과, 즉 행위 그 자체가 성취하려고 의도했던 결과이다. 간접적인 결과(제2수준의 결과)는 어떤 행위가 가져오는 더 멀리 있는 결과, 즉 직접적 결과가 가져오는 지각된 결과이다. 직접적 결과는 바랐던 간접적 결과에 도달하거나 혹은 불쾌한 간접적 결과를 회피하는 수단으로 지각될 때 유인가를 갖게 된다.

(5) 수단성(instrumentality)

수단성은 다른 결과의 달성이나 회피에 직접적 결과가 가지는 기대된 효용성 혹은 유용성이다. 즉 수단성은 직접적 결과와 간접적 결과 간의 관계에 대한 인식이다. 직접적 결과는 특정 행위의 결과이지만 또한 다른 결과에 도달하는 수단이 될 수 있다. 어떤 결과가 그 자체로서 최종 결과인지 혹은 다른 결과를 향한 수단인지는 주관적인 판단의 문제이다.

(6) 행위(action)

행위는 무엇인가를 하는 나타난 행동이다. 행위는 인지적 내용과 정서적 내용은 물론 육체적 운동을 수반한다.

일반적으로 어떠한 방식으로 행동하려는 동기는 개인이 다음과 같은 사실을 믿을 때 가장 크다.

① 나는 바라는 수준까지 수행할 능력을 가지고 있다 – 높은 기대
② 내가 하는 행동은 예상한 결과와 보상을 가져올 것이다 – 높은 수단성
③ 이러한 결과들은 나에게 긍정적인 가치를 가지고 있다 – 높은 유인가

이러한 믿음에 기초하여 개인은 어떤 행동을 하기 전에, 다음 3가지 질문을 생각하게 된다.

① 기대 질문: 내가 열심히 하면 이 과업을 수행할 수 있을까?
② 수단성 질문: 내가 바라는 수준까지 수행한다면, 어떤 결과가 있을 것인가?
③ 유인가 질문: 나는 이 결과를 얼마나 좋아하는가?

기대이론의 주요 구성개념 간의 관계는 그림 11-8에 잘 나타나있다. 개인이 어떤 행위를 수행하는 힘(A)의 강도와 방향은 두 가지 요소들의 영향을 받는데, 그것은 ① 행위의 직접적 결과에 대한 유인가(B)이고, ② 행위가 직접적 결과를 가져올 기대(C)이다.

다음으로 직접적 결과에 대한 유인가는 다시 두 가지 요소들의 결합으로 이루어진다. 그것은 ① 간접적 결과에 대한 유인가(D)와 ② 간접적 결과에 대한 직접적 결과의 수단성(E)이다. 이 두 가지 요소들이 결합됨으로써, 지각된 간접적 결과에 대한 유인가는 직접적 결과와 그것이 가져올 간접적 결과 사이의 관계 지각에 의해서 증가된다.

이러한 구성개념 간의 관계는 어떠한 행위를 하고자 하는 힘을 측정하는데 두 단계 과정이 있음을 보이고 있다. 첫째는 직접적 결과의 유인가에 대한 평가이고, 둘째는 행위-결과 간의 관계에 대한 평가이다.

예를 들어서 설명해 본다.

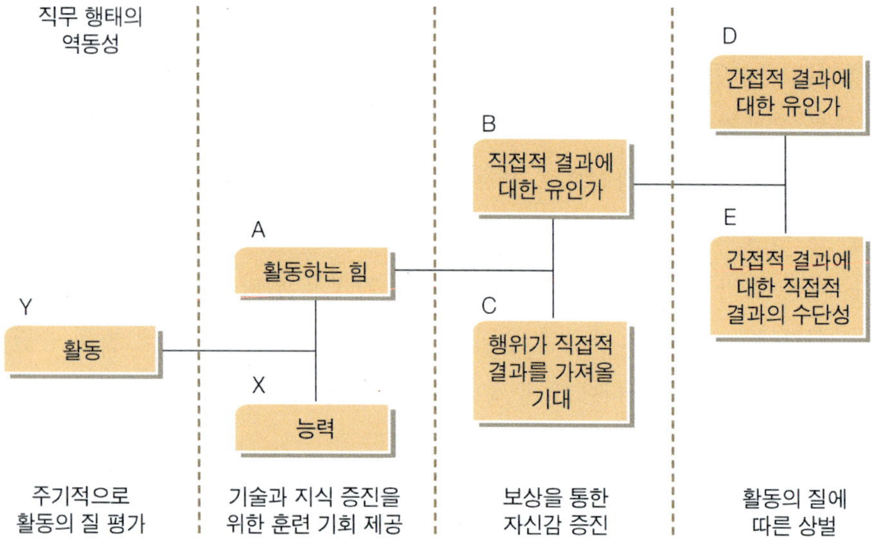

그림 11-8 기대이론의 주요 구성개념 간의 관계

자료: Silver(1983). Educational Administration: Theoretical Perspectives on Practice and Research. New York: Harper & Row, Publishers. 331.

① 교사 A와 교사 B는 자신들의 수업준비활동에 대해 좋은 수업이라는 비슷한 결과를 예측하겠으나, 그 결과에 대하여 서로 상이한 가치를 부여할 수 있다. 더 높은 가치를 부여하는 교사가 더 많은 시간과 에너지를 수업준비활동에 투자할 것이다.

② 교사 A와 교사 B가 모두 좋은 수업 자체를 가치롭게 생각하며, 또한 좋은 수업이 가져올 결과를 똑같이 가치롭게 생각한다고 해서, 수업준비활동에 똑같은 시간과 에너지를 투자하는 것은 아니다. 추가적인 시간과 에너지를 투입할수록 더 좋은 수업이 가능하다고 믿는 교사는 그렇게 믿지 않는 교사보다 더 많은 시간과 에너지를 수업준비활동에 투입할 것이다. 즉 더 많은 동기유발이 이루어질 것이다.

교사들이 좋은 수업에 대하여 동일하게 가치롭게 생각한다고 하여서, 좋은 수업이 가져올 간접적인 결과에 대하여 동일하게 가치롭게 생각하는 것은 아니다. 간접적인 결과는 예를 들어서, '개인적인 만족감', '학생들로부터 인정', '교사 자기발전', '학생 성장', '학생들의 교사에 대한 높은 기대', '교장 · 교감으로부터 좋은 평가' 등 여러 가지가 있을 수 있다.

Vroom은 사람들이 행위를 하게 될 때, 의식적으로나 무의식적으로 때로는 매우 신속하게 정신적 계산을 한다고 주장한다. 간단히 말해서 사람들은 행위를 하게 될 때, 최대의 이익과 최소의 손실을 가져올 일을 하길 바란다는 것이다.

Vroom에 따르면 동기화는 좋은 업무 수행에 필요하지만 충분조건은 아니다. 실질적인 업무수행은 동기화는 물론 근로자들의 능력과 직무환경에 달려있다. 업무수행 활동은 수행하는 힘에 능력을 곱한 것의 함수라고 하겠다.

Vroom의 기대이론에 대하여는 다음과 같은 문제점이 제기되고 있다. 첫째, 개인의 주관적 인지과정을 지나치게 강조하고 있다. 둘째, 유인가, 기대, 수단성 세 요소로 개인의 행위를 너무 단순화하여 설명하고 있다. 셋째, 인간의 인지적 능력의 한계를 명확히 규정하지 못하며 과대평가하고 있다 등이 비판점으로 제시되고 있다.

2) Locke의 목표설정이론(Goal Setting Theory)

목표는 개인이 달성하고자 추구하는 미래의 상태를 의미한다. Edwin A. Locke와 그의 동료들이 제시한 목표설정이론은 목표를 달성하려는 강한 의욕이 작업행위에 일반적으로 동기를 유발하는 힘이라는 것이다(Locke, 1968; Locke & Latham, 1984). 대부분의 인간 행위는 유목적적이고, 행동은 목표와 의도에 의해서 규제되고 유지된다고 한다. 목표는 개인이 의도적으로 달성하려는 것이다. 목표는 내용(goal content)과 강도(goal intensity)라는 두 가지 특성을 가지고 있다. 목표의 내용은 달성하려는 대상이나 결과이며, 구체적인 것에서부터 추상적인 것에 이르기까지 다양하다. 목표의 강도는 목표를 달성하기 위하여 요구되는 노력, 개인이 목표에 부과한 중요성, 애착, 목표에 대한 헌신을 의미한다.

목표를 성취하려는 의도가 행동을 유발하는 동기적 힘의 바탕이라는 것이 이 이론의 기본 가정이다. 목표는 개인의 정신적 육체적 행동을 지시한다.

성공적인 목표는 다음 4가지 조건을 충족한다(Locke & Latham, 1990).

① 목표는 구체적이어야 한다.

② 목표는 도전적인 것이어야 한다.

③ 목표는 달성가능한 것이어야 한다.

④ 목표는 개인들에게 수용적이어야 한다.

즉 구체적인 목표는 일반적인 목표보다 우세하고, 어려운 목표가 수용되었을 때는 쉬운 목표보다 더 많은 노력을 하게끔 한다는 것이다. 그리고 목표설정 과정에 개인들의 참여는 목표달성 행동에 대한 개인들의 헌신을 증대시킬 수 있다는 것이다.

목표가 행동을 유발하는 메카니즘은 다음과 같은 4가지가 있다.

① 목표는 개인들의 과제에 대한 주의력을 집중시킨다.

② 목표는 개인들의 활동에 대한 노력을 증가시킨다.

③ 목표는 개인들의 활동에 있어서 지속성을 증가시킨다.

④ 목표는 구체적인 과업 수행 전략을 개발하는 데 도움을 준다.

목표설정이론으로부터 3가지 일반화가 도출되고 있다.

첫째, 어려운 목표라 할지라도 그것이 수용되기만 하면, 쉬운 목표보다 더 높은 수준의 과업수행을 가져온다.

둘째, 구체적인 목표는 "최선을 다하라"와 같은 막연한 목표나 혹은 목표가 없는 것보다 더 높은 수준의 과업수행을 가져온다.

셋째, 목표는 3가지 방식으로 설정될 수 있다. 즉 ① 개인이 자신의 목표를 스스로 설정하는 경우, ② 공동으로 목표를 설정하는 경우, ③ 다른 사람이 목표를 설정하여 주는 경우 등 3가지 방식이다. 효과적인 동기유발에 있어서 중요한 것은 목표의 설정 방식이 어떠한가에 상관없이, 그 목표가 개인에 의하여 수용되는가 아닌가 여부이다. 사람들은 일반적으로 목표들이 현실적이고, 적당히 어려우며, 의미가 있을 때 보다 잘 수용한다.

목표설정이론에 따르면, 그림 11-9 에 나타나있는 바와 같이, 구체적이고 도전적이며 달성가능한 목표가 구체적인 과업수행전략의 개발뿐 아니라 집중력, 노력 및 지속성을 증가시키기 때문에 개인들에게 동기를 부여한다는 것이다.

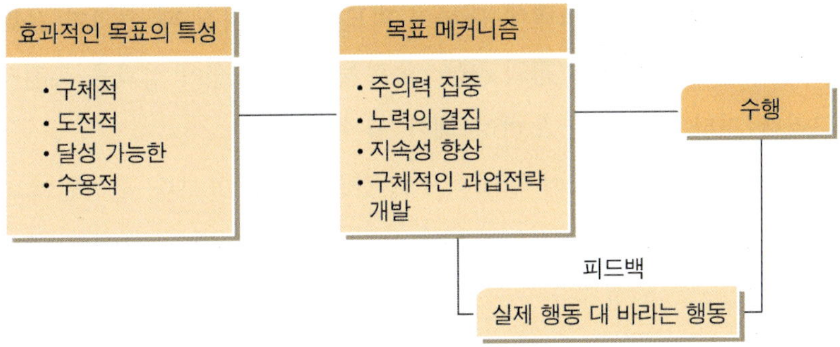

그림 11-9 목표설정이론의 모델

자료: Hoy & Miskel(2003). *Educational Administration: Theory, Research, and Practice*(6th ed). New York: McGraw-Hill. 139.

개인은 설정된 목표를 추구하면서 행동하게 된다. 행동의 결과에 따른 피드백은 중요하다. 결과에 대하여 안다는 것은 개인으로 하여금 후에 새로이 목표를 세우는데 도움이 된다.

목표설정이론은 목표가 실제 행위 또는 성과를 결정하는 주요 요인임을 강조하고는 있으나, 나름의 단점도 있다. 첫째, 그 목표가 어떠한 속성을 가져야 하는가에 대해서는 체계적인 해답을 주고 있지 못하다. 둘째, 이 이론은 어떠한 요인이 개인으로 하여금 목표를 수용하고 헌신하게 하는가를 구체적으로 제시하지 못하고 있다.

Steers가 과업 목표의 속성을 여섯 가지로 제시한 것은 참고할만하다.

① 목표의 구체성 : 막연한 목표보다는 구체적인 목표가 성과를 높일 수 있는 행동을 불러일으킨다.
구체적인 목표는 목표의 모호성을 감소시켜주고, 행동방향을 명확하게 제시해준다.

② 목표의 곤란성 : 쉬운 목표보다는 다소 어려운 목표가 동기를 유발시킨다.
도전감이 문제해결에 많은 노력을 집중하도록 자극하기 때문이다.

③ 목표설정에의 참여 : 구성원들이 목표설정 과정에 참여함으로써 성과가 향상되어질 수 있다.

④ 노력에 대한 피드백: 노력에 대하여 피드백이 주어질 때 성과가 올라간다.

⑤ 목표달성에 대한 동료들 간의 경쟁: 동료들 간의 경쟁이 성과를 촉진시킨다. 그러나 지나친 경쟁은 오히려 해가 될 수도 있다.

⑥ 목표의 수용성: 상부에서 일방적으로 강요하는 목표보다 구성원이 자발적으로 수용한 목표가 더 큰 동기를 유발시킬 수 있다.

3) 공정성 이론(Equity Theory)

Adams가 발전시킨 공정성 이론의 요지는, 동기란 개인이 자기의 작업 상황에서 지각한 공정성의 정도에 의해서 영향을 받는다는 것이다(Adams, 1963). 즉 개인이 타인에 비하여 상대적으로 얼마나 공정한 대우를 받고 있는가 하는 점이 중요한 동기 요인이 된다는 것이다, 공정성 이론은 사회적 비교이론 가운데 하나라고 할 수 있다. 사회적 비교이론은 어떤 개인이 다른 사람들에 비해서 얼마나 공정하게 대우를 받고 있다고 느끼는가에 관심을 가진다.

공정성의 정도는 개인이 어떤 일을 수행하는데 투자한 투입(input)과 이로부터 얻은 성과(output)의 비율을 다른 사람이 투자한 투입과 얻은 성과의 비율을 비교하여 파악한다. 투입은 어떤 일을 수행하기 위하여 개인이 기여하는 모든 것으로서, 성, 나이, 교육 정도, 사회적 지위, 조직의 지위, 자격, 과업을 위해 노력하는 정도 등이 포함된다. 성과는 일을 수행한 결과로 개인이 받게 되는 보수, 승진, 직업 안정성, 지위, 또는 직무에서의 내적 흥미 등을 들 수 있다. 성과에는 빈약한 작업조건, 단조로움, 직무의 불안정성 등 부정적인 것도 있다.

개인은 항상 자신의 성과/투입의 비율을 계산하고, 타인의 성과/투입의 비율도 아울러 참작함으로써 자신의 조직에 대한 행동 실행의 여부를 결정한다.

개인이 지각하는 자신의 성과/투입 비율과 자기와 동등한 수준에 있는 비교대상의 성과/투입 비율이 동일하다면, 공정하다고 느낄 것이며, 자신이 속해 있는 조직과도 공정한 교환관계가 이루어졌다고 생각한다. 그러나 불공정하다고 느낄 경우에는 불안과 긴장이 초래된다. 불공정성은 개인을 분노하게 만들고,

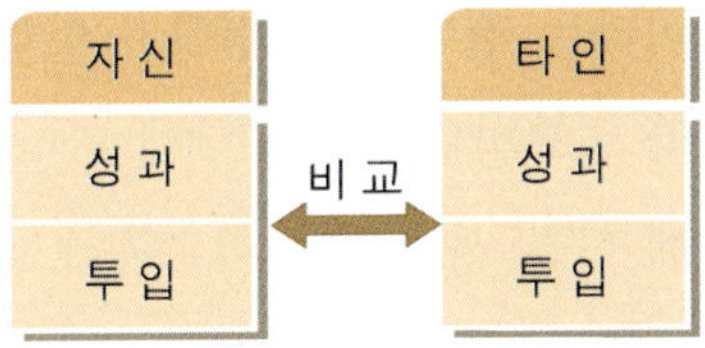

그림 11-10 공정성 이론의 모델

개인의 동기를 감소시킨다. 개인들은 이를 해소하기 위하여 여러 가지 노력을 하게 된다. 공정한 균형상태를 이루기 위하여 다음과 같은 행동을 하게 된다.

① 투입의 조정 : 비교대상과 비교하여 투입을 증가시키거나 감소시키거나 해서 균형을 이루려고 한다.

② 성과의 조정 : 비교대상과 비교하여 성과를 증가시키거나 감소시키거나 해서 균형을 이루려고 한다.

③ 투입이나 성과의 인지적 왜곡 : 투입과 성과를 실질적으로 변경시키지 않고 단지 이들을 인지적으로 왜곡시켜 지각한다. 예컨데 비교대상의 경력이나 지식 등이 자신보다 높다고 상대의 투입요소에 가치를 더 부여함으로써 투입을 조정한다. 이러한 왜곡은 자신의 투입이나 성과에 대해서도 적용될 수 있다.

④ 비교대상의 변경 : 비교대상을 다른 대상으로 변경함으로써 불공정성을 줄이려고 한다.

⑤ 현장 이탈 : 직장을 그만두거나 다른 부서로 전근을 가려고 하거나 또는 결근하는 등의 행동을 한다.

⑥ 비교대상의 투입과 성과에 대한 영향력 행사 : 비교대상이 되는 타인에게 영향력을 행사하여 투입이나 산출을 낮추도록 하거나 혹은 높이도록 한다.

공정성은 많은 개인들에게 있어 중요한 동기적 힘이다. 조직 구성원들은 자신들이 불공평하게 대우를 받는다고 생각할 때, 그들의 성취동기는 급격하게 감소한다. 공정성은 중요한 조직운영의 준거가 된다.

공정성 이론에 관해서는 몇 가지 문제점이 지적되고 있다. 첫째, 공정성에 대한 개인의 판단은 주관적이라는 점이다. 공정한가 안한가 하는 것은 보는 사람이 어떠한 각도에서 누구와 비교하면서 보느냐에 따라 다른 것이다. 둘째, 개인들은 자신들의 가치에 비해 다른 사람들과 비교하여 더 많이 받는 것보다는 더 적게 받는 것에 훨씬 민감하다는 점이다. 개인은 자신이 받을 가치가 있는 정도에 비해 덜 받는 것보다는 더 받는 것을 쉽게 합리화한다.

4. 동기유발 방법

동기유발 방법은 상황과 조건과 대상에 따라서 다양하다. 어떤 방법은 리더가 개인적으로 사용하지만, 어떤 방법은 조직 전체 수준에서 사용되기도 한다.

기대이론은 동기유발을 위해 고려하여야 할 조건들을 시사한다. 사람들은 행동의 수행 여부를 결정할 때, 몇 가지 판단을 하게 된다. 첫째, 자신이 하게 될 행동에 대해 제시된 보상의 가치가 어느 정도인가? 둘째, 그 보상이 자기가 원하는 것이라면 어느 정도의 수고로 얻어질 수 있는가? 셋째, 요구되는 수고의 수준은 자신의 능력으로 해낼 수 있는 것인가? 등에 대한 판단이다. 행동 가능성은 보상가치(valence), 도구성(instrumentality), 기대감(expectancy)에 관련된다.

기대이론에 근거하여, 조직원들의 동기유발을 위하여 다음과 같은 방법이 활용된다.

① 조직 구성원들 각 개인의 욕구를 파악하고, 그 욕구에 맞추어 원하는 보상을 연결한다.

② 조직 구성원들이 달성한 성과와 관련하여 보상을 제공하는 보상체계를 수립한다.

③ 조직 구성원들에 대한 보상에서 공정성을 유지한다.

④ 조직 구성원들에게 성과 보상체계를 공개한다. 사전에 평가 기준과 보상체계를 알려줄 뿐 아니라, 각자의 목표 달성 정도를 공개하고, 또한 보상

결과를 공개한다.

⑤ 조직 구성원들의 능력이나 특성에 따라 적재적소에 배치하고 적절한 직무를 할당한다.

일반적으로 직무가 만족스럽기 위해서는 다음과 같은 요건을 갖추어야 한다.

- 개인에게 직무가 의미 있다고 생각되어야 한다.
- 직무수행 과정에서 자율성이 허용되어야 한다.
- 직무수행 결과에 대한 피드백이 있어야 한다.
- 직무수행에 단조로운 한 가지 기술만이 아니라 다양한 기술이 요구되어야 한다.
- 직무가 가능한 단순 부분품 공정이 아니라 완제품이거나 독립적인 의미를 지녀야 한다.
- 직무수행의 난이도가 비교적 높아야 한다.

⑥ 조직 구성원들에게 도전적이고 달성 가능한 업무 목표를 설정해준다.

동기유발 방법에 있어서 가장 보편적 방법인 것은 보상과 처벌이다. 보상은 물질적인 방법뿐 아니라, 칭찬이나 격려 등과 같이 언어적인 방법으로도 주어집니다. 처벌은 사용하기 편하지만 적지 않은 부작용을 가져오기도 한다.

효과적인 보상의 수단으로 제시되는 강화물은 외적 강화물과 내적 강화물이 있다. 외적 강화물은 금전, 보너스, 진급, 승진, 칭찬 등과 같이 하위 욕구 충족과 관계되는 것들이다. 내적 강화물은 업무 수행 자체에서 획득되는 강화물로서, 능력감, 성취감, 성장감, 자아실현감 등과 같은 상위 성장 욕구 충족과 관계되는 것들이다. 내적 강화물이 장기적이며 지속적으로 보다 적극적인 업무 추진을 유도할 수 있다.

보상효과를 증진시키기 위해 조직의 리더가 고려해야 할 원칙들은 다음과 같다(신응섭 외, 2004: 474).

① 조직의 목표와 개인의 욕구를 동시에 고려한다.

② 보상과 성과 간의 관계를 명확히 제시한다.

③ 보상체계의 공평성과 통합성이 유지되도록 한다.
④ 내적 강화물을 적극적으로 활용한다.
⑤ 보상은 부하의 욕구 충족이 가능하도록 충분해야 한다.
⑥ 보상의 선정 시 개인의 선호를 충분히 고려한다.
⑦ 보상은 행동 직후에 제공한다.
⑧ 필요한 업무 수행 행동을 고려하여 강화 계획을 선정한다.
⑨ 업무의 특성에 따라 평가 단위(개인별, 집단별, 전체)를 결정하고 보상도 이에 따라야 한다.

보상이 어떤 행동의 촉진 효과를 가져오는 반면, 처벌은 특정 행동을 억제시키는 효과를 낸다. 처벌은 보상에 비해 부정적 효과를 일으킬 가능성이 크다. 처벌은 효과가 즉각적이기 때문에 선호되는 경향이 있으나, 장기적 효과가 적고 조직 구성원의 적대감과 수동성을 조장하여 조직을 침체시킬 가능성이 크다. 처벌을 사용할 때, 다음과 같은 점을 고려하여야 한다(신응섭 외, 2004: 472).

① 일관성 있는 처벌은 약하더라도 효과가 있다.
② 처벌은 부정적인 행동이 발생한 즉시 주어질수록 효과가 있다.
③ 피처벌자가 처벌에 적응이 되면 효과가 없다.
④ 교육수준이 높은 사람에게는 약한 처벌도 효과가 크다.
⑤ 부정적인 행동이 발생하지 않았을 때 보상을 주면 처벌의 효과가 크다.
⑥ 어쩔 수 없이 빚어진 잘못에 대해서는 처벌을 하지 않는 것이 좋다.
⑦ 처벌자는 절대로 흥분해서는 안 된다. 흥분은 불의의 사고를 유발할 수 있다.
⑧ 상급자를 하급자 앞에서 질책하거나 벌주어서는 안 된다.
⑨ 처벌도 보상과 마찬가지로 형평의 원칙에 어긋나면 안 된다.
⑩ 대인관계가 좋은 사람이 처벌을 하는 것이 효과적이다.
⑪ 처벌보다는 보상이나 사랑의 철회가 더 효과적인 방법이다.

탐구문제

1. Maslow는 인간의 욕구를 낮은 수준의 욕구에서 높은 수준의 욕구 순서로, ① 생리적 욕구, ② 안전의 욕구, ③ 소속과 애정의 욕구, ④ 존중의 욕구, ⑤ 자아실현의 욕구 등으로 제시하였다. 나는 현재 어느 단계의 욕구가 가장 강한가를 생각해 보자. 구체적으로 각각의 욕구와 관련하여 느껴지는 욕구의 세부 항목을 적어보고, 그 중요도를 비교하여 보자.
2. 나의 경험 중에서 아주 강하게 동기유발이 되었던 경험과 아주 의기소침하고 의욕상실하였던 경험을 생각하여 보자. 구체적으로 언제, 어디서, 누구와의 관계에서, 무슨 일로 그러한 경험을 하였는가 적어보자. 그리고 앞으로 남에게 동기유발을 하도록 하기 위해 나는 어떻게 행동하여야 하는가를 생각하여 보자.

참고문헌

신응섭 외(2004). 리더십의 이론과 실제. 학지사.

Adams, J. S.(1963). "Toward an Understanding of Inequity," *Journal of Abnormal and Social Psychology 67*, 422-436.

Alderfer, C. P.(1969). "An Empirical Test of a New Human Needs," *Organizational Behavior and Human Performance*.

Hersey, P. & Blanchard, Kenneth H.(1977). *Management of Organizational Behavior: Utilizing Human Resources*. Englewood Cliffs, NJ: Prentice-Hall.

Herzberg, F.(1966). *Work and the Nature of Man*. Clevland. OH: World Publishing.

Herzberg,. F. et al.(1959). *The Motivation to Work*. New York: John Wiley & Sons.

Hoy, W. K. & Miskel, C. G.(2003). *Educational Administration: Theory, research, and practice*(6th ed.). New York: McGraw-Hill.

Locke, E. A.(1968). "Toward a Theory of Task Motivation and Incentives," *Organizational Behavior and Human Performance*.

Locke, E. A. & Latham, G. P.(1984). *Goal-Setting: A Motivational Technique That Works*. Englewood Cliffs, NJ: Prentice-Hall.

Locke, E. A. & Latham, G. P.(1990). *A Theory of Goal Setting and Task Performance*. Englewood Cliffs, NJ: Prentice-Hall.

Lunenburg, F. C. & Ornstein, A. C.(1991). *Educational Administration: Concepts and Practices*. Belmont, CA: Woodworth Publishing Company.

Maslow, A. H.(1970). *Motivation and Personality(2nd ed)*. New York: Harper & Row.

Silver, P.(1983). *Educational Administration: Theoretical Perspectives on Practice and Research*. New York: Harper & Row, Publishers.

Vroom, V. H.(1964). *Work and Motivation*. New York: Wiley.

Chapter 12

리더로서의 예절과 규범

1. 에티켓과 매너의 역사
2. 일상생활 속의 에티켓과 매너
3. 상징적 존재로서의 리더의 품격을 갖춘 언행

사례

요즘같이 해외여행이 잦은 시대 여행객은 제2의 외교관이라 불리며, 해외에 나가 품격이 있는 행동을 하도록 요청받는다. 특히 품격이 있는 처신은 전문외교관에게 필수적인데, 품격이 있는 처신으로 국위를 드높인 사례가 많이 있으나, 고려 시대 거란과 외교담판을 벌인 서희의 처신은 대표적인 것이다.

993년 거란의 장수 소손녕이 고려를 침공해 고려의 투항과 영토를 떼어줄 것을 요구하자, 내사시랑 직책에 있던 서희는 중군사의 자격으로 소손녕과 외교담판을 벌이게 되었다. 그 결과 고려와 거란은 외교관계를 맺게 되지만 서희는 고려가 압록강 동쪽 강 안에 있는 6개 주를 획득해 영토를 확장하게 만들었다. 이것은 잘 알려져 있는 사실인데, 그 협상 과정에 서희가 보인 에티켓과 매너가 협상을 유리하게 이끄는 데 힘이 되었다는 사실은 잘 알려져 있지 않다.

서희와 소손녕의 첫대면 때, 소손녕은 통역을 통해 자신은 거란의 귀인이니 서희가 뜰 아래에서 절을 하는 것이 마땅하다고 하대(下待)하려 했다. 그에 대해 서희는 신하가 임금에 대해서는 아래에서 위에 있는 임금에게 절하는 것이 예의이지만, 두 나라 대신이 만나는 데서는 그렇게 할 수 없다고 거부하였다. 거듭된 소손녕의 요구에 서희는 거듭 거부하고 화를 내면서 관소에 돌아와 드러눕고 일어나지 않았다. 그리하여 소손녕은 당 위에서 예를 행하자고 양보하고 서희는 이를 수용해서, 두 사람은 뜰 아래에서 서로 읍하고, 임금은 남쪽을 향해 신하는 북쪽을 향해 마주하는 것이 예법이었기 때문에 당 위에 올라가(남북으로 마주해서 앉지 않고) 동서로 마주해 앉았다. 양자 회담에서 자리는 고려와 거란 양국과 서희와 소손녕 양인의 대등함을 상징하였다. 이처럼 에티켓으로 기선을 제압한 서희는 담판에서 고려 통치 아래 있는 옛 고구려 땅을 떼어달라는 거란의 할지론을 거부하고, 고려는 고구려를 계승했으므로 오히려 고려가 회복해야 한다는 반론을 펴서, 거란과 외교관계를 수립하는 조건으로 압록강 동안의 6주를 고려가 회복할 수 있도록 했다. 회담종료 후 소손녕은 서희에게 연회를 베풀고자 하였으나, 서희는 양국 군이 오래 대치하고 있는 상황에서 어떻게 연회를 즐길 수 있는가 라며 처음엔 거절했다. 그러나 그는 소손녕이 연회개최는 양국 대신이 만나 이룩한 화친의 의례라며 참석을 거듭 요청하므로 더 이상 거부할 수 없어 수락했다.

서희의 이런 예의범절은 어려서부터 길러진 것이었다. 일찍이 고려 국왕 성종이 평양에 갔을 때 사복 차림으로 몰래 절에 가려고 하자 그는 말렸다. 성종이 해주에 행차할 때 그가 수행을 하게 되었는데, 왕이 자신의 막사에 들어가려 하자 "저의 막사는 군왕께서 오실 데가 못 됩니다." 하고 그는 왕이 못 들어오게 했다. 또한 막사 밖에 앉은 성종이 술을 내오라 하자, "제가 가지고 있는 술은 임금께 드릴 만한 것이 못됩니다."라고 그가 거절하자, 성종은 어주(御酒)를 가져다 서희와 함께 마시고 돌아갔다.

에티켓은 격을 나타낸다. 그러므로 한 사람의 에티켓은 개인적으로는 그의 인격을, 조직의 구성원으로서는 그 조직의 품격을, 한 국민으로서는 그 나라의 국격을 가리킨다. 그러므로 사회생활을 하는 사람 모두 에티켓을 갖추어 올바른 매너를 발휘함으로써 품격을 갖춘 문화인으로서 처신할 필요가 있다.

1. 에티켓과 매너의 역사

에티켓은 행동의 기준이며, 매너는 그것을 행동으로 나타내는 방법이다. 노인에게 자리를 양보해야 한다는 룰은 에티켓이고, 자리를 양보하는 행위는 매너다. 남의 방에 들어가기 전 노크를 해야 한다는 것은 에티켓이고, 노크를 하는 행위는 매너이다. 그러므로 에티켓은 처(體)이고 매너는 용(用)이라 할 수 있다.

매너의 어원은 'Manuarius'라는 라틴어에서 생겨났다. Manus와 Arius라는 말의 합성어인데, Manus는 영어의 Hand란 뜻으로 사람의 손이라는 의미 외에 사람의 행동·습관 등의 뜻을 내포하고 있으며, Arius는 More at Manual, More by the manual로 방식·방법의 의미를 지니고 있다. 따라서 매너는 사람마다 갖고 잇는 독특한 습관 몸가짐으로 해석할 수 있다. 매너의 기본개념은 상대방을 존중해 주는 데 있으며, 이는 상대방에게 불편이나 폐를 끼치지 않고 편하게 하는 것을 뜻한다(민혜성 · 이승연, 2007: 17).

매너를 제대로 이해하기 위해 유사 개념을 알 필요가 있다. 그것은 에티켓(etiquette), 커티시(courtesy), 프로토콜(protocol)이다. 에티켓은 예절, 예법, 동업자 간의 불문율이란 뜻이며 그 유래에는 2가지 설이 있다. 하나는 베르사유 궁전 주위에 말뚝을 박아 표시했던 외부인 출입금지 표시에서 유래했다는 설이며, 다른 하나는 베르사유 궁전을 출입할 때 지켜야 하는 유의사항과 예절을 적은 쪽지(ticket)에서 유래했다는 설이다. 이처럼 에티켓은 처음에는 단순히 '출입금지', '출입제한'을 의미하는 단어였지만, 이후 궁중의 각종 예법(courtesy)을 가리키는 말이 되었고, 루이 13세의 왕비 안 도트리시에 의해 권장되고 발전에 17세기 루이 14세 시대 때는 완전한 규격을 갖추었다. 그리고 이후 나폴레옹 시절에는 국내 공식의전의 형식으로 법령화되었다. 오늘날의 에티켓은 이 같은 궁정 에티켓이 간소화되어 보편화된 형태이다. 프로토콜은 외교상의 의전, 의례, 의식 따위를 뜻하는 단어다. 국가 간의 외교에서 프로토콜이 절반이란 말이 있듯이, 프로토콜은 기업에서도 중요한 의미를 지닌다. 실제로 프로토콜을 잘 하는 기업이 이미지도 좋다. 임원이 되려면 프로토콜에 능해야 한다. 예를 들어 어느 자리로 들어가고 어느 자리에서 빠져야 하는지, 어디가 상석인지 알아야 한다는 뜻이다. 그러다가 전무, 부사장 정도가 되면 프로토콜의 달인이 되어야 하며, CEO가 되면 숟가락으로 국 떠먹듯이 자연스럽게 프로토콜을 행할 수 있어야 한다. 몸에 밴 듯한 자연스러운 프로토콜을 보여야만 협상 테이블에서도 상대방을 부드럽게 압도할 수 있기 때문이다(정진홍, 2007: 219–220).

매너의 역사를 추적해 연구한 엘리아스(Norbert Elias, 1897–1990)에 의하면 매너는 서양사에서 다음과 같은 4단계를 통해 발전해왔다.

① 중세단계 : 봉건적 대영주의 궁정에서 영주와 기사 사이의 의존관계에서 형성된 봉건적 "궁정예절"이 지배하는 단계이다. 이 단계는 권력이 분권화된 만큼 폭력수단, 즉 통제수단도 분산되어 본능적 충동에 대한 통제가 후대보다 약하다.

② 절대주의 시대 단계 : 17세기 절대주의적－귀족적 궁정사회에서 왕과 귀족과 부르주아지 사이의 의존관계에서 형성되는 절대주의적 궁정예절 단계이다. 이 단계는 왕권이 강화되고 중앙집권이 이루어지면서 왕에 의한 '폭력의 독점화'가 달성되어, 전통적 봉건귀족은 왕과 제후의 하인이 되고 부르주아지는 봉건귀족의 경쟁자로 등장해, 봉건귀족은 세련된 행동양식을 발전시키고 사회적 제재를 내면화한다. 그리하여 이 단계는 행동양식에 있어 '세련과 모델형성 및 규제의 최초 절정기'가 된다.

③ 부르주아지의 전파단계 : 18～19세기 절대주의적 궁정양식이 지속되면서 부르주아지에게 전파되고 또 부르주아지의 영향을 받는 문명의 완성단계이다. 이 단계는 왕과 귀족 부르주아지가 상호의존적이 되고, 앞 단계의 귀족과 부르주아지의 차별적 특징이 감소해, 매너의 '민주화'가 이루어진다.

④ 전문 부르주아 산업사회단계 : 노동하는 지배층인 부르주아지가 사회적 상호 의존망 속에서 더 불분명하고, 더 비개인적인 강박, 분업, 시장, 경쟁 등과 같은 압력을 통해 직능을 수행하는 과정 속에서 고도의 자제를 하는 단계이다. 현대사회는 고도의 자제 속에 수영장, 해수욕장 등 특정 시간과 공간에서 육체적 행동표현에서 수치의 경계가 낮아진다(유희수, 2001: 14–17). 이와 같은 엘리아스의 주장을 받아들인다면, 중세이래 현대까지 서양사의 전개를 문명화 과정이었고, 그것은 바로 본능적 충동을 억압하고 자기규제적인 행동방식인 매너의 세련화 과정이었다.

서양세력이 팽창해 세계적으로 서구적 규범이 확산되고, 비서구 사회도 전통사회에서 근대사회로 이행하고 일정 부분 서구적 가치와 규범을 받아들이게 되고, 교통과 통신의 발달로 세계화가 진행되는 오늘날, 이제 매너는 세계인의 문명화된 행동양식의 잣대로 자리 잡았다. 다음은 인문학과 경영학의 통섭을 설파하는 저명한 지식인이 보는 매너의 의의이다.

> "매너는 마음의 문을 여는 열쇠다. 그만큼 좋은 매너는 공감과 신뢰, 감동을 준다. 프랑스에서 매너를 '삶을 멋지고 성공적으로 영위할 줄 아는 방법'이라고 정의하는 것도 이 때문이다. 많은 성공한 CEO들이 자신의 성공비결을 좋은 매너에서 찾았듯이, 좋은 매너는 공감, 신뢰, 감동을 불러일으키며 삶 자체를 멋지게 만들어 준다. 또, 매너는 배려다. 관계 속에 존재하는 인간에게 매너란 '관계에 대한 감수성'이다. '역지사지'로 입장 바꿔 생각할 줄 아는 것이야말로 매너의 기본이다"(정진홍, 2007: 222-223).

"매너를 지키더라도 그로부터 비롯될 수 있는 잘못, 즉 일종의 매너리즘에 빠져서는 안 된다. 매너는 항상 신선해야 한다. 이탈리아어 'maniera'에서 파생된 매너리즘은 일정한 기법이나 형식이 습관적으로 되풀이되면서 독창성을 잃고 타성에 빠지는 것으로, 오늘날에는 현상만 유지하려는 경향이나 제세를 칭한다. 즉 기성의 수법, 형식을 관습적으로 답습해 약삭빠르게 처리하려는 소극적 태도, 수법, 양식 등이다.

또한 진정한 매너는 어떤 법칙이나 형식에 의해 움직이는 것이 아니라 관계의 감수성을 온몸으로 익혀야 가능해진다. 사람에게는 인격이, 회사에는 사격이, 나라에는 이른바 국격이라는 게 있듯 매너에도 품격이라는 게 있다. 매너를 익히되 그 품격이 갖추어질 때만이 감성 리더가 될 수 있음을 명심하자. 21세기에는 매너가 곧 실력이다.

… 글로벌 리더가 되기 위해서는 항상 매너의 다양성을 인식해야 한다. 타문화 역시 존중할 줄 알아야 한다. 상대의 문화에 공감할 수 있어야 하고, 유연성을 갖춰야 한다. 동시에 그 문화에 대해 관용을 베풀 줄 알아야 하고, 자발적으로 참여할 수 있어야 하며, 기꺼이 수용하고 긍정해야 한다. 마지막으로 글로벌 리더는 상대의 문화에 예의를 갖춰야 한다. 단순히 외국어를 잘할 줄 안다고 해서 글로벌 리더가 되는 것은 아니다. 타문화를 제대로 이해하고, 그 문화에 맞게끔 행동할 수 있고, 그 문화를 현지인처럼 받아들일 수 있어야 글로벌 리더인 셈이다"(정진홍, 2007: 238-249).

2. 일상생활 속의 에티켓과 매너

일상생활 속에서 우리는 자유롭게 활동하지만, 우리가 하는 행동은 에티켓 또는 매너란 기준에서 평가의 대상이 된다. 에티켓과 그것을 상황에 맞게 잘 지키는 매너는 우리를 매력 있는 존재로 만들어 주고, 인생에서 성공하는 데 큰 영향을 준다.[1] 그러므로 우리는 예절 바른 행동으로 매력 있는 사람이 되고 성공하는 사람이 되도록 노력할 필요가 있지만, 다른 한편 형식의 노예가 되어 흔히 말하는 매너리즘에 빠져서는 아니 된다. 대인관계에서 매너리즘에 빠지지 않고 예의를 갖추는 길은 상대방에 대한 존중심을 바탕으로 한 배려와 친절에 있다. 우리는 누구나 개별적으로 일상생활에서 행할 매너를 익혀야 하고, 나아가 세계화 시대를 맞이하여 글로벌 에티켓도 알아두어야 할 것이다.

에티켓과 매너에 대해 한 책은 에티켓과 매너를 다음과 같이 범주화해 설명하고 있는데, 가장 교과서적인 소개로 보인다(민혜성 · 이승연, 2007).[2]

범주	항목
에티켓과 매너의 기초	에티켓, 매너
용모 관련 매너	얼굴표정, 자세, 첫인상, 이미지, 복장 관련 매너
커뮤니케이션 매너	대화의 매너, 전화통화 매너
개인 간 사교매너	인사, 악수, 소개, 명함교환, 호칭, 서열, 방문 관련 매너
숙식에서의 매너	호텔, 레스토랑, 식탁, 여행, 파티, 와인 관련 매너
일상생활 매너	애경사시 매너, 공연매너, 교통수단 이용 매너
인터뷰 관련 매너	이력서 작성, 자기소개서작성, 면접요령

1) 미국 컬럼비아 대학교 MBA 과정에서 유수기업 CEO를 대상으로 "당신이 성공하는데 가장 큰 영향을 준 요인은 무엇인가?"란 질문에 응답자의 93%가 능력, 기회, 운이 아닌 "매너"를 꼽았다고 한다. (정진홍, 2007: 217)

2) 이외에 대해서는 시중에 많은 책들이 있으나, 김학수, 2007, 『글로벌 에티켓』, 높은 오름, 허은아, 2007, 『눈치코치 직장매너』, 지식공작소, 서대원, 2007, 『글로벌파워매너』, 중앙books, 유종현, 2004, 『세계화와 글로벌 에티켓』, 한울 아카데미 등이 크게 도움이 된다. 앞의 첫 2권은 일상생활 속의 에티켓에 대한 풍부한 내용을 담고 있고, 다음 뒤의 2권은 저자들이 모두 외교관생활 경험을 바탕으로 국제사회에서 품격있게 처신하는 매너와 이 문화에 대해 설명하고 있다.

일상생활 속에서 가장 기본이 된다고 할 수 있는 대표적인 몇 가지 매너를 소개하면 다음과 같다.

1) 상석과 서열에 관련된 매너

매너와 에티켓은 기본적으로 상대방을 존중하고 배려하는 행위이다. 그러므로 자신과 상대방과의 관계에서 상대를 윗사람으로 예우하거나, 존경받는 위치에 있는 많은 사람을 수행하여 안내할 때는 "상석"에 대한 올바른 지식이 필요하다. 가장 대표적인 경우를 살펴보면 다음과 같다.

(1) 걷거나 서고, 앉을 때의 상석

걷거나, 서 있을 때, 앉을 때는 우측이 상석이다. 그러므로 연장자나 여성과 걸을 때 또는 서 있을 때는 자신이 왼쪽에 위치하도록 한다. 그리고 앉을 때는 연장자나 여성에게 우측의자를 권한다. 회의실 같은 곳에서는 문에서 먼 쪽이 상석이다. 응접실의 3인용 소파의 경우는 문에서 먼 쪽이 제1상석, 반대쪽이 제2상석, 가운데가 말석이다. 다중이 걸을 때는 앞자리가, 서거나 앉을 때에는 앞자리 중앙이 상석이다. 엄격한 의전이 요구되지 아니할 때에는 다소 순서에 융통성이 있을 수 있으나, 의전이 예민하게 받아들여지는 상황에서는 의전서열을 정확히 알고서 처신하고 안내할 필요가 있다.

(2) 승차할 때의 상석

승차할 때의 상석은 손수 운전할 경우, 운전기사가 운전할 경우, 지프차를 승차하는 경우가 다르다. 손수 운전하는 차를 승차하는 경우에는 경우, 주인이 운전을 하고 운전자석 옆좌석이 1번 상석, 제1상석 바로 뒷좌석이 2번 상석, 운전자석 뒷좌석이 3번 상석, 2번 상석과 3번 상석 사이가 말석이다. 운전기사가 운전할 때 승차 하는 경우, 운전기사의 대각선 뒷좌석이 제1상석, 운전기사의 바로 뒷좌석이 제2상석, 1번 상석과 2번 상석 사이가 3번 상석, 운전기사 옆좌석이 말석이다. 지프차의 경우, 운전기사 옆좌석이 1번 상석이고, 1번 뒷좌석이 2번 상석, 운전기사 뒷좌석이 3번 석이다.

승차할 때 상석을 가리는 것도 중요한 에티켓이지만, 승차에티켓 또한 중요하다. 한국에서 차를 탈 때 윗사람이나 여성이 먼저 타고, 내릴 때 아랫사람이나 남성이 먼저 내려 문을 열어주는 에티켓은 일상화된듯하다. 그러나 아직도 남편이 운전하는데 부인은 운전석의 대각선 뒷좌석에 앉아 남편을 운전기사로 만드는 해프닝이 발생되는데, 무식한 승차에티켓 또는 남편에 대한 복수 행동으로 오해받을 수 있으므로 주의할 필요가 있다. 또 여성들이 차를 탈 때 먼저 앉은 다음 가지런히 다리를 모아 차 속으로 들여놓고, 내릴 때는 좌석에 앉은 상태에서 먼저 다리를 내놓은 후 좌석에서 일어나는 것은 에티켓을 넘어 우아한 행동으로 보인다.

(3) 엘리베이터와 에스컬레이터 탑승 때의 상석

엘리베이터는 정문 앞에서 보아 왼쪽 뒤편이 제1상석이고 오른쪽 뒤편이 제2상석이며, 조작기가 있는 앞쪽이 말석이다. 탑승은 윗사람과 여성 또는 손님이 먼저 타도록 하고 먼저 내리도록 하는 것이 예의이다. 에스컬레이터는 올라갈 때는 윗사람과 여성이 먼저 타고, 내려갈 때는 아랫사람과 남성이 먼저 타므로, 위쪽에 있는 계단이 상석이 된다. 이런 공간상 상하 관념은 안전을 기준으로 윗사람과 여성에 대한 배려와 베풀어야 할 봉사의 차원에서 수립된 것으로 보인다.

(4) 테이블에서의 상석

테이블의 좌석 배치는 주최자가 가운데 앉고 맞은편에 주빈을 앉히는 프랑스식, 양 끝에 주빈과 주최자가 앉는 영미식이 있다. 테이블에서 상석은 주빈이 앉는 자리가 되고, 특히 레스토랑에서 상석은 앉았을 때 전망이 좋은 자리를 최상의 자리로 친다. 창가인 경우 낮에는 외부의 전망이 보이고 밤에는 야경이 아름답게 보이는 자리, 스테이지나 플로어 쇼를 볼 경우 스테이지가 잘 보이는 자리,

등받이가 있어 더 편한 자리 등이 상석이 된다. 레스토랑에서도 레이디퍼스트는 기본 에티켓!, 남성들은 고령자, 연장자, 윗사람, 그리고 여성들이 먼저 착석하도록 기다리거나 보조해 주어야 한다.

2) 방문/사교 예절

(1) 사전약속과 약속시각준수

우리가 남의 사무실을 방문할 때는 사전에 약속을 하게 마련이다. 약속을 할 때는 상대방의 스케줄을 먼저 물어보는 것이 예의이다. 방문은 여유 있게 약속시각보다 5~10분 미리 도착해서 응접실에서 기다리는 것이 또한 예의이다. 너무 일찍 도착한 경우는 바로 방문하지 말고 주변에서 만나 처리할 업무에 대해 생각을 정리하고 5~10분 전쯤 도착하는 것도 지혜로운 처신이다. 약속을 취소하거나 변경할 때는 물론, 약속시각보다 늦게 될 경우 미리 전화를 해서 양해를 구하는 것 또한 기본 예의이다.

여기서 약속시각의 준수가 신뢰관계 구축에 크게 도움이 된 사례를 하나 소개한다. 고위공직을 역임했던 A 박사의 경험이다. 그는 외국의 공관해 부임해 오랜 기간 근무하면서 성공적으로 업무를 수행했다. 성공적으로 업무를 수행하게 된 비결은 아마도 A 박사가 갖춘 전문지식, 성실성, 용기, 지혜 등 뛰어난 자질 때문이었으나, 놀랍게도 본인은 주재국 파트너와의 신뢰관계를 기반으로 한 업무상 협조를 지적하는 것이었다.

> "부임해서, 주재국 파트너와 약속을 하고 처음 만나게 되었습니다. 그런데 초면임에도 불구하고 파트너가 나를 홀대하는 것이었습니다. 한편으로 불쾌하기도 했지만, 향후 업무수행에 그의 협조를 받는 것이 절대적으로 필요해서 만남을 피할 수도 없는 사람이었습니다. 그래서 그가 그런 태도를 보인 이유를 조사해 보았습니다. 조사결과 나의 전임자가 약속을 잘 지키지 않아서 그는 우리나라 사람을 불신하고 있었고, 그 여파로 나를 홀대했던 게지요. 나는 그가 홀대하건 말건 업무상 그 파트너와 만나야 했고, 평소 시간약속의

준수가 신뢰구축의 첫걸음이란 신조를 가지고 있었으므로 항상 약속시각을 제대로 지켰습니다. 그렇게 세 번째 만남을 가진 후, 그 파트너는 '한국에 선생 같은 분이 또 있습니까?'라고 말하면서, 성심성의껏 업무처리에 협조해 주었습니다. 감사하게도 그 후 쭉 그분으로부터 업무상 크고 작은 도움을 많이 받았지 뭡니까, 허허허."

(2) 소개/악수의 예절

사람을 소개하고 소개받을 때는 모두 의자에서 서로 일어나는 것이 예의이다. 소개는 남성을 여성에게, 손아랫사람을 손윗사람에게, 덜 중요한 사람을 더 중요한 사람에게 먼저 소개한다.

이제 우리나라에서도 처음 만났을 때 인사는 악수로 하는 것이 보편화된듯하다. 악수는 여성이 남성에게, 윗사람이 아랫사람에게, 기혼자가 미혼자에게, 상급자가 하급자에게 청하는 것이 에티켓이다. 악수할 때 손은 잡으면서 시선은 상대방을 응시하지 않고 딴 눈을 파는데 이는 결례이다. 장갑을 끼고 있는 사람은 악수를 할 때 악수 하는 손의 장갑을 벗어야 한다. 여기에 예외는 있다. 여성이 정장을 하고 긴 장갑을 끼었을 경우 또는 겨울철 옥외에서 장갑을 끼고 있을 때는 벗지 않아도 된다. 또, 행사장, 결혼식장, 장례식장 등에서 의전용 장갑을 낀 경우에는 악수를 하기 위해 장갑을 벗지 않아도 된다.

(3) 명함교환의 예절

명함은 상대방을 알고 자신을 알리는 기본자료이므로 효과적으로 활용될 수 있다(김학수, 2007: 80-83). 사교에서 서로 인사하고 남을 소개받을 때에는 명함을 주고받는 것이 예의이다. 그러므로 상대방으로부터 명함을 받기만 하고 주지 않는 것은 결례이므로, 항상 명함을 소지하는 것이 좋다. 그러나 명함을 받자마자 호주머니에 집어넣는 것도, 만지작거리는 것도, 명함에다 메모를 하는 것도 예의가 아님은 물론이다. 여러 사람으로부터 여러 장의 명함을 받았을 경우는 테이블 위에 차례로 놓고 소개받은 사람을 확인한 후 보관하는 것은 예의에 벗어나지 않는다.

(4) 영접/배웅 예절

사무실을 방문하게 되는 손님을 맞이하고 보낼 때, 일반적으로 문간에서 영접하거나 작별인사를 한다. 이것이 예의에 어긋나는 것은 아니나, 가급적 엘리베이터 있는 곳에서, 그리고 필요한 경우 탑승하는 승용차까지 가서 맞이하거나 환송하는 것이 극진한 접대임은 두말할 나위가 없다.

3) 식탁에서의 예절(양식 식사)

세계에 많은 나라가 있고 나라마다 고유한 식습관이 있으므로, 식탁에서의 예절은 나라마다의 예절을 살펴야 하나, 대표적으로 양식 식사만을 다룬다. 한국, 일본, 중국 레스토랑에서의 에티켓은 개별 학습과제로 남겨 둔다.

(1) 복장과 착석

고급 양식식당은 예약을 하고 가는데, 복장은 남성은 넥타이를 맨 양복 정장을 하는 것이 에티켓이고 여성은 분위기를 해지지 않는 복장이면 자유롭다. 식당에 도착해선 안내를 받아 착석하도록 하며, 외투는 옷걸이에 걸도록 하며, 여성의 핸드백이나 장갑은 무릎 위, 허리 뒤 의자 또는 식탁 아래에 둘 수 있으나, 절대로 식탁 위에 올려놓아서는 안 된다.

(2) 식기의 확인

양식 식탁에 음식은 미리 차려지지 않고 순서대로 나오지만, 식기는 미리 놓여 있다. 자리에 앉은 후 자신이 사용할 식기를 확인할 필요가 있는데, 좁은 테이블에 빼꼼히 좌석이 배치된 경우 옆 사람의 식기를 잡는 해프닝이 발생하기 때문이다. 정면에 냅킨이 올려져 있는 접시가 있고 이 접시에 요리가 올려진다. 그 접시의 우측에는 요리용 나이프와 수프용 스푼이 놓여 있고, 좌측에는 요리용 포크가 놓여 있다. 이 나이프와 포크는 각각 3개씩 놓여 있고, 요리가 더 있을 경우 웨이터가 추가로 가져다준다. 접시의 상부에는 디저트용 나이프, 포크, 스푼이 있다. 또한 오른쪽 나이프 위쪽에는 물잔이나 와인잔이 포크 위쪽으로는 핑거볼, 샐러드 접시, 버터를 담은 그릇, 빵 접시가 놓인다. 그러므로 식사할 때 "좌빵-우물"이란 약어처럼 빵과 샐러드는 자신의 왼쪽 것을 먹고 음료는 우측 것을 마신다.

(3) 냅킨의 사용

냅킨은 앉자마자 펴지 말고 손님들이 모두 착석한 후 이야기를 나누며 자연스럽게 함께 펴도록 한다. 냅킨은 음식물이 옷에 떨어지는 것을 방지하는 것이 일차적 용도이지만, 식사 중 물이나 술을 마시기 전 입술을 닦을 때 또는 핑거볼을 쓰고 손가락을 닦을 때 쓰고, 땀을 닦을 때나 실수로 테이블 위에 쏟은 물이나 술을 닦을 때는 사용하지 아니한다. 땀은 손수건으로 닦고, 쏟은 물이나 술은 웨이터가 처리하도록 하면 된다. 식사를 마치지 아니하고 식사 중 자리를 뜰 때는 냅킨을 의자 위에 올려놓아야 한다. 테이블 위에 올려놓으면 식사를 마쳤다는 표시가 되기 때문이다. 식사 후에는 대략 접어 식탁 위에 올려놓는다.

(4) 나이프와 포크의 사용

양식 식탁에서 중앙의 접시 왼쪽에 포크, 오른쪽에 나이프가 각각 3개씩 놓여 있는데, 나이프와 포크는 메뉴 순서에 따라 차례대로 바깥의 것부터 안쪽 것의 순서로 사용한다. 나이프와 포크는 연장자가 먼저 잡은 후에, 부부동반인 경우에는 안주인이 먼저 식사를 시작한 후에 집어 들고 식사를 시작한다. 실수로 나이프나 포크를 떨어뜨렸을 경우 직접 줍지 않고 웨이터를 불러 집도록 하고, 새 것을 가져다 달라고 한다. 식사 도중에 나이프와 포크를 접시 위에 내려놓을 때는 "八"자 모양으로 놓되, 나이프는 칼날이 자기 몸쪽으로 향하도록 하고 포크는 엎어 놓는다. 식사가 끝났을 경우에는 접시 가장자리에 "11"자 모양으로 나이프와 포크를 나란히 놓는다.

(5) 핑거볼(finger bowl)

핑거볼은 이름 그대로 손가락을 닦도록 하기 위한 물이지 음료용 물이 아니므로 마셔서는 안 된다. 닦는 요령은 두 손을 넣지 말고, 한 손씩 손가락 끝만 넣어 닦도록 한다.

(6) 식사순서상의 매너

양식 식사는 식욕을 돋우기 위한 요리인 애피타이저-수프-메인 디시-디저트의 순서로 나오는데, 각각의 식사요령은 한편으로 식도락의 기술이지만 다른 한편으론 일종의 매너이다. 여기서는 메인디시가 스테이크일 경우 주문요령과 생선인 경우의 식사매너를 소개하기로 한다.

스테이크는 구울 때 불 조정에 따라 구워진 고기 상태가 달라지고 따라서 맛이 달라지므로, 스테이크를 주문할 때는 자신의 기호에 따라 고기 굽는 정도를 웨이터에게 말해주어야 한다. 굽는 정도는 다음과 같이 4종류로 나뉜다(유종현, 2004: 97).

굽는 등급	굽는 정도
rare	고기표면은 짙은 갈색, 속은 빨간색 날고기 그대로
medium rare	고기 가운데가 핑크색과 빨간 부분이 섞인 상태
medium	고기 가운데가 모두 핑크색이 된 상태
weldon	고기 가운데까지 불기가 통해 잘 구해진 상태

음식이 나온 후 고기 가운데를 잘라보아 구운 정도가 자신의 주문과 다르면 다시 구워달라고 해도 무방하다.

생선요리를 먹는 매너는 다음과 같다.

> 생선요리는 뒤집어 먹지 않는다. 통째로 요리된 생선이라면 머리, 몸통, 꼬리를 나이프로 자른 후 지느러미를 발라낸다. 그리고 나이프를 사용하여 뼈를

> 따라 위쪽의 살과 뼈를 발라 놓은 다음, 생선의 살만을 앞쪽에 놓고 먹을 만큼 잘라가며 먹는다.
> 위쪽을 다 먹은 다음에는 뒤집지 말고 그 상태에서 다시 나이프로 아래쪽의 살 부분 사이에 넣어 살과 뼈를 발라 놓는다. 그러고 나서 남은 생선의 살을 잘라가며 먹는다. 그러나 대체로 생선요리는 살이 무른 편이므로 살을 떼어낼 때 이외에는 포크만을 사용한다(서대원, 2007: 75).

식사순서에 따라 다양한 매너가 있고, 나라마다 다른 식탁에서의 매너가 있으므로 틈틈이 익혀두는 것이 필요하다.

(7) 식탁에서의 대화

사람은 경험을 함께 공유할 때 관계가 더욱 긴밀해진다. 함께 한 운동경기나 여행, 또는 고난의 극복 경험은 소중한 사람들을 묶어주는 접착제이다. 함께 하는 식사 역시 인간관계를 긴밀하게 묶어준다. 그러나 식사가 단순히 식욕의 충족이나 미식, 세레머니로 그쳐서는 식탁에서의 즐거움이나 접착제로서의 기능이 반감될 수밖에 없다. 우리의 노력에 따라 함께 하는 오찬이나 만찬이란 자리는 단순한 식사자리를 넘어 더 유익한 자리로, 이를테면 화제를 애피타이저로 아니면 디저트로 삼는 오찬이나 만찬의 자리가 될 수 있다. 이런 자리에서 다른 사람에게 말할 기회를 주지 않고 혼자 말하는 것은 아름답지 않겠지만, 즐거운 대화를 이끌어 가는 것은 보통 일이 아니다. 수십 년 동안 고위공직을 맡아 일한 어느 저명인사가 그 비결에 대해 질문받자, "글쎄요. 아마 이 저녁 식사 자리에서처럼 내가 재미난 이야기를 잘해서 그런 모양이지요?"라고 답했다고 한다. 쉽지는 않겠지만 우리가 식사에 초대받을 때 다른 사람을 즐겁게 해줄 화제를 준비해가서, 대화를 이끌어가 명랑한 분위기를 조성해 보는 것도 수습 리더의 훌륭한 훈련이자 멋진 자세가 아닐까? [3)]

3) 이를 위한 책으로는 박경현, 1997, 『리더의 화법』 대한문화사가 참조할만하다.

4) 조문예절

조문(弔問)은 조상, 문상이라고도 하며, 상가에 가서 고인에게 예를 표하고 유족을 위로 하는 예절이다.

주변 사람이 상을 당했을 경우 조문을 하게 되는데, 애사이므로 부고를 받지 아니해도 조문을 가는 것이 예의에 벗어나는 것이 아니다.

상가에 도착하면 문밖에서 미리 모자나 외투를 벗은 후 빈소로 간다. 빈소에서는 먼저 상주에게 가벼운 목례만 하고, 영정 앞에 분향을 한다. 막대 향일 경우 촛불에 불을 붙이는데 향의 불꽃을 불어서 끄는 것은 예의에 어긋나는 것이므로 피해야 한다. 영정 앞에서 잠깐 묵념은 한 후 절은 하는데 남자는 2회, 여자는 4회 한다. 영좌 앞에서 물러나 상제에게 절을 한번 하고, 위로의 말을 전한다(헌화만 하는 경우에는, 헌화할 꽃을 건네받거나 집은 후 영정 앞으로 간다. 영전에 꽃을 바친 후, 뒷걸음으로 물러서서 묵념이나 기도를 한다. 상주 앞으로 와서 인사를 하고 위로의 말을 전한다). 문상을 하고 나와 조의금을 부의함에 넣고, 방명록을 기입한다.

상례는 예의 중 가장 중요한 예 중 하나이므로, 조문 시 결례를 하지 않도록 유념하고, 따뜻한 위로의 말을 전해야 한다(민혜성 · 이승연, 2007: 229-231). 이와 관련된 매너를 하나 더 지적하면, 자동차를 운전하는 도중 도로 상에서 장의 차량을 만나는 경우가 있는데, 같은 방향으로 주행할 경우 길을 비켜주는 것이 예의이고, 장의차량행렬 중간으로 끼어들기를 하지 않도록 해야 한다.

3. 상징적 존재로서의 리더의 품격을 갖춘 언행

리더는 집단의 상징적 존재이다. 그는 집단의 통일성, 정체성, 지속성의 상징이어서 구성원들은 그를 집단과 동일시한다. 군주가 상징적 역할 밖에 하는 일이 없음에도 불구하고 많은 나라들이 군주제를 유지하고 있고, 의원내각제를 채택하는 나라는 상징적 존재인 대통령을 두고 있다. 이런 상징적 역할은 국가원수에게만 국한되는 것이 아니라, 교회, 대학, 학교, 군대, 기업, 노조 등 크고 작은 집단의 리더 모두에게 있다. 그러므로 리더는 단순히 예절 바른 사람에서 그치는 것이 아니라 한 집단의 상징적 존재로서 그에 부합하는 처신을 해야 한다.

첫째로, 리더는 지위의 고하를 막론하고 집단을 대표한다는 점에서 언행에서 품위 있게 처신할 필요가 있다. 우리 옛 조상들은 신언서판이라 하여 몸가짐, 언행, 글, 그리고 판단력을 사람을 평가하는 주요기준으로 삼았는데, 이런 기준은 오늘날에도 유효한 것으로 보인다. 한 나라의 국가원수가 아니라 해도, 대학의 총장, 자치단체의 장, 기업의 사장과 같은 거대조직의 수장은 물론 작은 부나 과의 부장이나 과장조차 그 부와 과를 대표하는 존재이다. 그러므로 리더는 지위가 높아져 감에 따라, 공적인 자리에서, 그리고 정치적 의미를 부여하는 언행에서 주의를 기울일 필요가 있다. 근래 한국에서 최고 지도자의 어투를 따라 그런 어투가 솔직함이나 친숙함의 표현인 어투로 오인되어 많은 사람들이 따라서 막말을 하곤 했다. 지도자의 그런 어법이 정치적 목적을 가진 전술적 수단으로 채택된 것이라고 긍정적으로 해석한다[4] 해도, "깽판"과 같은 비속어를 쓰는 것은 결코 본받을 만한 리더의 언행이 아니다. 또 "미국이 53년 전 한국을 도와주지 않았으면, 나는 지금 정치범 수용소에 있을지 모른다"는 것과 같은 과장된 언동은 본인의 품격을 보여주는 데 그치는 것이 아니라 그가 속한 집단의 품격을 떨어뜨린다는 점에서 피해야 할 일이었다. 리더가 되려는 사람은 위와 같은 사례를 타산지석으로 삼아 모름지기 남을 존중하고 친절하게 한다고 해서 지나치게 공손함은 예가 아니다(過恭非禮)는 사실을 새겨둘 필요가 있다.

둘째, 리더는 집단의 통일성, 정체성, 지속성과 같은 가치를 대변해야 한다. 예컨대 대학의 공식적인 자리에서 학장을 맡은 교수는 교수로서가 아니라 학장으로서 말하고, 대중 연설을 하는 대통령은 개인의 견해가 아니라 그 나라의 입장을 말하고, 행동해야 한다. 이런 이유로, 다른 나라의 장관과 회담을 하기 위

4) 한 정치학자는 "노무현화법"은 솔직한 마음과 감정을 여과 없이 드러내는 직설화법, 직접토론의 선호, 유머활용을 특징으로 하며, 이는 기존의 침묵의 문화의 청산, 예의 바른 화법에 깃든 기정 문화에 대한 도전, 언론, 사상, 표현, 출판의 자유를 최대한 활용한 개혁헤게모니의 장악이란 전술적 수단으로 해석해볼 수 있다고 본다(정윤재, 2003: 452-465).

해 대표로 가는 장관은 말할 수 있는 자료를 비행기 안에서 열심히 읽어야 할지도 모른다. 똑같은 이유로, 농업에 대한 관심을 표시하기 위해 대통령이 봄에는 모내기를 하고 가을에는 벼를 베면서 농민들과 막걸리를 마시기도 한다. 이와 같은 역할은 장기집권을 해 의전에 이골난 용기 있는 리더에겐 어렵지 않은 역할일지 모르지만, 갓 그 지위에 오른 새내기 리더에겐 쉽지 않다. 그러나 일반 구성원의 지위에서 리더의 지위로 변화된 경우, 변화된 역할이 본 역할이란 것을 잊지 않는다면, 초기에 겪는 어려움은 시간이 덜어 줄 것이다.

셋째, 상징으로서의 역할 때문에 리더는 때로는 위험을 무릅써야 할 때도 있다. 데모클레스의 칼(the sworld of Damocles: 신변에 따라다니는 위험 – 시라쿠스의 왕 디오니시우스가 연석에서 데모클레스의 머리 위에 머리카락 한 올로 칼을 매달아, "왕위에는 그만한 위험이 있음"을 보여준 상징)은 데모클레스의 머리 위에만 있는 것이 아니다. 독전 중 총에 맞아 죽어가면서도 군사들의 사기저하를 우려해 자신의 죽음을 알리 말도록 한 이순신 제독, 저격을 받고 부인이 총격을 받아 이송되어가는 상황에서도 불구하고 8 · 15 경축사를 다 읽은 박정희 대통령, 피격받을 위험을 무릅쓰고 무개차를 타고 카퍼레이드를 한 케네디 대통령, 저격병이 있을지 모르는데도 전방시찰을 간 롬멜, 총알이 날아드는 전선에서도 철모 착용보다 자신의 스타일을 선택한 맥아더, 이들 모두는 상징적 역할에 충실했다.

끝으로, 리더는 늘 노블레스 오브리지의 덕목을 잃지 않도록 해야 한다. 전쟁이 일어났을 경우 가장 먼저 전선으로 달려간 유럽의 귀족들이나, 국난이 발생했을 때 관직을 갖고 있지 아니했음에도 불구하고 의병을 일으킨 우리나라 선비들은 "고귀한 자의 의무"를 다한 가장 대표적인 사람들이다. 그들이 실천한 책임윤리적 행동으로 그들의 행실은 아름답고, 그들은 사회통합의 구심점이 되고 존경받는다. "고귀한 자의 의무"란 덕목은 오늘날에도, 조직의 크고 작음을 떠나, 리더의 지위의 높고 낮음을 떠나 한 사회를 이끌어 가는 모든 지도층에게 요구된다. 이 덕목의 실천비결을 가까이에서 찾자면, 리더가 공적인 일과 사적인 일이 경합할 때 공적인 일을 우선시하고(先公後私), 리더는 공동의 목표를 달성하기 위해 일할 때 구성원들과 고생을 함께하고 기쁨을 함께 나누도록 하며(同苦

同樂), 리더 자신에겐 박하게 하더라도 추종자에게는 후하게 대접하는 데 있다(自廉厚施)고 본다. 실천하기에 쉬운 일은 아니겠지만, 정도의 문제로 본다면 아주 어려운 일은 아니다.

민주사회에서 우리 모두는 어느 한편에선 한 집단의 추종자이지만, 다른 어느 한편에선 우리 모두가 리더기 될 수 있고 리더이기도 하다. 현재 잠재적인 리더이든 현재적인 리더이든 모두가 신뢰받는 리더로 성숙해서 이 사회를 사람들이 "살아 숨 쉬는" 미래로 이끌어갈 것이라고, 우리는 믿는다.

탐구문제

1. 우리나라에서 전통시대 어른 남자의 이름을 부르는 데 대해 신중을 기했다. 예컨대 자기 아버지 이름을 질문받으면 직접 거명하지 않고 "'명' 자 '성' 자입니다."라고 대답하는 것이 예의였다. 오늘날 한국 여성은 친족관계에서는 대부분 결혼 후 본 이름을 잃어버리고 '○○ 엄마'라는 새 이름을 얻는다. 여기서 우리는 호칭 문제를 생각해 볼 필요가 있다. ① 한국에서 친족 간의 호칭은 어떻게 하는가 알아보자. ② 서양 사람의 이름은 어떻게 구성되어 있고, 호칭은 어떤지 상세히 알아보자.
2. 오늘날과 달리 옛날에는 수명이 짧아 삶과 장수를 축하했다. 태어나서 100일이 되면 백일잔치, 1년이 되면 돌잔치를 했다. 60세가 되면 육순(六旬) 또는 회갑(回甲)잔치를, 62세가 되면 진갑(進甲)잔치를 했다. 다음은 무슨 잔치인지 알아보자: 희연(稀宴) 또는 망팔(望八), 희수연(稀壽筵), 미수연(米壽筵), 백수연(白壽筵).
3. 어떤 공식적인 행사를 할 때 "의전"은 중요한 일로, 절차도 중요하지만 정확성 또한 중요하다. 한국사회에서 가장 논쟁적인 의전 문제의 예로는 조선 왕조 때 "예송문제"가 되겠지만, 고려 시대, 고려의 서희와 거란의 소손녕 또한 마주하는 자리를 둘러싸고 승강이를 벌였다. 오늘날도 가끔 정치인과 고위공무원들이 행사에 초청받아 앉게 되는 자리배치로 승강이를 벌이는 일도 종종 발생한다.
   이런 해프닝은 자리는 서열을 의미하기 때문인데, 우리는 이런 자리다툼을 어떻게 보아야 할까? 그리고 우리가 자리배치를 담당하는 역할을 수행해야 할 때, 어떻게 할 것인가? 공사의 각급 행사를 가정해서 논의해보기로 한다.

참고문헌

김학수(2007). 글로벌 에티켓. 높은 오름.

민혜성 · 이승연(2007). 글로벌에티켓과 매너. 대왕사.

박경현(1997). 리더의 화법. 대한문화사.

서대원(2007). 글로벌 파워매너. 중앙books.

유종현(2004). 세계화와 글로벌 에티켓. 한울 아카데미.

유희수(2001). "노버트 엘리아스와 그의 문명화이론", 노버트 엘리아스 지음, 유희수 옮김, 문명화 과정: 매너의 역사. 신서원.

정윤재(2003). 정치리더십과 한국민주주의. 나남출판.

정진홍(2007). 인문의 숲에서 경영을 만나다. 21세기북스.

허은아(2007). 눈치코치 직장매너. 지식공작소.

저자약력

권정호 (6, 10장 집필)　한국학중앙연구원 한국학대학원 졸업(문학박사)
현재 인천대학교 사회복지학과 교수, 사회과학대학장, 인천사회복지연구원 원장
〈저서 및 논문〉『사회복지법제론』(공저, 2006), 『지역사회복지론』(공저, 2007), "중국의 경제체제 변화와 도시지역 노인복지의 과제"(2010) 외 다수

김동원 (5, 9장 집필)　버지니아 공대 행정학 박사
현재 인천대학교 행정학과 교수
〈저서 및 논문〉『전자정부론』(공저, 2006), 『공무원을 위한 변론』(공역, 2006), "대통령과 국무총리의 권한배분 모델에 관한 연구"(2013) 외 다수

이윤식 (4, 11장 집필)　미국 위스콘신대학교 교육행정학 박사
한국교원교육학회 회장 역임
현재 인천대학교 창의인재개발학과 교수, 교육인적자원부 중앙교육심의회 연구위원
〈저서 및 논문〉『장학론』(2000), 『교육행정 및 학교경영의 이해』(2007), 『교직과 교사』(2007), "교원의 교육지도성 프로그램 개발" 외 다수

이윤희 (1, 3장 집필)　University of Denver, U.S.A. 사회학 박사 Ph.D
현재 인천대학교 사회복지학과 교수
〈저서 및 논문〉『사회학 : 열린사회를 위한 이론적 모색』(공저, 2001), "한국사회의 문화적 혼재화 유형 연구", "파슨스 이론의 사회평형개념에 대한 재조명" 외 다수

이재석 (8, 12장 집필)　한국학중앙연구원 한국학대학원 졸업(문학박사)
사회과학대학장, 행정대학원장 역임
현재 인천대학교 정치외교학과 교수
〈저서 및 논문〉『한국정치사상사』(공저, 2002), 『세계화 시대의 민족과 민족주의』(역, 1988), "고려 전기 국제관계의 특질"(2008) 외 다수

이지연 (2, 7장 집필)　이화여자대학교 상담심리학 박사
현재 인천대학교 창의인재개발학과 교수
〈저서 및 논문〉『내 생애 첫 심리학』(2013), 『함께 지내기 힘든 성격들』(공역, 2014), 『상담자가 된다는 것』(공역, 2014), 『애착과 심리치료』(공역 2010) 외 다수

인간관계와 리더십

1판 1쇄 발행 2008년 3월 31일
1판 4쇄 발행 2011년 3월 10일
2판 1쇄 발행 2014년 8월 30일
2판 2쇄 발행 2017년 7월 30일

지 은 이 | 권정호 · 김동원 · 이윤식 · 이윤희 · 이재석 · 이지연
발 행 인 | 박철용
발 행 처 | 양서원
주 소 | 경기도 파주시 직지길 522 파주출판도시
전 화 | 031-955-8000(代)
팩 스 | 031-955-8005
홈페이지 | www.yswpub.co.kr
이 메 일 | yswpub@chol.com
출판등록 | 1987년 11월 24일 제 406-2003-037 호

ISBN 978-89-994-0322-4

정가 16,000원